U0955162

中国教育改革发展区域研究书系

四川教育现代化战略研究

涂文涛　朱世宏　主编

人民教育出版社
·北京·

图书在版编目（CIP）数据

四川教育现代化战略研究 / 涂文涛，朱世宏主编. —北京：人民教育出版社，2014.1

（中国教育改革发展区域研究书系）

ISBN 978-7-107-27942-3

Ⅰ. ①四… Ⅱ. ①涂… ②朱… Ⅲ. ①地方教育—教育现代化—发展战略—研究—四川省 Ⅳ. ①G527.71

中国版本图书馆CIP数据核字（2014）第015576号

人民教育出版社 出版发行

网址：http://www.pep.com.cn

大厂益利印刷有限公司印装　全国新华书店经销

2014年1月第1版　2014年1月第1次印刷

开本：787毫米×1 092毫米　1/16　印张：17　字数：205千字

定价：34.70元

著作权所有·请勿擅用本书制作各类出版物·违者必究

如发现印、装质量问题，影响阅读，请与本社出版科联系调换。

（联系地址：北京市海淀区中关村南大街17号院1号楼　邮编：100081）

主　编：涂文涛　朱世宏
副主编：何　浩　傅　明　吉文昌　李志刚　秦建平
编著者：贾贵洲　钟俊敏　陈　进　张　惠　王　妍
侯中太　邓森碧　王　振

前　言

百年树人，教育为本。知识经济时代，人才至上，教育在经济社会发展中的基础性、全局性、先导性战略地位更加凸显。强省必先强教，兴川必先兴才，教育现代化是四川现代化的题中之义，更是推动“中国梦四川篇章”早日实现的人才支撑、智力支持和文化引领。

近年来，四川省始终坚持以科学发展观为统领，全面落实教育优先发展战略，攻坚克难，负重前行，教育事业得到了健康、快速发展，义务教育全面普及，学前教育普惠化发展势头迅猛，高中阶段教育加快普及，高等教育大众化进程提速，民族地区教育实现跨越式发展，学校办学条件明显改善，办学水平和育人质量不断提升，教育公平迈出重要步伐，“学有所教”目标基本实现，与全国发达地区的教育差距大为缩小，已建成全国第四大规模的教育体系，正在由人力资源大省向人力资源强省昂首迈进。教育的跨越式发展为保障和改善民生、推动经济社会发展做出了不可替代的贡献，也为全面、快速推进教育现代化奠定了坚实基础。

乘党的十八大春风，四川全面建成小康社会步伐加速。多点、多极支撑发展，“两化”互动、城乡统筹发展，创新驱动发展“三大战略”的全面布局和高效实施，加快了四川教育现代化建设，以教育现代化支撑经济社会跨越式发展比以往任何时候都更加重要、更为紧迫——培养出能够适应国内外竞争日趋激烈的新型劳动者和高素质人才，是教育现代化的目标，更是四川科学发展、加快发展的基本保障。

尤其令人振奋的是，在全面建成小康社会和全面深化改革开放的重要阶段，党中央最近召开了十八届三中全会，通过了《中共中央关于全面深化改革若干重大问题的决定》（以下简称《决定》），对全面深化改革的重要领域和关键环节做出重大部署。《决定》在全面深化改革特别是推进社会事业改革创新方面，把深化教育领域综合改革摆在突出位置，指明了攻坚方向和重点举措，为四川教育全面深化改革、加快建设现代化指明了制度性方向。

推进四川教育现代化，关键在人，重点在行。本书通过对四川教育现代化的理论依据的阐释、实践基础的陈述、目标愿景的描绘、实现路径的勾勒、促进方略的说明，旨在引领全省上下，特别是教育系统干部职工站在教育成果丰硕、形势喜人的新起点上，将加快四川教育现代化作为当前和今后一个时期工作的基本目标，凝心聚力、务实求真、立说立行，形成推进四川教育强省建设的强大合力，为四川与全国同步全面小康、建成美丽繁荣和谐四川提供坚强保证，做出教育人应有的贡献。

涂文涛　朱世宏

2014年1月

目　录

第一章　教育现代化的背景

第二章　教育现代化的理论基础

第三章 四川教育现代化的实践基础

第四章 四川教育现代化的战略目标

第五章 四川教育现代化的实现策略与路径选择

第六章 四川教育现代化的工作举措

第七章 小康社会和教育现代化评估监测

第八章　全面深化四川教育改革

第一章　教育现代化的背景

第一节　邓小平“中国式现代化”和小康社会思想

中华民族在人类社会发展历史上创造了辉煌灿烂的文明，曾长期处于领先地位。鸦片战争后，在西方霸权威胁和自身生存需求下，中国开始了早期现代化的历程。从鸦片战争失败开始，“实现现代化”、“振兴中华”、“富民强国”就一直成为萦绕在中国人民心头最大的愿望和理想。新中国成立后，为了追赶世界现代化发展潮流，中国走上了社会主义现代化道路，选择苏联和东欧的一些社会主义国家的现代化发展模式成为当时历史的必然。这一发展模式对新中国成立后初期的现代化建设产生了重要的积极影响，但此后愈来愈严重地限制着中国现代化的进一步发展。如何对待社会主义现代化传统模式，走一条怎样的发展社会主义之路，是邓小平“中国式现代化”思想与实践进程中所必须解决的第一个重大课题。邓小平立足于中国社会主义初级阶段基本国情，总结我国现代化发展实践，借鉴国外发展经验并适应世界的新发展，把我国四个现代化的目标进行了重新定位——提出“中国式现代化”，并第一次用“小康”来描述中国的现代化。

“小康社会”是中华民族优秀传统文化中极具民族风格的概念和思想，是几千年来中国广大劳苦群众向往和追求的一个理想和生活目标。对这一通俗易懂而又极具感召力和吸引力的理想目标，邓小平赋予它社会主义的丰富内涵和新的时代特征。在邓小平理论体系中，“小康社会”这一概念的提出，是他在设计中国现代化发展进程时，对20世纪末中国现代化发展目标的新定位，是一个涵盖从温饱到基本实现现代化之间的很长的一个历史阶段，是和“中国式现代化”的思想紧密联系在一起的。

一、立足国情——“中国式现代化”的提出

邓小平“中国式现代化”思想主要是对中国当代改革开放和现代化建设实践新经验的总结。从思想渊源上，它与毛泽东的现代化思想有一定的继承关系，如实事求是、社会主义存在发展阶段、生产力标准、走工业化道路、坚持四项基本原则、实现四个现代化的战略目标等。邓小平把现代化的一般规律的共性、社会主义现代化规律的特殊性与中国式现代化更为特殊的规律的个性有机结合起来，开拓出“中国式的现代化道路”[1]，形成了“中国式现代化”思想蓝图。

党的十一届三中全会以后，经过认真思索，邓小平明确提出了一个新的发展目标——“中国式现代化”。1979 年 3 月 21 日，邓小平在会见英中文化协会执委会代表团时第一次提出这一概念。他说：“我们定的目标是在本世纪末实现四个现代化。我们的概念与西方不同，我姑且用个新说法，叫作‘中国式的四个现代化’。现在我们的技术水平还是你们 50 年代的水平。如果在本世纪末能达到你们 70 年代的水平，那就很了不起。”[2] 在出席中共中央政治局开会讨论 1979 年计划和国民经济调整问题的会议时，他再次强调：“我同外国人谈话，用了一个新名词：中国式现代化。到本世纪末，我们大概只能达到发达国家 70 年代的水平，人均收入不可能很高。”[3] 同年他又在党的理论工作务虚会上发表了《坚持四项基本原则》的重要讲话，郑重提出了“中国式现代化”这一新概念。

---

[1] 乔翔．毛泽东与邓小平现代化思想比较 [J]．解放军外国语学院学报，2002（1）．

[2][3] 中共中央文献研究室．邓小平思想年谱 [M]．北京：中央文献出版社，1998：76-77，111．

在邓小平看来，中国的现代化还是一种后发生型现代化。由于中国底子薄、基础差，社会发展程度并不高，中国还处于社会主义的初级阶段，这就决定了中国现代化必然是有着中国特色的现代化，是中国式的现代化。邓小平在设计中国现代化建设的模式时，从一开始就强调现代化建设要因时、因地制宜，各国情况不同，其现代化建设的模式也不同。中国的现代化并不是实行西方化的过程，而是中国在已有的基础上，借鉴西方国家一切先进的思想、管理理念与技术，并要依靠我国的科技进步和生产力的提高去实现社会主义中国的工业化、民主化和法制化的过程。从邓小平对现代化的这种界定来看，他倾向于把“中国式现代化”理解为一种与社会主义制度和落后的生产力相联系的社会主义初级阶段现代化。

从他的思想发展路径来看，“中国式现代化”这一“新说法”的由来是他对20世纪末中国现代化发展水平的新的思考和新的定位。“中国式现代化”，是在对实现“四个现代化”的实践进程进行新的思考的基础上提出的关于中国社会主义现代化建设的总体指导思想。

二、高瞻远瞩——“中国式现代化”的内涵

邓小平没有把现代化局限在经济方面，而是在继续深化改革的过程中，对现代化的认识有了新的飞跃。党的十三大报告对邓小平全面现代化的思想做了最简明的概括，这就是努力把我国建设成为富强、民主、文明的社会主义现代化国家。这个提法中“富强”着眼于经济层面，“民主”着眼于政治层面，“文明”着眼于文化层面。用“富强、民主、文明的社会主义的现代化国家”代替过去“四个现代化”的提法，从而使现代化的内涵更加现实、完善、科学[1]。

[1] 姚永利，伍启杰．毛泽东与邓小平现代化思想之比较［J］．北方论丛，1999（1）．

（一）“中国式现代化”总体思路

现代化的核心是通过工业化的途径，实现经济、政治、文化、科技等各个领域的综合发展。以色列学者、现代化问题专家S.N.艾森斯塔德曾说过，经济问题解决得好坏，对于现代社会及其政治体制的存活与发展、保障现代化的延续与持续增长，以及任何领域的持续发展，都具有头等重要的意义。

邓小平率先突破了传统的经济模式，创造性地提出了一整套经济体制改革、建立社会主义市场经济体制的构想。他着眼于中国经济落后、科学技术力量不足、人口多、根底薄、农业人口比例大的特点，提出了对外开放的基本国策，先在广东、福建试办四个经济特区，随即在沿海地区开放14个港口城市，再从沿海扩大到沿边和沿江，开发、开放上海浦东；连同内地省会，形成全方位的开放格局，为现代化建设提供了强大动力。

政治民主是邓小平政治现代化思想的基本目标。民主是一个国家政治现代化的标志，也是政治发展和政治现代化最本质的要求。他反复强调：“没有民主就没有社会主义，就没有社会主义的现代化。”[1]依法治国是邓小平政治现代化思想的根本标志，是实现四个现代化宏伟目标和保证国家长治久安的基本条件。民主化、法制化成为邓小平政治现代化的关键。

文化现代化是指从传统的文化体制向现代的文化体制转变的过程，是人们的思想道德素质和科学文化素质逐步提高的过程。文化现代化同经济现代化、政治现代化一样，也是中国现代化进程中的重要内容和任务。教育科学文化建设是文化现代化的重要组成部分。邓小平特别重视教育科学文化建设，他认为教育科学文化建设要解决的问题是提高整个民族的科学文化素质和为现代化建设提供智力支持，它既是物质文明建

---

[1] 邓小平. 邓小平文选：第1卷［M］. 北京：人民出版社，1983：154.

设的重要条件，也是提高人民群众思想道德水平的重要条件。

经济、政治和文化的现代化是一个整体，相互依存，相互制约，相互促进。在一个国家实现现代化的动态过程中，经济的现代化固然是中心，但是经济发展和经济改革，如果没有政治和文化的发展与改革同步，那会是跛行的。邓小平的思路是从社会综合推进的角度开展的，涵盖了经济增长、政治民主、文化发达、道德高尚等各个领域，突破了社会现代化就是经济现代化这一狭隘的观念。

（二）“中国式现代化”的道路取向和发展战略

邓小平中国式的现代化道路是一种“社会主义的现代化”，邓小平现代化理论最根本的价值取向就是实现社会主义与现代化的有机结合。他强调中国必须坚持社会主义道路[1]。对中国来说，社会主义是工具理性和价值理性的辩证统一。他一再强调，搞改革开放，搞现代化建设一定要坚持社会主义方向，重塑社会主义价值观；同时，他深刻体察到落后生产力的制约性，重视社会主义现代化理性效益的发挥，强调利用我们的制度优势尽快地发展先天不足的社会生产力[2]。

邓小平从中国基本国情出发，提出了“三步走”的发展战略。这一战略既反对了片面强调困难，对我国现代化前途消极悲观的态度，又防止了脱离我国国情，急于求成，企望在短期内实现现代化的急躁冒进倾向。这一发展战略是承上启下、循序渐进的战略步骤，体现了“三结合”的鲜明特点，即对中国国情深刻认识与世界现代化发展趋势透彻把握的有机结合，推动传统产业与追赶当代世界新科技革命潮流的有机结合，对社会主义本质认识与社会主义发展趋势科学把握的有机结合。

---

[1] 余曙光，彭承福．略谈毛泽东邓小平的中国现代化理论［J］．毛泽东思想研究，2001（4）．

[2] 刘煜，李安增．邓小平对毛泽东现代化思想的继承和超越［J］．中共济南市委党校学报，1999（2）．

三、小康社会——“中国式现代化”的阶段目标

（一）“小康社会”的提出

新中国成立以来，实现四个现代化成为中国共产党人的新的奋斗目标。党的十一届三中全会以后，邓小平在吸收前人的经验教训的基础上，在对国内、国际主客观环境条件正确认识和分析的基础上，用老百姓喜闻乐见、具有中国作风、中国气派的语言把共产党人新的奋斗目标进行了重新定位，提出了“小康社会”思想。

1979年12月6日，在会见来访的日本首相大平正芳时，邓小平第一次用“小康”来描述“中国式的现代化”。当时，大平正芳委婉地询问中国的现代化蓝图究竟是如何构思的。邓小平沉思了大约一分钟后缓缓地说道：“我们要实现的四个现代化，是中国式的四个现代化。我们的四个现代化的概念，不是像你们那样的现代化的概念，而是‘小康之家’。到本世纪末，中国的四个现代化即使达到了某种目标，我们的国民生产总值人均水平也还是很低的。要达到第三世界中比较富裕一点的国家的水平，比如国民生产总值人均一千美元，也还得付出很大的努力。就算达到那样的水平，同西方来比，也还是落后的。所以，我只能说，中国到那时也还是一个小康的状态……只是一个小康的国家。”[1] 1979年12月29日，他在会见新加坡政府代表团时又重申这一设想。他说：“所谓四个现代化，只能搞个‘小康之家’，比如说国民生产总值人均一千美元。即使我们的经济指标超过所有国家，人均收入仍不会很大。总之，既要有雄心壮志，也要脚踏实地。”[2] 邓小平的设想反映了对我国几十年建设社会主义的客观的估量，他首次就我国现代化建设的战略目标提出具体设想，并加以定量化、形象化。从此，中国的现

[1] 邓小平．邓小平文选：第2卷［M］．北京：人民出版社，1994：238．

[2] 中共中央文献研究室．邓小平思想年谱［M］．北京：中央文献出版社，1998：140．

代化建设在20世纪末的发展目标定位是——“小康”。

（二）邓小平“小康社会”思想内涵

“小康社会”仅仅在《邓小平文选》第三卷中就出现过10次之多，《邓小平文选》三卷总共在28次讲话和报告中提到“小康”发展的目标问题，可见这不是邓小平偶然使用的一个词语，而是一个十分重要的概念。邓小平所设想的小康社会，是我国进入社会主义初级阶段以来，经济、政治、文化全面推进，把我国建设成为一个富强、民主、文明的社会主义现代化国家过程中的一个重要发展阶段。他的小康社会思想包含着丰富的科学内涵。

邓小平把“小康”作为一种现代化发展目标来认识，是对社会主义进程中的一个特定阶段发展状态的形象描述，是体现中国特色社会主义性质的。他曾经说：“翻两番，国民生产总值人均达到八百美元，就是到本世纪末在中国建立一个小康社会。这个小康社会，叫作中国式的现代化。”[1]可以说“小康社会”是一种现代社会的状态，是“中国式的现代化”，是中国现代化过程中的一个较低的阶段；它是一种社会主义制度，是尚未充分发展的社会主义社会——中国特色的社会主义；它表述了群众要达到的一种生活状态，直接反映的是国家所达到的生产力和社会发展水平。

邓小平把小康生活水平看作小康社会的标志。邓小平所说的“小康”，既是一个人民生活水平的概念，又是一个经济发展水平的概念，还是一个社会发展水平和状态的概念。他所说的“小康的状态”、“小康的国家”、“小康社会”就是从整个社会发展的角度来讲的。长期以来，许多人侧重把小康理解为一种生活水平，甚至简单地视之为八百或一千美元的问题，这种理解是不完整的。

“三步走”、“台阶式”发展的战略思想是邓小平小康社会建设思想

[1] 邓小平．邓小平文选：第3卷［M］．北京：人民出版社，1993：54．

的又一个重要组成部分。在由解决温饱到奔向小康的实践过程中，邓小平一再强调，社会主义现代化建设必须抓住时机，加快发展，力争出现若干个发展速度比较快、效益又比较好的阶段，每隔几年经济发展上一个台阶，也就是“台阶式”发展的战略思想。

由此可见，“小康社会”这一新概念发端于邓小平对“在本世纪末实现四个现代化”这一雄心壮志的现实思考，脱胎于“中国式的现代化”这一新目标[1]。“小康社会”成为中国共产党人20世纪末的奋斗目标。

四、全面小康——“中国式现代化”的必由之路

邓小平提出“中国式现代化”的新概念，确立了实现四个现代化的指导原则和道路抉择。这是党的现代化思想的理论升华，是一个由具体到抽象的发展过程。而邓小平循此思路提出了小康社会思想和“三步走”发展战略，是把毛泽东提出的宏伟蓝图工程化，是一个从抽象到具体的发展过程。这一辩证发展过程，表明党对现代化发展规律的认识更加深刻、更加清晰了[2]。

我国社会主义初级阶段估计至少要经历一百年的时间，百年现代化之梦，由生产力和生产关系决定的社会经济状态呈现出阶段性并具有特定的历史烙印。如果将中国式的现代化图谱展开，我们可以清晰地看到，整个社会主义初级阶段必然经历从贫穷社会到满足温饱，再到小康社会，最后发展到现代化社会。每一个历史阶段都有特定的内涵和发展，中国社会就这样递次推进、动态发展。

实践的发展证明了邓小平对社会主义初级阶段设计的正确性和实效

[1] 李君如，姚鸿．十六大与“全面建设小康社会”[J]．上海行政学院学报，2002（4）：6．

[2] 吕书正．邓小平小康社会思想的科学内涵［J］．党的文献，2000（2）：6．

性。经过三十多年的努力，改革开放取得了巨大的成绩，小康社会建设的实践取得了丰硕的成果。1978—2000年，我国国内生产总值年均增长9.5%，分别在1987年和1995年提前实现了国内生产总值翻两番的目标，按汇率计算首次突破1万亿美元；根据世界银行的资料，1999年我国人均国内生产总值为780美元，我国已经进入中下收入国家行列。从结构指标来看，我国城乡结构调整速度加快，2000年达到36.2%；就业结构变化显著，从事农业生产的劳动者占全部劳动力的比重已由1978年的70.5%下降到2000年的50%；产业结构逐步优化，2000年第二、三产业占国内生产总值的比重达到84.1%。邓小平所设想的中国式的现代化道路也渐渐清晰地呈现在人们面前，“中国式”也随之成为中国现代化理论与实践的标志，成为中国独创的现代化模式的代称。

从21世纪开始，我国进入了全面建设小康社会、加快推进社会主义现代化建设的新的发展阶段。全面建设小康社会的理论和实践是邓小平小康社会思想和实践的发展。邓小平的小康社会思想成功地指导了我国20世纪后二十年的小康社会建设，必将对21世纪全面建设小康社会继续发挥其战略指导作用。

第二节　党中央对小康社会建设的战略决策

邓小平认为实现小康社会，要有正确的发展战略。对此，邓小平提出了“三步走”、“先富后富论”、“台阶式发展论”等发展战略。战略是全局性、长远性和整体性的规划。实现现代化是中国社会发展的总目标。要实现这一目标，就必须有科学的发展战略做指导。邓小平在总结世界各国发展经验的基础上，结合我国社会主义建设的具体实际，制定了分“三步走”实现现代化的发展战略构想。三十多年的改革实践表明，党中央根据邓小平“三步走”的战略思想而制定的我国经济发展战略是切合实际、比较稳妥的。自1979年邓小平提出小康目标之后，邓小平开始系统思考我国实现现代化的具体战略目标和战略步骤，党的历次重要会议都对小康问题做出了具体设计，从总体小康到全面小康，从“三步走”到“新三步走”，从“建设小康”到“建成小康”，每一届党代会都围绕如何建设“小康社会”做出了富有实践意义的战略部署。

一、十三大：确定“三步走”发展战略

1982年9月，党的十二大正式把小康作为20世纪末的奋斗目标，把“人民的物质文化生活可以达到小康水平”确定为党的行动纲领。党的十二大报告指出，按1980年不变价格计算，力争在20世纪末使全国工农业的总产值翻两番，并且强调：实现了这个目标，我国国民收入总额和主要工农业产品的产量将居于世界前列，整个国民经济的现代化过程将取得重大进展，城乡人民的收入将成倍增长，人民的物质文化生活可以达到小康水平。

1987年10月，党的十三大确定了我国现代化建设“三步走”发展战略，并正式将小康作为中国现代化建设的“三步走”战略的第二步，即到20世纪末，使国民生产总值再增长一倍，人民生活达到小康水平。三步走战略，是邓小平对中国社会主义现代化的战略设计：第一步战略目标是全国人均国民生产总值提前两年完成翻一番的任务，解决人民的温饱问题，是基础；第二步战略目标是到20世纪末使人民生活达到小康水平，是关键，它的实现既可以巩固和发展第一步所取得的成就，也可以为实现第三步铺平道路；第三步达到中等发达国家水平，是飞跃，可基本实现我国社会主义现代化的宏伟目标。

党的十四大规定了实现第三步战略目标的方针与政策。第三步战略目标是中国21世纪的发展战略，到21世纪中叶，再翻两番，15亿人

口，国民生产总值达6万亿美元，人均4 000美元，那时就是一个中等发达国家了。达到中等发达国家生活水平的“三步走”的现代化战略，实际上是一种非常直观的国强民富方略。它意味着中国经济现代化的首要目标的重新定位，即由求强向富民转变。

二、十五大：新“三步走”发展战略

从1981年开始，我国用了不到20年的时间，提前实现了翻两番的战略目标。20世纪80年代基本解决了温饱问题，90年代人民生活总体上达到了小康水平。在现代化战略目标“三步走”的第一步和第二步目标实现之后，如何实施第三步战略目标呢？这是摆在以江泽民为核心的党的第三代领导集体面前的必须做出明确回答的问题。

为此，以江泽民为核心的党的第三代领导集体把邓小平的“三步走”经济社会发展战略具体化，从而形成了一个新的“三步走”经济社会发展战略。党的十五大报告将第三步战略目标进一步分成了三个小的阶段和步骤，形成了“新三步走”经济社会发展战略。江泽民在报告中说：“展望下世纪，我们的目标是，第一个十年实现国民生产总值比2000年翻一番，使人民的小康生活更加宽裕，形成比较完善的社会主义市场经济体制；再经过十年的努力，到建党一百年时，使国民经济更加发展，各项制度更加完善；到世纪中叶建国一百年时，基本实现现代化，建成富强民主文明的社会主义国家。”[1]即到2010年全面进入小康社会，2021年建成宽裕型小康社会，2050年基本实现现代化，步入现代化社会。这“新三步走”是第三步目标的进一步具体化，突出地表现了邓小平“三步走”经济社会发展战略的发展与成熟，高瞻远瞩地为中国的现代化描绘了一幅更具体、更明确、更形象的宏伟绚丽的蓝

---

[1] 中共中央文献研究室．十五大以来重要文献选编：上［M］．北京：人民出版社，2000：4．

图。“新三步走”战略增加了社会主义市场经济体制这一内容，展示了我国未来的美好前景，构成了2000年至2010年、2010年至2020年、2020年至2050年一幅宏伟的发展战略蓝图。

三、十六大：用20年时间全面建设小康社会

世纪之交，我国处于一个必须紧紧抓住并且可以大有作为的重要战略时期。为了建设一个高水平的、全面的、发展平衡的小康社会，继续推进现代化战略目标，2002年11月8日，以江泽民为核心的党的第三代领导集体提出了全面建设小康社会的历史任务，并且从政治、经济、文化、生态四个方面诠释全面建设小康社会的伟大目标，对全面小康社会建设做出了战略部署：“要在21世纪的头20年，集中力量，全面建设惠及十几亿人口的更高水平的小康社会，使经济更加发展、民主更加健全、科教更加进步、文化更加繁荣、社会更加和谐、人民生活更加殷实。国内生产总值力争比2000年翻两番，基本实现工业化。这是实现现代化建设第三步战略目标必经的承上启下的发展阶段，也是完善社会主义市场经济体制和扩大对外开放的关键阶段。经过这个阶段的建设，再继续奋斗几十年，到本世纪中叶基本实现现代化，把我国建成富强民主文明的社会主义国家。”[1]

党的十六大报告提出基本实现工业化，建成完善的社会主义市场经济体制和更有活力、更加开放的经济体系。城镇人口的比重较大幅度提高，工农差别、城乡差别和地区差别扩大的趋势逐步扭转。社会保障体系比较健全，社会就业比较充分，家庭财产普遍增加，人民过上更加富足的生活。“全面”不仅仅是一个经济指标，而是包含经济、政治、文化等多方面的奋斗目标。党的十六大对“新三步走”战略中的前两步做了更为详尽的阐述。它不仅提出了新的阶段性目标，而且发展和丰富了

---

[1] 本书编写组．十六大报告辅导读本［C］．北京：人民出版社，2002：17．

邓小平小康社会思想。

四、十七大：全面建设小康社会的新要求

为适应国内外形势的新变化，顺应各族人民过上更好生活的新期待，把握经济社会发展趋势和规律，坚持中国特色社会主义经济建设、政治建设、文化建设、社会建设的基本目标和基本政策构成的基本纲领，在十六大确立的全面建设小康社会目标的基础上党的十七大顺利召开，并对我国发展提出了新的更高要求。

以胡锦涛为总书记的党中央对全面建设小康社会提出的新要求包括：以科学发展观为指导，增强发展协调性，努力实现经济又好又快发展；扩大社会主义民主，更好保障人民权益和社会公平正义；加强文化建设，明显提高全民族文明素质；加快发展社会事业，全面改善人民生活；建设生态文明，基本形成节约资源和保护生态环境的产业结构、增长方式、消费模式；等等。

党的十七大从战略目标上进一步丰富和发展了邓小平小康社会建设思想。首先，它是邓小平“三步走”战略中第三步的具体化。“在优化结构、提高效益、降低消耗、保护环境的基础上，实现人均国内生产总值到2020年比2000年翻两番。”将发展目标设定为人均国内生产总值，表明我们党不仅仅重视综合国力的提升，而且更为重视人民富裕程度的提高。其次，这个新要求充分体现了全面性。党的十七大提出的全面建设小康社会的新要求使中国特色社会主义事业的总体布局，更加明确地由社会主义经济建设、政治建设、文化建设三位一体发展为社会主义经济建设、政治建设、文化建设和社会建设四位一体，标志着中国共产党在治国执政方面达到了一个新高度。

五、十八大：全面建成小康社会

在党的十六大、十七大提出的“全面建设小康社会”目标要求基础上，承前启后，党的十八大顺利召开，以习近平为总书记的新的党的中央领导集体亮相中国，亮相世界。党的十八大主题报告发出了“坚定不移沿着中国特色社会主义道路前进，为全面建成小康社会而奋斗”的号召，做出了“全面建成小康社会”的新部署，描绘了加快推进社会主义现代化的宏伟蓝图，为党和国家事业发展指明了方向。

报告指出：“建设中国特色社会主义，总依据是社会主义初级阶段，总布局是五位一体，总任务是实现社会主义现代化和中华民族伟大复兴。”[1] 报告提出：经济持续健康发展，在发展平衡性、协调性、可持续性明显增强的基础上，实现国内生产总值和城乡居民人均收入比2010年翻一番。十八大报告首次提出实现城乡居民人均收入比2010年翻一番的新指标，具有里程碑意义。

比较而言，党的十六大、十七大的主题关键词都是“全面建设小康社会”，党的十八大首次提出“全面建成小康社会”，从“建设”到“建成”两者只有一字之差，但有质的区别：建设是过程，建成是结果。“建成”把奋斗目标提到指日可待的程度，大大拉近了我们与小康社会的现实距离，使小康社会近在眼前。也就是说，党的十八大为我们描绘了一个看得见、摸得着、感受得到的阶段性目标，全面建成惠及十几亿人口的更高水平小康社会美好前景，更加明朗、更加清晰地呈现在人们面前[2]。

党的十八大根据发展实践遇到的问题，把“生态文明”提升到总布

---

[1] 本书编写组．中国共产党第十八次全国代表大会文件汇编［C］．北京：人民出版社，2012：12．

[2] 任贵祥．中共十八大的灵魂、创新及历史特点［J］．中共党史研究，2013（3）：15．

局的战略高度，将中国特色社会主义建设事业总体布局从“四位一体”提升到“五位一体”，将生态文明建设与原来的经济建设、政治建设、文化建设、社会建设并列提出，使生态文明建设的战略地位更加明确，体现了尊重自然、顺应自然、保护自然的理念。这表明我们党对中国特色社会主义建设规律从认识到实践都达到了新的水平。

六、述评

三十多年来党中央对于小康社会建设的战略布局始终坚持立足国情、始终保持目标一致性即为最终实现现代化和中华民族的伟大复兴而奋斗、始终坚持以经济建设为中心。中国社会发生了翻天覆地的变化，人民生活极大改善，综合国力显著增强，从温饱不足到总体小康、从总体小康向全面小康的阶段迈进，实现了从传统发展观指导下重数量、轻质量的发展到科学发展观指导下坚持以人为本、努力实现全面协调可持续发展的转变。回顾小康社会建设三十多年的发展历程，不难发现，“分步骤”、“可量化”、“社会全面发展”是党中央关于小康社会建设战略决策一以贯之的发展取向。

（一）分步骤，分阶段

回溯改革开放的历史，“小康”战略的目标是1979年12月邓小平与来华访问的日本首相大平正方会谈时最早提出的；1980年12月25日，邓小平在中央工作会议的讲话中重申了这一提法。1982年9月，党的十二大把“人民的物质文化生活可以达到小康水平”确定为党的行动纲领。1987年党的十三大首次充分肯定了邓小平“三步走”的战略思想，明确了中国社会发展的阶段性。党的十五大在充分认识当时发展阶段的基础上，适时分解了三步走战略的第三步，并勾勒了“新三步走”战略，构成了2000年至2010年、2010年至2020年、2020年至2050年一幅宏伟的发展战略蓝图。在实现总体小康的基础上，党的十六大更明确提出了用20年时间集中力量全面建设小康社会的战略主张，党的十七大丰富和发展了这样的主张，对全面建设小康社会提出了新的要求。党的十八大深刻认识了当前我国社会主义发展的阶段性实际，提出为“全面建成小康社会”而奋斗，这是三步走战略终将实现的攻坚阶段，也充分体现了分步走、讲策略的战略性。

（二）可量化，科学化

任何战略目标的实现都有基准，小康社会的战略目标从经济指标上看，经历了从国民生产总值到城乡居民收入水平兼顾，从最初战略指导到设立科学的指标体系进行监测，党中央对小康社会建设进行了具有科学指导的探索。

1982年9月，党的十二大正式把小康作为20世纪末的奋斗目标。党的十二大报告指出，按1980年不变价格计算，力争在20世纪末使全国工农业的总产值翻两番。1987年10月，党的十三大又正式将小康作为中国现代化建设的“三步走”战略的第二步，即到20世纪末，使国民生产总值再增长一倍，人民生活达到小康水平。党的十五大提出：“展望下个世纪，我们的目标是，第一个10年实现国民生产总值比2000年再翻一番。”1978年我国人均收入只有190美元，1999年达到780美元，由低收入国家首次跨入中等收入国家行列，2000年已升至840美元，特别是2003年突破1 000美元。这标志着我国经济进入了一个新的发展阶段。

为了科学地衡量中国小康社会进程，1995年，国家统计局和国家计划委员会在征求了12个部委的意见后，完成了我国人民小康水平的基本标准，具体量化为经济水平、物质生活、人口素质、精神生活、生活环境5个部分16项指标。到2000年底，小康评价指标测算结果表明，中国人民生活水平已经总体上达到了小康水平。从小康进程速度来看，按小康基本标准衡量，1990年实现程度为46%，平均每年向前推进4.63个百分点。到2000年，小康实现程度已经达到96%，比1990

年高出 50 个百分点。

根据《全面建设小康社会统计监测方案》，国家统计局统计科学研究所和各地统计研究部门对 2000—2010 年全国及各地全面建设小康社会进程进行了统计监测，涵盖六大方面：经济发展、社会和谐、生活质量、民主法制、文化教育、资源环境[1]。结果表明，十年间，中国全面建设小康社会进展顺利，实现程度由 2000 年的 59.6% 提高到 2010 年的 80.1%（见表 1-1）；东部、中部、西部和东北地区四大区域全面建设小康社会的实现程度均有明显提升；“十一五”时期年均提高 2.59 个百分点，增速快于“十五”时期的年均 1.51 个百分点。

表 1-1　2000—2010 年中国全面建设小康社会及在六大方面的实现程度[2]

单位：%

	2000年	2001年	2002年	2003年	2004年	2005年	2006年	2007年	2008年	2009年	2010年
全面建设小康社会	59.6	60.7	61.8	63.0	64.8	67.2	69.9	72.8	74.7	77.5	80.1
经济发展	50.3	52.2	54.4	56.3	58.2	60.6	63.4	66.6	69.1	73.1	76.1
社会和谐	57.5	59.6	57.1	56.3	59.9	62.8	67.6	72.1	76.0	77.7	82.5
生活质量	58.3	60.7	62.9	65.5	67.7	71.5	75.0	78.4	80.0	83.7	86.4
民主法制	84.8	82.6	82.5	82.4	83.7	85.6	88.4	89.9	91.1	93.1	93.6
文化教育	58.3	59.1	60.9	61.8	62.2	63.0	64.1	65.3	64.6	66.1	68.0
资源环境	65.4	64.6	66.3	67.2	67.7	69.5	70.6	72.6	75.2	76.8	78.2

注：全国统计数据暂不包括香港、澳门特别行政区和台湾省，如无特殊说明，下同。

---

[1] 2003 年年初，国家统计局统计科学研究所开始研究制定全面建设小康社会统计监测指标体系；2007 年又根据党的十七大提出的新要求对指标体系做了重要修订。为了便于各地开展监测工作，2008 年 6 月由国家统计局正式印发了《全面建设小康社会统计监测方案》（国统字〔2008〕77 号），方案中的指标体系由经济发展、社会和谐、生活质量、民主法制、文化教育、资源环境 6 个方面 23 项指标组成。

[2] 国家统计局网站：http://www.stats.gov.cn/tjfx/fxbg/t20111219_402773172.htm.

根据国家统计局发布数据显示，2011 年国内生产总值为 47.31 万亿元，城镇居民家庭人均可支配收入为 21 809.8 元[1]。按照世界银行的数据显示，2012 年我国国内生产总值为 8.358 万亿美元，以收入水平为判断标准，中国已经是中等收入偏上国家（upper middle income country）。经过三十多年的发展，我国实现了从温饱走向小康，从总体小康向全面小康，综合国力显著提升。实践证明，党在不同时期制定的小康建设战略是富有实践意义的。

（三）发展为要，全面推进

邓小平曾经反复强调发展是硬道理，中国解决所有问题的关键是要靠自己的发展；江泽民也提出发展是党执政兴国的第一要务，能不能解决好发展问题，直接关系人心向背、事业兴衰；胡锦涛指出发展是科学发展观的第一要义。20 世纪 80 年代，邓小平在强调要毫不动摇地坚持以经济建设为中心的同时，提出小康社会建设要坚持“两手抓、两手都要硬”，要一手抓物质文明建设，一手抓精神文明建设；也提出在发展中要防止两极分化，防止贫富差距过大；当发展到一定时候，东部沿海地区要支持西部地区的发展；等等。这些论述实际上蕴含了全面发展、均衡发展、协调发展的思想内涵，尽管当时尚未提出科学发展的范畴，但在一定意义上也是在探索如何实现科学、全面发展。1986 年党的十二届六中全会首次提出经济、政治、文化“三位一体”建设总布局；2006 年召开的党的十六届六中全会将“社会建设”列入总体布局之中，拓展为经济、政治、文化、社会“四位一体”；党的十八大根据发展实践遇到的问题，把“生态文明”提升到总布局的战略高度，将中国特色社会主义建设事业总体布局从“四位一体”提升到“五位一体”。可以看出，在推进小康社会建设的三十多年中，我们党始终把发展问题作为一个至关重要的问题来对待，始终抓住发展这个“硬道理”不放松，始终把发

[1] 国家统计局网站：http://data.stats.gov.cn/workspace/index?m=hgnd.

展作为党执政兴国的第一要务，始终坚持发展为要。发展中不够全面、不够均衡、不够协调、不可持续的问题正在逐渐解决，我国正朝着全面建成小康社会迈进。

第三节　四川省委对小康社会建设的战略部署

四川是西部经济、人口与资源大省，是个人口多、幅员广、人均耕地少的多民族内陆大省。在这片占全国5.06%的土地上，承载了全国5.97%（2011年）的人口[1]。近几年来，四川全省人民万众一心、攻坚克难，战胜汶川特大地震灾害，经济社会发展取得显著成就，人民生活水平不断提高，社会保持和谐稳定，为以后发展奠定了坚实基础。2012年，全省地区生产总值23 849.8亿元，地方公共财政收入2 421.3亿元，城镇居民人均可支配收入20 307元、农民人均纯收入7 001元。经过六十多年的建设，特别是改革开放以来的持续全面发展，经济和各项事业都取得了巨大的成就和良好的发展势头。

当前，四川正处于工业化、城镇化“双加速”时期，面临国家推进新一轮西部大开发、实施扩大内需战略、建设成渝经济区和天府新区、支持民族地区跨越发展等重大机遇。同时，四川“人口多、底子薄、不平衡、欠发达”的基本省情没有根本改变，工业化、城镇化进程滞后于全国，产业层次偏低，科技创新能力不强，经济外向度不高，民族地区、革命老区、盆周山区贫困问题突出，与全国同步全面建成小康社会任务尤为艰巨繁重。

改革开放以来，四川省历届省委认真贯彻执行中央和国家的方针政

---

[1] 根据国家统计局网站，2011年年底，全国总人口134 735万人，其中四川人口8 050万人：http://data.stats.gov.cn/search/keywordlist2?keyword=总人口.

策，并结合自身的实际，积极努力探索适合四川国民经济和社会发展的战略，推进小康社会进程取得显著的成效。

一、立足省情调整搞活

1979年，四川根据中央提出的“调整、改革、整顿、提高”方针，进行了国民经济的调整工作，改革经济体制，开展增产节约和增收节支活动等。“六五”期间，四川从实际出发，继续贯彻执行“调整、改革、整顿、提高”的方针，以奔小康统率农村工作，把农业放在经济工作的首位，提出“稳粮调结构，增收奔小康”的发展思路，以提高经济效益为中心，以改革为动力，以技术进步为主要手段，实行按比例协调发展，使四川经济逐步走上速度快、效益好、人民实惠多的新路子。“七五”期间，四川坚持把改革放在首位，坚持对内搞活、对外开放的基本方针，深入进行经济体制、科技体制、教育体制的全面体制改革，发展社会主义商品市场，逐步完善市场体系，高度重视和大力加强教育、科技这个战略重点，搞好智力开发。

“八五”期间，四川制定了“依靠科教，调整结构，军民结合，城乡一体，立足盆地，开发两翼”的发展路子。四川省委、省政府深刻认识到经济建设的发展必须依靠科学技术和提高劳动者素质，始终坚持发展科学技术和教育事业的战略重点，落实“科学技术是第一生产力”的观点。调整产业结构，加强基础产业和基础设施建设，协调城乡发展。立足盆地，开发两翼，在20世纪90年代，把以重庆、成都为中心的盆地腹心地区以及攀西、川南和川东南两翼，作为全省经济建设和生产力布局的重点。

二、跨世纪的加快发展

1997年3月初，第八届全国人民代表大会第五次会议批准设立重庆直辖市。行政区划的调整，使四川省情的许多方面发生了明显变化。基于省情的变化和党中央十五大的总体部署，1998 年 1 月 5 日，四川省第七次党代表大会顺利召开，在世纪之交推动和保证四川沿着建设有中国特色社会主义道路胜利前进。省委书记谢世杰同志代表四川省第六届委员会做了题为《解放思想 加快发展 全面推进四川跨世纪现代化建设事业》的报告。该报告以十五大精神统一思想、指导行动，在深刻分析和认清四川省情的基础上，提出了“实施跨世纪经济发展战略”：推进转变，优化结构，发挥优势，高效持续，加快发展，把四川的现代化建设全面推向 21 世纪。该报告提出的奋斗目标是：初步建立社会主义市场经济体制，努力使国内生产总值年增长率高于全国平均水平，城乡人民生活实现小康，全面完成“九五”计划。首先，大力实施“科教兴川”战略，切实把经济建设转到依靠科技进步和提高劳动者素质上来，大力夯实农业、交通、能源等基础产业，为适应整个国民经济和社会发展服务。其次，着力培植六大支柱产业，包括电子信息产业、机械冶金工业、建筑建材业、饮料食品业、化学医药工业、旅游业，调整产业结构，促进结构升级。再次，形成以成都为中心的成都平原经济圈，加大对丘陵地区、盆周山区和民族地区的扶持力度。坚持可持续发展战略，协调处理好人口、资源、环境和发展的关系，促进区域经济协调可持续发展。

三、西部大开发之初的跨越式发展

（一）西部大开发战略机遇

2000 年 1 月，根据国务院西部地区开发工作会议精神，四川省委、省政府制定了《关于抓住西部大开发机遇，加快发展的意见》，对全省抓住机遇、加快发展的一系列重大问题，提出了意见。

该意见提出，21 世纪前 10 年，四川加快发展的总体目标是：建成西部经济强省和长江上游生态屏障，经济社会协调发展，努力实现新的跨越。谱写好基础建设、生态工程、结构调整、科教兴川、改革开放“五篇文章”，加快全省发展。重点抓好稳定发展农业这一基础，全力推进生态建设和“四网”改造两大工程，大力抓好交通、水利两大基础建设，加快成都平原和攀西两大地区发展，逐步形成水电、电子信息、机械冶金、旅游、医药化工和饮料食品6个支柱产业。

（二）“跨越式发展”战略

2000年四川省委提出抓住中央实施西部大开发战略的历史机遇，实现跨越式发展，把四川建设成为西部经济强省、长江上游生态屏障。党的十六大要求各地、各部门从自己的实际出发，抓住21世纪前20年重要的战略机遇期，实现全面建设小康社会的历史任务。正是在这样的背景下，四川省委提出用新的经济思想、新的经营理念，推进其跨越式发展，全面建设小康社会。

紧接着，四川省委又提出了经营城市战略，并在此基础上提出土地资源向土地资本转化，民间资金向民间资本转化，人力资源向人力资本转化的“三个转变”。“三个转变”战略思想既体现了政策策略的连续性，也体现了创新性；既是战略层面上的思考，也是战术、策略层面上的抉择。

这一时期，面对改革开放和现代化建设新阶段的形势和任务，四川省委提出的跨越式发展战略，把经济结构战略性调整作为主线，把改革开放和科技进步作为动力，把提高人民生活水平作为根本出发点，坚持经济社会协调发展，提高四川经济的综合实力和竞争力，全面实现小康并向宽裕型小康迈进，努力实现新的跨越。

根据四川省全面建设小康社会进程统计监测报告显示：2000年全国全面小康实现程度为59.3%，四川为54.6%，总体差距不大，但从部分指标分析，四川与全国差距较大。2000年，四川人均国内生产总值、恩格尔系数、农民人均纯收入分别是4 784元、51%和1 904元，全国是 7 084 元、44.8% 和 2 253 元。其中，四川人均国内生产总值比全国低 2 300 元，恩格尔系数高 6.2 个百分点，农民人均纯收入低 349 元。因此，四川要在 2020 年实现全面建设小康社会的目标，任重而道远，奋力推进四川社会经济发展新跨越就显得更为迫切[1]。

四、大力实施“工业强省”战略

工业发展相对落后制约了四川经济快速发展。工业化是实现现代化不可逾越的历史阶段，工业是支撑四川经济增长的主要力量。工业发展不够快是造成四川经济发展不够快的主要原因，工业的差距是形成四川与发达省市差距的最大因素。四川经济与工业发展有着极强的相关性，工业兴则四川兴，工业强则四川强。

2005 年 12 月在四川省委八届六次全会上，四川鲜明提出工业强省战略，把做强工业作为四川省在“十一五”期间提升经济发展水平、增强整体实力的重大举措。工业强省，是关系四川经济社会发展全局的一个大战略，是省委立足科学发展，深思熟虑、集思广益，认真分析国内外发展态势、把握全省经济发展阶段性特征，从实际出发做出的一项重大决策。

省委、省政府在深入分析四川工业发展阶段性特征的基础上，结合全省“十一五”规划的总目标，提出了四川“十一五”工业发展的奋斗目标，即实现“一个过半、两个翻番、三个百亿工程”。“一个过半”，就是到 2010 年第二产业增加值占国内生产总值比重超过 50%，其中工业增加值占国内生产总值比重超过 40%。“两个翻番”，就是规模以上工业增加值超过 4 500 亿元，实现翻番；净利润超过 700 亿元，实现翻番。“三个百亿工程”，就是年销售收入超过 100 亿元的大企业达到

---

[1] 四川省统计局科研所课题组．四川省全面建设小康社会进程统计监测报告［J］．四川省情，2009（2）：46．

25户，年销售收入超过100亿元的特色产业集群达到20个，每年实施100项以上投资规模超过1亿元的重点工业项目[1]。

五、建设西部经济发展高地战略

2007年5月，四川省第九次党代表大会召开。会议确定，为实现富民强省、全面小康的宏伟目标，今后必须紧紧围绕“坚持科学发展、构建和谐四川”的工作主题，全面落实“奔富裕、求发展、促和谐、树新风”四项任务。会议提出了今后五年“力争一年有新进展、三年有新突破、五年上新台阶”的经济社会发展总的目标。

2007年12月27—29日，中国共产党四川省第九届委员会第四次全体会议在成都召开。按照党的十七大要求，站在历史新的起点，全会提出了“加快发展、科学发展、又好又快发展，建设西部经济发展新高地的发展战略”和全面建设小康社会“三步走”的奋斗目标。全会要求，要创造和发挥优势，努力把四川省建设成为辐射西部、面向全国、融入世界的西部经济发展高地。要着力打造“一枢纽、三中心、四基地”，建设贯通南北、连接东西、通江达海的西部综合交通枢纽，建设西部物流中心、商贸中心和金融中心，建设重要战略资源开发基地、现代加工制造业基地、科技创新产业化基地、农产品深加工基地，显著提升产业聚集力、要素转化力、市场竞争力和区域带动力。

四川省全面建设小康社会进程统计监测报告显示：2007年全国全面建设小康社会的实现程度达72.9%，比2000年增加13.6个百分点，年均增长1.95%；按大类划分，其中经济发展部分7年共提高15.2个百分点、社会和谐类提高13.8个百分点、生活质量类提高20.0个百分点、文化教育类提高11.8个百分点、资源环境类提高6.4个百分点。四川省2007年全面建设小康社会的实现程度达到69.5%，7年增

[1] 甘道明．工业强省战略的定位、目标和举措［J］．四川省情，2007（1）：7．

加 14.9 个百分点，年均增长 2.13%，比全国高 0.18%；按大类划分，其中经济发展部分 7 年共提高 10.2 个百分点、社会和谐类提高 24.9 个百分点、生活质量类提高 17.1 个百分点、文化教育类提高 17.1 个百分点、资源环境类提高 12.8 个百分点。四川总体推进小康建设的速度略快于全国平均水平，这与四川经济落后、发展起点低的省情密切相关，因而继续加快经济发展，增加经济总量，提高经济发展质量、加快结构调整、促进经济结构的转移，提高工业化、城镇化水平，提升第三产业比重，提高非农就业比例，促进三次产业产值、就业的协调发展，切实增加城乡居民收入水平，特别较快地增加农民收入，提高农民生活质量和人口素质，是四川全面建设小康社会的重要任务[1]。

六、与全国同步全面建成小康社会——“两个跨越”与“三大发展”

2013 年 5 月 13—14 日，四川省委十届三次全体会议在成都举行，省委书记王东明同志做了《科学发展 加快发展 为与全国同步全面建成小康社会而奋斗》的讲话。会议审议通过了《中共四川省委关于深入贯彻落实党的十八大精神为与全国同步全面建成小康社会而奋斗的决定》，就“两个跨越”、“三大发展战略”做出整体部署（如图 1-1 所示）。全会提出的“与全国同步全面建成小康社会”奋斗目标，是贯彻落实党的十八精神，推进治蜀兴川大计的时代号角；全会确立的“科学发展、加快发展”工作指导思想，是在科学发展观指导下更高起点谋划四川发展的鲜明取向和根本要求。在这一思路指导下，要把经济建设作为兴省之要，推动四川由经济大省向经济强省跨越，由总体小康向全面小康跨越。全会做出的全面实施“三大发展战略”重大部署，是全面建成小康

[1] 四川省统计局科研所课题组．四川省全面建设小康社会进程统计监测报告 [J]．四川省情，2009 (2)：46．

两个跨越

由经济大省向经济强省跨越，由总体小康向全面小康跨越。

建设目标

2017年：实现四川省第十次党代会确立的地区生产总值、地方公共财政收入、城乡居民人均收入“三个翻番”目标，为与全国同步全面建成小康社会打下具有决定性意义的基础。

2020年：如期全面建成小康社会，全省人均地区生产总值和城乡居民人均收入赶上全国当年水平，转变经济发展方式取得重大进展。

三大发展战略

推进多点、多极支撑发展，构建竞相跨越奔小康格局。	推进“两化”互动、城乡统筹发展，走出“四化”同步发展新路子。	推进创新驱动发展，增强全面提升的动力和活力。

图1-1　四川与全国同步全面建成小康社会而奋斗的两个跨越、建设目标和三大发展战略

社会、谱写中国梦四川篇章的行动指引，具有科学性和全局性。多点、多极支撑发展战略符合四川省情和经济发展规律；提升首位、次级突破、夯实底部的具体要求，对全方位激发各地发展活力、构建全省竞相跨越新格局，具有积极的引领作用。实施“两化”互动、城乡统筹发展战略，对促进四川省工业化、信息化、城镇化、农业现代化的发展，全面增强产业核心竞争力、城市整体竞争力和区域综合竞争力，形成“四化”同步发展的新局面具有强大的推动作用。而实施创新驱动发展战略，对地处西部内陆的四川尤为重要，只有坚持创新驱动，才能对跨越发展注入新的动力。“三大发展战略”体现了继承、发展和创新，是正

确引领四川全面实现“两个跨越”的总体战略部署[1]。全会明确了当前和今后一个时期的八项重点任务，是保持四川追赶跨越发展态势的着力方位；全会部署的推动地震灾区科学重建、跨越发展各项工作，是夺取抗震救灾斗争全面胜利、建设幸福美丽新家园的科学总纲。

第四节 四川教育现代化托起全面小康：中国梦之四川篇章

中华民族百年追梦，为实现民族复兴、建成小康社会，最终实现社会主义现代化做出了艰辛的努力，取得了可喜的成绩。改革开放三十多年来，中国经济迅猛发展，经济总量已位居世界第二位，与此同时，中国也面临一个尴尬的局面：作为“加工大国”或“世界工厂”，自主创新不足。要实现中国经济的可持续发展，我们必须促进从“中国制造”向“中国创造”的转型，由“加工基地”向“创新高地”转变。

教育是科技进步的基础、是实现创新人才培养的关键。著名经济学家舒尔茨将技术进步中的“人力资本”因素突出出来，强调在人身上的技能和生产知识的存量，即人力资本，它是通过对人的教育、培训、保健等方面的投资形成的。人力资本理论提出：在影响经济发展诸因素中，人的因素是最关键的，经济发展主要取决于人的素质的提高，而不是自然资源的丰瘠或资本的多寡。因此，经济发展、经济增长方式的转变要靠劳动者科技水平、劳动技能和整体素质的提高，归根结底要靠教育发展水平的提高。

---

[1] 赵英．引领四川全面实现“两个跨越”的科学部署［N］．四川日报，2013-05-24．

一、百年追梦之教育为先

早在1978年邓小平就提出四个现代化的关键是科学技术的现代化，他说："我们要实现现代化，关键是科学技术要能上去。发展科学技术，不抓教育不行。靠空讲不能实现现代化，必须有知识，有人才。没有知识，没有人才，怎么上得去？""我们国家要赶上世界先进水平，从何着手呢？我想，要从教育着手。"[1]他根据我国实践，对科学技术的社会作用提出了新的论断："科学技术是第一生产力。"而作为生产力最重要因素的人，其科学文化素质的高低，直接影响劳动生产率的提高。能否提高人们的科学文化素质，已成为我国社会主义现代化建设成败的关键。同时，我国经济增长的方式从粗放型向集约型转变，就会引起社会经济结构、技术结构和组织管理结构的变化，于是对人们的科学文化素质也就相应地提出了更高的要求，以适应现代化管理的要求。可以说，没有教育现代化就没有经济社会的现代化。

四川地处中国西部，是西部地区经济发展的龙头，是承接华南华中、连接西南西北、沟通中亚东南亚的重要交会点和交通走廊。长期以来，四川省委、省政府坚持教育优先发展战略，坚定不移地实施科教兴川、人才强省战略，把教育纳入经济社会发展总体规划，教育事业取得了长足进步和可喜成绩。根据《四川省中长期教育改革和发展规划纲要(2010—2020年)》(以下简称《规划纲要》)描绘的美好蓝图，全面落实教育优先发展战略，教育事业得到了健康快速发展，基本建成了与经济社会发展和人口结构比例相适应的现代国民教育体系，培养出了大批熟练的劳动者和各类专门人才。

---

[1] 邓小平文选：第2卷［M］. 北京：人民出版社，1994：48.

二、四川教育与经济发展水平显著相关

纵观六十多年的历程，四川教育既成就巨大，也道路曲折。不管是新中国成立初经济重建时期，还是改革开放大力发展市场经济时期，四川省委、省政府都紧紧抓住教育工作主动权，宣传国家政策、培养建设人才。教育从政治挂帅，强调教育为无产阶级政治服务，到以服务工农大众为指导方针，强调教育为国家经济建设服务；从坚持“教育必须为社会主义建设服务，社会主义建设必须依靠教育”指导方针，到贯彻实施“科教兴国”战略，把教育摆在优先发展的战略地位，确立“科教兴川”和建教育强省的发展思路，都展现了四川教育改革和发展的主旋律。当前，四川教育优先发展战略地位不断落实，素质教育深入实施；九年义务教育基本普及，城乡免费义务教育全面实施，青壮年文盲基本扫除；高中阶段教育普及进程加快，幼儿教育和特殊教育整体水平较快提高，高等教育步入大众化发展阶段；教育普及程度迅速提升，教育公平取得重大进展；教育资源显著扩大，保障水平不断提高。“党政重视教育，全民支持教育，促进教育跨越发展”局面在全省形成，教育发展也进入历史最好时期，并坚强地经受住了2008年“5·12”汶川特大地震的严峻考验[1]。

截至2012年，全省共有各级各类学校2.6万所，在校生1 579.9万人，教职工96万人，教育规模位列全国第四。学前三年毛入园率69.67%，181个县（市、区）全部实现“两基”[2]。与1978年比较，小学学龄儿童入学率从95.1%提高到99.53%，初中学龄人口入学率从20%提高到98.87%，高中阶段教育毛入学率从不到10%提高到

---

[1] 涂文涛．奠基四川腾飞之路——新中国成立60周年四川教育发展与实践［J］．四川教育，2009（10）：7．

[2]“两基”是指基本普及九年义务教育和基本扫除青壮年文盲。

82.64%，高等教育毛入学率从不到1%提高到28.4%。青壮年文盲率大幅下降。教育和人力资源总体发展水平接近全国，与国内发达地区的差距明显缩小。

教育整体实力的全面增强，为全省跨越发展提供了人才和智力的坚强支撑，为加快建设西部经济发展高地做出了重要贡献。从2001—2008年四川教育事业发展水平数据来看（见表1-2），小学阶段普及水平一直较高，初中教育普及水平逐年提高，高等教育毛入学率逐年提高，代表经济发展水平的人均国内生产总值也逐年提高。

表1-2 2001—2008年四川省小学、初中学龄儿童入学率、高等教育毛入学率与人均国内生产总值

年份	小学学龄儿童入学率（%）	初中学龄儿童入学率（%）	高等教育毛入学率（%）	人均国内生产总值（元／人）
2001	99.13	87.50	13.20	5 376
2002	99.29	87.58	16.80	5 766
2003	99.22	89.19	18.08	6 418
2004	99.76	89.28	20.65	8 114
2005	99.36	88.24	21.24	9 060
2006	99.51	89.19	21.02	10 613
2007	99.50	95.06		12 963
2008	99.13	95.94		15 495

注：高等教育包括普通、成人本专科学生和研究生。

数据来源：2001—2008年小学、初中学龄儿童入学率及2001—2006年高等教育毛入学率数据来源于四川省教育厅网站；人均国内生产总值数据来源于国家统计局网站。

为了分析初中教育和高等教育的提高与经济发展水平的提高是否有关系，本文通过SPSS进行相关关系分析。分析显示，初中学龄儿童入学率与人均国内生产总值相关性系数为0.909，在显著性水平为0.01时，统计检验的相伴概率小于等于0.01（表格显示为0.002），即初中学龄儿童入学率与人均国内生产总值显著相关，且为正相关。高等教育毛入学率与人均国内生产总值相关性系数为0.867，在显著性水平为0.05时，统计检验的相伴概率小于等于0.05（表格显示为0.025），即高等教育毛入学率与人均国内生产总值显著相关，且为正相关。初中及高等教育普及水平与经济发展水平显著正相关。

教育事业发展水平的另一个重要指标是各学段每万人在校生数。以下我们以2002—2012年四川省每万人口在校生数与人均国内生产总值数据为例进行了分析（见表1-3）。值得注意的是影响这一指标的关键因素是人口总量，即该学段总人口数量减少的时候，每万人口在校生数将呈下降趋势。结合表1-2、表1-3，我们可以看到，小学学龄儿童入学率与初中学龄儿童入学率达到95%以上普及水平较高，但每万人口该学段在校生人数不增反降，证明该年龄的总人口相对减少。另一方面，随着教育普及水平的不断提高，每万人口中非义务教育阶段在校生人数明显逐年增加。

表1-3 2002—2012年四川省每万人口在校生数与人均国内生产总值

年份	每万人口在校生数（人）					人均国内生产总值（元／人）
	幼儿园	普通小学	初中阶段	高中阶段	高等教育	
2002	184.67	901.09	424.75	166.18	89.14	5 766
2003	177.15	871.01	425.13	198.15	98.51	6 418
2004	179.06	863.57	425.40	222.51	102.65	8 114
2005	177.64	831.28	405.67	264.19	117.09	9 060
2006	180.80	835.18	416.68	288.22	134.21	10 613
2007	178.96	798.54	417.66	292.70	140.43	12 963
2008	181.27	736.03	410.10	299.43	163.23	15 495
2009	191.66	692.70	400.13	313.33	177.08	17 339
2010	230.61	723.41	420.68	344.80	178.98	21 182

续表

年份	每万人口在校生数（人）					人均国内生产总值（元／人）
	幼儿园	普通小学	初中阶段	高中阶段	高等教育	
2011	262.39	720.97	406.13	363.05	190.46	26 133
2012	272.41	696.57	377.87	363.12	203.68	29 627

注：高等教育包括普通、成人本专科学生和研究生。

资料来源：四川省教育厅网站教育数据统计摘要[1]和国家统计局网站[2]。

将幼儿园、高中阶段、高等教育每万人口在校生人数与人均国内生产总值进行相关分析，结果显示：幼儿园、高中、高等教育的每万人中在校生人数与人均国内生产总值相关系数分别为0.914、0.900、0.956（见表1-4），在显著性水平为0.01时，统计检验的相伴概率小于等于0.01（表1-4显示为0.000）。幼儿园、高中、高等教育的普及水平与人均国内生产总值呈显著正相关。

表1-4　各学段每万人中在校生人数与人均国内生产总值的相关分析

	幼儿园	高中	高等学校
相关系数	0.914**	0.900**	0.956**
p 值	0.000	0.000	0.000

注：** 表示 $p<0.01$。

近年来，四川大力推进学前教育发展，提高高中教育普及水平，推进高等教育大众化发展都与经济发展关系密切。尤其高等教育是培养创新人才、高精尖人才的基地，高水平人才的培养与经济发展之间相关系数最高。由于数据样本量有限，我们暂不能做回归分析探究究竟是经济发展导致普及水平提高，还是普及水平提高促进了经济发展。但是通过

[1] 四川省教育厅网站：http://www.scedu.net/chushi/education-project/statistical-abstract-of-education.

[2] 国家统计局网站：http://data.stats.gov.cn/search/keywordlist2?keyword=%E5%9B%9B%E5%B7%9D%20GDP.

这两组数据分析可以看到：教育普及水平与经济发展水平之间存在密切的相关关系。因此，经济建设与教育发展须协调发展，四川经济社会的现代化有赖于教育现代化。

三、四川教育现代化奠基四川全面小康

《国家中长期教育改革和发展规划纲要（2010—2020年）》从社会主义现代化国家建设的高度将教育现代化作为未来发展的战略目标，提出了“强国必先强教”、“优先发展教育、提高教育现代化水平”的指导方针。2010年，四川结合自身发展制定了《规划纲要》，提出：到2020年基本实现教育现代化，基本形成学习型社会，建成教育强省和西部人才高地。这是今后一个时期四川教育改革和发展的总体目标。为了实现这一目标，四川提出了24字工作方针：优先发展、育人为本、改革创新、促进公平、提高质量、服务社会。

在实践中，四川省委、省政府努力办好人民满意的教育，坚持教育优先战略，坚持以素质教育为主题，积极推进义务教育均衡发展，大力开展职业教育攻坚，着力实施高校质量工程，强化队伍建设，推进改革创新，培养同现代化要求相适应的高素质的劳动者和专门人才，发挥人力资源的优势，为全面建成小康社会、推进社会主义现代化提供了强大的人力资源保障。

第二章 教育现代化的理论基础

第一节 概论

一、小康社会

在中国，“小康社会”是一个古老而常新的名词。古时的“小康”有三重含义：一是生活稍有所安，二是“家天下”之礼治社会，三是家境相对宽裕。古往今来，“小康社会”一直是中华民族对未来生活的美好向往。但现代小康社会理想根本不同于古代和近世的小康社会理想。现代小康生活亦根本不同于古人囿于自然经济的狭隘条件所向往的“小康之家”。

改革开放后，邓小平赋予了“小康社会”全新的时代内涵。1987年4月30日，他在会见外宾时，阐述了“三步走”的战略目标和部署：“我们的原定目标是，第一步在八十年代翻一番。……第二步是到本世纪末再翻一番，人均达到一千美元。实现这个目标意味着我们进入小康社会……我们制定的目标更重要的还是第三步，在下世纪用三十年到五十年再翻两番，大体上达到人均四千美元。做到这一步，中国就达到中等发达的水平。”[1]2010年就实现了人均国民生产总值4 000美元。可以说，邓小平同志提出的发展“三步走”目标是清晰而明确的。“小康社会”是社会主义初级阶段中国现代化发展的战略部署，是中国共产党对科学社会主义和现代化理论的新发展。党的十六大在20世纪末实现总体小康的基础上进一步提出了“全面建设小康社会”的奋斗目标。

---

[1] 邓小平文选：第3卷［M］. 北京：人民出版社，1993：226.

党的十八大提出确保到2020年实现全面建成小康社会宏伟目标。"小康社会"成为中国式现代化的标志。

二、现代化和教育现代化

现代化一词是英文modernization的翻译。韦氏辞典中英语单词modern是形容词，有两层意思。一是表示性质：现代的，新近的，时髦的。二是表示时间：指大约从1500年到当前这段历史时间，时间只有上限（大约1500年），没有下限，"现代"是无限延长，永无止境的。"现代化"一词在中国报刊上出现是20世纪30年代才开始的。中国科学院中国现代化研究中心主任何传启认为，现代化的基本词义是指成为具有现代特点的，成为现代的，适合现代需要；大约1500年以来出现的新特点、新变化。现代化的理论含义是指工业革命以来人类社会所发生的深刻变化，这种变化包括从传统经济向现代经济、传统社会向现代社会、传统政治向现代政治、传统文明向现代文明等各个方面的转变。现代化一般以国家为基本地理单元，有时以某个跨国地区为基本地理单元。北京师范大学顾明远教授认为，现代化是指人类认识自然、利用自然和控制自然（包括人类自身）的能力空前提高的历史过程，以及由此而引起的政治、经济、文化等社会各领域广泛而深刻的变革，其目标是创造高度的物质文明和精神文明。马格纳雷拉将现代化定义为发展中的社会为了获得发达的工业社会所具有的一些特点而经历的文化与社会变迁的过程，是包容一切的全球性过程。

综上分析，我们认为现代化具有这样几层意思：一是表示时间，从1500年起始，到永无止境的"当前"；二是表示性质和水平，是从全球角度看，代表人类先进水平的工业化、后工业化、信息化、城市化社会所具有的一些特征；三是表示追赶的过程，"现代化"是发展中国家和地区追赶发达社会水平的一个过程；四是表示动态的发展变化，现代化在时间上只有起点，没有终点，因而不同时代的现代化就有不同的水平，现代化的指标水准不是固定不变的，是随着时间的推移而动态变化的。

教育现代化是经济、社会现代化的要求和必然产物。从全球角度看，世界教育现代化主要指自大工业革命以来，人类教育从适应小农经济和传统宗法社会的封建教育，转变为适应工业化的民主社会的新的教育的历史演化进程。[1]如起步较早主要依靠内部社会经济要素发展而成的欧美国家，起步较晚主要由外来文明因素刺激开始工业化和现代化过程的日本、俄罗斯，以及起步较晚，但非主要受外国影响，而是自发地走向工业化和现代化的德国等。[2]从国家或特定区域看，教育现代化主要指落后国家或地区，如何赶上发达国家先进教育水平的历史进程。李铁映指出："教育现代化不仅指校舍和设备的现代化，首先是教育思想的角度看待教育现代化：在广义上，教育现代化是从适应宗法社会的封建的旧教育转向适应大工业民主社会的现代新教育的历史过程，是一切有关进行现代教育的改革和发展的总称。在狭义上，教育现代化主要是指第二次世界大战后比较教育学家积极倡导的一种运动及理论。主要指新独立的落后国家如何学习发达国家，推动本国教育现代化，从而赶上发达国家实现现代化的运动。"[3]还有一批学者认为教育现代化是一种"过程"。如郑金洲认为，教育现代化是社会政治、经济结构的变革在教育上的反映；是教育整体上的深刻变革过程，是一种世界性的教育变迁……其结果是世界范围内教育的共性增加。褚宏启认为教育现代化是指与教育形态的变迁相伴的教育现代性不断增长的历史过程。"过程论"认为教育现代化是动态的，不断发展的历史过程，是整个经济、社会

[1] 冯增俊．比较教育学与现代化［J］．人大复印资料·教育学，1997（8）．

[2] 朱旭东，王春华．西方教育现代化研究述评［J］．清华大学教育研究，2001（1）．

[3] 李继业．关于教育现代化定义的研究综述［J］．常熟理工学院学报（教育科学版），2007（6）．

现代化的组成部分。其实，教育现代化不仅仅是动态的过程，在一定的时期内教育现代化水平也呈相对静止的状态存在。如段作章把教育现代化视为动态与静态的复合体：既是与世界现代教育发展趋势相适应的发展和变化，一个动态的赶超工业化发达国家的教育发展水平的过程，也是与它所处的社会的现代化相适应的发展和变化。作为一种“状态”的现代化，则是指教育所具有的能够体现当代教育发展的高度或现代水平的形态，主要反映在全民教育水准、教育思想观念、教育内容与课程体系、教育设施和办学条件、教育手段和教育技术、终身教育体系和教育制度、教育管理水平等方面。静态意义上的教育现代化，实质上是以代表世界教育发展趋势的工业化发达国家的现实教育发展水平为蓝本建立的，包括观念、制度、物质层面发展水平的目标参照系，即教育现代化的标准或指标体系。

综上对教育现代化的分析，我们认为教育现代化的含义有：一是从过程看，教育现代化是发展中国家或地区追赶发达国家教育发展水平的一个过程；二是从结果或性质、水平看，教育现代化的标志或参照标准是能够代表当今世界教育发展趋势的中等及其以上发达国家普遍流行的教育发展水准；三是教育现代化是社会现代化的有机组成部分，教育现代化的核心是实现人的现代化。因此，教育现代化有程度上的差异，并且现代化的程度是可以用一套指标体系来测度的，教育现代化的指标体系也是动态发展的。

三、教育现代化和人的现代化

教育现代化的主要内容有：教育思想观念的现代化，这是教育现代化的前提；教育制度现代化，这是教育现代化的关键；学校课程、教学方法和学习方式的现代化，这是教育现代化的核心内容；教师队伍的现代化，这是教育现代化的根本；教学手段和教育技术的现代化，这是教育现代化的基础；教育管理的现代化，这是教育现代化的保证；教育发展水平的现代化，这是教育现代化的根本目的，也是教育现代化的显著标志；人的现代化，这是教育现代化的宗旨与归宿。

通过教育现代化实现人的现代化，就是通过现代化的教育推进人从传统向现代的转型，包括人的思想观念、思维方式、行为方式等方面的现代转型。养成现代社会公民所必须具有的基础文明素质，如具有科学的世界观、人生观、价值观，弘扬与时俱进、改革创新的时代精神，具有现代公民的主体意识、竞争意识、责任意识、可持续发展意识，具有社会主义民主法治、自由平等、公平正义理念等。要求人们在社会生活中诚实守信，采取积极、理性、文明的行动，积极而负责任地参与社会生活。一些发达国家十分注重对现代公民行为的养成教育。

在人类规划21世纪教育蓝图、思考新的教育发展与社会发展的历史时期，联合国教科文组织发表了《学习——内在的财富》报告(*Learning：The Treasure Within*，1996)，从新的理论高度和政策视角，界定了21世纪社会公民必备的基本素质。“21世纪教育质量”的本质内涵及基本标准就是：学会求知（learning to know)、学会做事(learning to do)、学会共处（learning to live together)、学会做人（learning to be)。现代社会越来越依赖信息和知识，联合国教科文组织号召各国应当从以下几个方面着手：

(1）培养公民全球化意识、灵敏的头脑反应、创新的思维，以及使用信息化解决问题的能力，应对信息社会的知识与素质；

(2）培养公民博闻强识、多才多艺，以便能够有效管理日常事务，使其生活更充实、全面、舒适；

(3）鼓励公民全面参与社会活动，并对那些影响他们生活的方式，进行一些指引；

(4) 培养公民跨文化理解以及和平解决争端的新理念。[1]

《国家中长期教育改革和发展规划纲要（2010—2020年）》指出，进一步解放思想，更新观念，深化改革，提高教育开放水平，全面形成与社会主义市场经济体制和全面建设小康社会目标相适应的充满活力、富有效率、更加开放、有利于科学发展的教育体制机制，办出具有中国特色、世界水平的现代教育。现代教育必须着力培养学生协作精神，动手、实践、创造等综合能力，使学生成为优秀的现代公民和劳动者。

第二节　城镇化、城乡一体化与教育现代化

一、城镇化是现代化的重要标志

城市化也叫城镇化，就是在人类社会经济发展过程中，伴随着工业化的过程而出现的人口及非农产业从农业中分离出来，逐渐向不同于乡村外貌景观的城市集聚，城市规模日益扩大和城市数量逐渐增多的过程。主要表现为城市人口增加、城市人口在总人口中的比重上升和城市数量增加及城市用地规模扩大。通常以城市人口占总人口的比重，作为衡量一个国家或地区城市化水平的主要标志。有关城市化水平的数据大约在1800年后才出现。18世纪60年代产业革命的发生，使机器大生产取代了手工生产，而工业生产的集中促使了城市化的发展。进入19世纪以后，发达国家的城市化明显加快，村镇向城镇发展，小城镇向城市化发展，城市人口迅速增长。迄今为止，大多数发达国家已经过了城市化的初始阶段、高速发展阶段和成熟阶段。据世界银行2010年统计，大多数发达国家的城市化水平在80%以上，其中美国为82.3%、英国

[1] 联合国教科文组织．教育信息化：联合国教科文组织的使命与行动［J］．世界教育信息，2012（11）（第二届中国教育国际化论坛专刊）．

为90.1%、韩国为81.9%、日本为79%。

2001年诺贝尔经济奖得主之一的美国经济学家斯蒂格列茨曾断言，21世纪对世界影响最大的两件事，其中之一就是中国城市化。21世纪初中国进入了城市化、现代化的加速期和关键期。由中国科学院可持续发展战略研究组主持完成的《2012中国新型城市化报告》指出，中国大陆2011年城市化率达到51.3%，新型城市化水平排在前10位的城市是上海、北京、深圳、天津、成都、广州、苏州、重庆、杭州、无锡。国家统计局《2012年国民经济和社会发展统计公报》显示，2012年末全国大陆总人口为135 404万人，比上年末增加669万人，其中城镇人口为71 182万人，占总人口比重为52.6%，比2011年末提高1.3个百分点。2015年中国城市化率将达到58.47%，较2011年提高7.2个百分点。[1]

工业化、城镇化和农业现代化是工业革命所开启的人类现代化进程的具体表现。城市化的本质就是现代化，城市化即现代化。胡锦涛曾在中共中央政治局2005年9月29日进行的第二十五次集体学习时指出：城镇化是经济社会发展的必然趋势，也是工业化、现代化的重要标志。李克强曾于2012年9月7日在中央组织部、国家行政学院和国家发展改革委联合举办的省部级领导干部推进城镇化建设研讨班学员座谈会上讲话指出：什么是现代化？什么样的国家是现代化国家？国际上有不同的标准。但无论从联合国的标准看还是从经合组织的标准看，城镇人口和非农就业比例都是区分发达国家与发展中国家的一个很重要、很清晰的界限。我们说我国还属于发展中国家，一个重要因素就是我国城镇化率比较低。而在实现了现代化的发达国家，城市化率基本上在75%—80%甚至更高，城镇人口比例和非农就业比例都很高。有人说，拉美一些国家城市化率也很高，有的国家甚至达到80%，为什么它们不叫发

---

[1] 2015年中国城市化率将超过58%［J］. 领导决策信息，2012（15）.

达国家而只能叫发展中国家？这主要是因为它们出现了城市二元结构，解决不好产业和就业问题，出现了大量贫民窟，落入了“中等收入陷阱”。[1]

二、城乡一体化是城市化发展的终极目标

城乡一体化，是把城市和乡村作为一个相互依存、相互促进的统一体，通过城乡资源及生产要素自由流动，充分发挥城市和乡村各自优势和作用，协调发展，达到城乡之间在经济、社会（包括文化、教育）、生态等各方面协调发展的过程。也有学者认为城乡一体化就是要打破发达的城市和落后的农村互相分割的壁垒，使城乡经济和社会生活紧密结合，逐步缩小直至消灭城乡之间的基本差别，促进形成城乡统一体，最终实现城乡的全面融合、协调发展。[2] 我们认为城乡一体化，首先是要取消城乡有别的户籍制度、土地制度等一切人为制造的城乡二元分割的政策制度，建立城乡居民一视同仁的社会保障制度、公共服务体系，建立人员、资金、技术等各种生产要素按照市场需求自由流动的法律制度。调整城乡产业结构，优化城乡产业布局，鼓励城市资金、人才向农村流动，改变资源从农村向城市单向流动格局，尤其是财政资源和公共服务资源要按照公平配置原则，推进城乡公共服务制度对接。最终实现城乡基本公共服务均等化，基础设施建设（尤其是基本生活设施）无差别。使农村人口进入城镇之后大体上满意，基本上跟城里人有一样的公共服务，像城里人那样生活，唯其如此，城市化的水平才能真正提高，才是以人为本，关心到人，真正体现出城镇化的本质是人的城镇化。

城市化是城乡一体化的基础，城乡一体化是城市化发展的终极目标

[1] 李克强．协调推进城镇化是实现现代化的重大战略选择［J］．行政管理改革，2012（11）．

[2] 李志杰．中国城乡一体化的实证分析与政策思路［J］．学习与探索，2012（6）．

及指导理念。实现城乡一体化的政策策略是统筹城乡发展，统筹城乡发展为城市化进程提供的宏观制度环境和政策支持。只有通过统筹城乡，才能加快城市化进程，真正实现城乡一体化。党的十六大明确提出统筹城乡经济社会发展和改变城乡二元经济结构问题，党的十六届三中全会把建立有利于逐步改变城乡二元经济结构的体制，作为完善社会主义市场经济体制的一项主要任务。从城乡二元经济结构向现代社会经济结构转变，是今后几十年中国经济社会发展的基本走向。走城乡统筹发展的中国城镇化道路与解决农村、农业和农民问题紧密联系在一起，对于中国深刻的经济社会转型和现代化建设具有重要意义。党的十八大进一步提出推动城乡发展一体化，把解决好农业、农村、农民问题作为全党工作的重中之重。指出城乡发展一体化是解决“三农”问题的根本途径。要求加大统筹城乡发展力度，增强农村发展活力，逐步缩小城乡差距，促进城乡共同繁荣。加快完善城乡发展一体化体制机制，着力在城乡规划、基础设施、公共服务等方面推进一体化，促进城乡要素平等交换和公共资源均衡配置，形成以工促农、以城带乡、工农互惠、城乡一体的新型工农、城乡关系。

三、城乡教育一体化是教育现代化的必由路径

城乡教育一体化是在教育领域内实现城乡和谐发展，城乡共享优质教育资源，并通过教育传承、分享和发展共同的人类文化成果。城乡教育一体化要求在教育发展中，把城乡教育置于由城市和乡村所构成的同一个大系统之中，打破城乡二元经济结构和社会结构的束缚，把它们视为一个整体，以系统思维方式，推动城乡教育相互支持、相互促进、协调发展，共同实施教育的现代化。[1]这种观点将城乡教育一体化，视为实现教育现代化的一种手段或方式。有学者直接将城乡教育一体化和教

[1] 王克勤．论城乡教育一体化［J］．普教研究，1995（1）．

育现代化连接起来，提出所谓城乡教育一体化、现代化，指出以城乡教育一体化为主线，以统筹城乡教育公共服务均等化、全面实现人的现代化为目标，探索完善城乡教育互动、共同进步的模式、途径和机制，从而使城乡教育由传统教育转化为现代教育的发展过程。并认为城乡教育一体化是我国教育现代化的核心要素，城乡教育一体化、现代化是我国教育现代化的理性目标模式。[1]这种观点认为城乡教育一体化既是教育现代化的途径，又是教育现代化的核心要素和目标。

综合上述观点，我们认为：城乡教育一体化，就是以城乡基本公共教育服务均等化为准则和目标，实现城乡教育管理体制和政策制度一体化、城乡教育发展学校规划布局一体化、城乡教育资源配置标准一体化、城乡教育质量标准一体化，消除城乡教育二元结构，消除城乡教育差别；建立以常住人口为基数的学位供给机制，保障符合政策条件的进城务工人员随迁子女平等接受教育的权利，消除城市内二元结构。城市化是城乡一体化的基础，城市化、城乡一体化是现代化的必然要求和主要标志。城乡教育一体化，既是推进教育现代化工作的指导理念，又是教育现代化的实现路径，还是教育现代化的目标追求。

四、外国城乡教育一体化之美国案例

2011 年，美国农村人口的比率为 16%，即城市化率 84%。为了考查美国城乡教育一体化情况，我们以城市化率 70% 为界，将其各州划分为三类：将城市化率 70% 以上的州称为“城市地区”，50% 以下的州视为“农村地区”，50%—70% 的州称为“其他地区”。分析结果如表 2-1 所示，学生数量、教师数量和经费数量为 2009 年数据，学业成绩为 2011 年数据。为方便分析，生师比一栏的相对值以师生比计算，城乡比率是本文计算的。

[1] 韩清林，秦俊巧．中国城乡教育一体化现代化研究［J］．教育研究，2012（8）．

表 2-1 美国各州的城市化率与义务教育投入产出情况

	城市化率 (%)	学生数量 (人)	生均教育经费 (美元)	生师比	学业成绩
美国	79	48 121 746	10 905	16.36	151
城市地区	70% 以上	37 616 804	11 035	17.39	150.67
其他地区	50%—70%	8 526 012	10 138	15.49	153.14
农村地区	50% 以下	1 978 932	10 564	15.4	143.65
城乡比率	—	—	1.04 : 1	0.89 : 1	1.05 : 1

数据来源：http://www.nces.ed.gov/。

由于受到社会、文化、政治经济背景多因素的影响，各州义务教育发展不均衡的问题一度非常突出，因此美国在教育上更加强调教育机会的实质均等。美国自 20 世纪 50 年代开始，先后采取了“社区控制”、“教育机会均等”、“先行教育”、“补偿教育”等措施来加大对薄弱学校的投入。从表 2-1 可以看出，就平均值而言美国城市地区和“农村地区”在义务教育投入上的差别已经消失，城乡之间生均教育经费基本相当、生师比的差异在 10% 左右。生均教育资源配置的城乡比率、教育质量的城乡比率均在 1∶1 左右。“农村地区”人口分散，校均规模小，师资配置略多于城市学校。而城乡在 NAEP 学业成绩上的差异基本可以忽略不计，教育质量完全实现了城乡一体化。但是，具体到每个州，以生均教育经费和生师比为代表的教育投入差别还是非常大的，生均经费最高的州（阿拉斯加州，24 244 美元）约是最低州（犹他州，6 515 美元）的 4 倍。也就是说美国教育的差异不在城乡，而在地区之间。

五、我国义务教育城乡一体化发展趋势

2000—2009 年，我国小学、初中生均教育经费支出的城乡倍

率，如表 2−3 所示。[1] 数据表明，随着我国城市化进程的加快，城市化率不断提高，义务教育投入的城乡差异也逐步缩小，城乡一体化水平提高。具体关系为：城市化率与小学教育经费城乡倍率的相关系数为 −0.9593，城市化率与初中教育经费城乡倍率的相关系数为 −0.9415，呈非常高的负相关，几乎接近线性关系，如图 2−1 所示。当城市化率进一步提高，达到高度成熟的城镇化状态后，就基本实现了城乡一体化，城乡生均教育经费支出的比率会稳定在 1∶1 左右。合理的生均教育经费支出城乡倍率应当是等于或者略小于 1，而不是随着图中的近似线性关系无限制地发展下去。

表 2−3　我国城市中小学与农村中小学生均教育经费支出的倍率

年份	城市化率	小学教育经费支出城乡倍率	初中教育经费支出城乡倍率
2000	36.22%	1.86	1.97
2001	37.66%	1.86	1.93
2002	39.09%	1.83	1.95
2003	40.53%	1.87	2.01
2004	41.76%	1.68	1.81
2005	42.99%	1.62	1.71
2006	44.34%	1.55	1.59
2007	45.89%	1.41	1.53
2008	46.99%	1.32	1.34
2009	48.34%	1.29	1.29

数据来源：http：//www.stats.gov.cn/tjsj/ndsj/2012/indexch.htm。

我国统筹城乡教育综合改革试验区为我们把握城乡教育一体化发展趋势提供了实践案例。2007 年 6 月，成都被国务院批准为统筹城乡综合

[1] 陈静漪，宋晓华．从城乡分立到城乡一体化：中国农村义务教育供给机制演进路径分析[J]．西南大学学报（社会科学版），2012（9）．

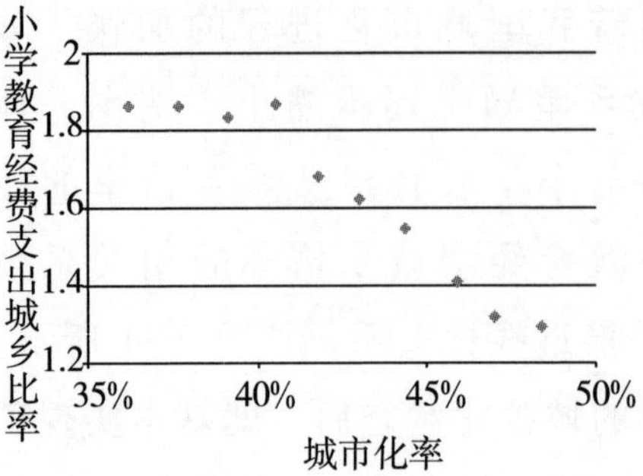

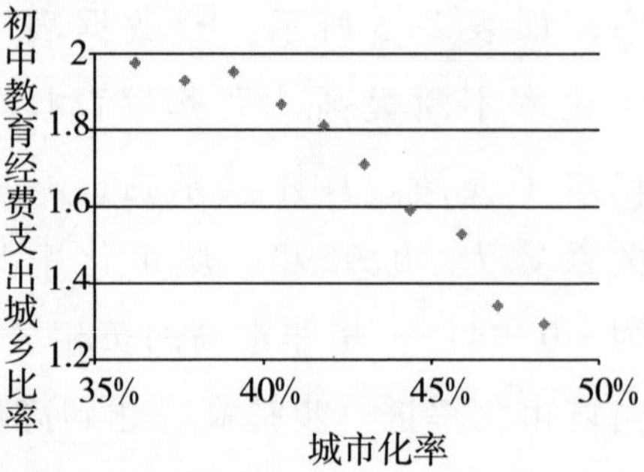

图 2-1　我国城市与农村中小学生均教育经费支出的倍率图

改革试验区。2009 年 4 月，教育部、四川省人民政府与成都市人民政府共同签署共建统筹城乡教育综合改革试验区合作协议。试验区的核心任务是教育体制改革和机制创新，目标是实现城乡教育一体化和教育现代化。

从表 2-4 可见，2010 年成都市中心城区与郊区（市）县，在入学机会、生均校舍建筑面积、学生体质合格率、学业测评语文阅读成绩等方面，城乡一体化程度较高，城乡比率在 1∶1 左右。生均教学仪器设备值、计算机“生机比”城乡比率，初中已经在 1∶1 左右，小学差异较大。高一级学历教师比例、生均预算内教育事业费支出的城乡比率正在向 1∶1 靠近。人均教育经费支出、生均预算内公用经费支出的城乡一体化程度还不高，初中教育质量的城乡差异也较明显。这应当是城乡教育一体化发展的主要着力点。

表 2-4　成都市 2010 年中心城区与郊区（市）县教育差异情况[1]

监测项目	学段	城乡比率	监测项目	学段	城乡比率
3—5 岁幼儿入园率	幼儿园	1∶0.96	学校校园网建成率	—	1∶0.73

[1] 成都大学统筹城乡教育发展研究中心．成都市 2010 年度城乡教育一体化发展监测与评价［R］．成都：成都市教育局，2011（10）．

续表

<table>
<tr><th>监测项目</th><th>学段</th><th>城乡比率</th><th>监测项目</th><th>学段</th><th>城乡比率</th></tr>
<tr><td>小学学龄儿童入学率</td><td>小学</td><td>1∶0.99</td><td rowspan="3">高一级学历教师比例</td><td>幼儿园</td><td>1∶0.89</td></tr>
<tr><td>初中学龄儿童入学率</td><td>初中</td><td>1∶0.99</td><td>小学</td><td>1∶0.86</td></tr>
<tr><td>高中阶段教育入学率</td><td>高中</td><td>1∶0.98</td><td>初中</td><td>1∶0.88</td></tr>
<tr><td rowspan="2">生均校舍建筑面积</td><td>小学</td><td>1∶0.97</td><td>人均教育总经费支出</td><td>—</td><td>1∶0.52</td></tr>
<tr><td>初中</td><td>1∶1</td><td rowspan="2">生均预算内教育事业费支出</td><td rowspan="2">小学</td><td rowspan="2">1∶0.87</td></tr>
<tr><td rowspan="4">生均教学仪器设备值</td><td rowspan="2">小学</td><td rowspan="2">1∶0.58</td></tr>
<tr><td rowspan="2">生均预算内公用经费支出</td><td rowspan="2">小学</td><td rowspan="2">1∶0.69</td></tr>
<tr><td rowspan="2">初中</td><td rowspan="2">1∶1</td></tr>
<tr><td>义务教育学业测评结果</td><td>语文阅读</td><td>1∶0.92</td></tr>
<tr><td rowspan="2">计算机“生机比”</td><td>小学</td><td>1∶0.66</td><td>初中毕业考试一次性全科合格率</td><td>初中</td><td>1∶0.65</td></tr>
<tr><td>初中</td><td>1∶0.89</td><td>学生体质合格率</td><td>—</td><td>1∶0.97</td></tr>
</table>

注：本表中的“城”为成都市5个中心城区和成都高新区，“乡”为14个郊区（市）县。

（阅读材料：附录1 教育部推出义务教育均衡发展的成都模式、附录2 城乡义务教育一体化监测评价指标）

附：我国台湾城乡教育一体化概况

我国台湾有三个行政层级。第一层级是省和“直辖市”，第二层级是县和省辖市，第三层级是乡镇和县辖市。由于省已经虚级化，第一层级和第二层级实际上合称为“五都十五县市”：“五都”指台北市、新北市、台中市、台南市、高雄市，共占台湾人口总数2 300万人的59%；“十五县市”包括基隆市、新竹市、嘉义市三个省辖市和十二个县。[1]本文以五都代表台湾的城市地区，以十五县市代表“农村地区”，将其

[1] 余昌斌．中国城市化进程可借鉴台湾的发展道路．http：//blog.sina.com.cn/s/blog_49c38be10100qmcd.html.

各自的数据进行处理，以了解城市化率达到 80% 以后的城乡教育发展差异，如表 2-2 所示。

表 2-2 我国台湾 2012 年教育投入的城乡差异概况

类别／科目		学生数	平均每班学生数	师生比	平均每万学生拥有礼堂数	平均每万学生拥有游泳池数	平均每位学生拥有图书册数	每生使用校舍面积
		人	人	人	座	座	册	平方公尺
小学	城市	789 357	25.55	1∶14.47	9.40	1.22	23.98	14.88
	农村	584 018	22.90	1∶13.59	18.38	0.29	31.84	14.75
	城乡比率	—	—	0.94∶1	—	—	0.75∶1	1.01∶1
初中	城市	492 617	31.24	1∶17.04	7.10	1.66	13.16	14.60
	农村	352 267	30.02	1∶15.33	11.44	1.00	17.14	13.80
	城乡比率	—	—	0.9∶1	—	—	0.77∶1	1.06∶1
高中	城市	489 302	40.84	1∶14.91	5.73	1.53	15.88	15.39
	农村	327 122	39.68	1∶15.19	6.57	1.94	18.44	17.37
	城乡比率	—	—	1.02∶1	—	—	0.86∶1	0.89∶1

数据来源：http：//www.edu.tw/。

我国台湾的免费义务教育即“国民教育”目前包括小学和初中，共 9 年。自 1946 年后，我国台湾一直较注重教育的均衡发展，通过教育基本法、保障义务教育均衡发展专项法等，从法律上为义务教育均衡发展提供保证，与城市化相伴随的经济增长则为义务教育均衡发展在经费上提供了可能。从表 2-2 可以看出，我国台湾三级教育中城市地区的班级规模和生师比都略高于农村地区，而生均礼堂数、生均游泳池数和图书册数都明显低于农村地区，只有生均校舍面积在小学和初中阶段略高于农村地区。整体来说，我国台湾目前的义务教育均衡发展已不是问题，生师比、生均校舍面积在 1∶1 左右，差异小于 10%。我国台湾中小学校的校舍、设施等建设投入城乡基本均衡，办学的硬性条件大体相同，而农村地区的学生相对分散因而大部分生均指标反而偏高。

第三节　早发内生型教育现代化的特征

教育在从传统走向现代的过程中，不同经济社会发展水平的国家(地区)，其教育现代性是沿着不同路径增长的，表现出了教育现代化发展的不同类型。欧美发达国家在其经济社会现代化的过程中，自然而然地实现了教育的现代化，其教育发展水平成为当今世界教育现代化的代表和标志。发展中国家（地区）追赶发达国家教育发展水平的过程，就是本国（地区）教育现代性不断增长的过程，当基本达到发达国家教育发展水平时，就被认为是实现了教育现代化。因此，在世界教育现代化的进程中呈现出了不同的发展类型：一是早发内生型教育现代化，如欧美国家；二是后发外生型教育现代化，如亚非拉国家。还有人将教育现代化分为三类：一是早发内生型教育现代化，如英国、法国；二是后发内生型教育现代化，如德国、美国；三是后发外生型教育现代化，如日本和俄罗斯。

所谓内生型教育现代化模式，是指那种从自己社会内部经过社会演变或者变迁，自发地产生出教育现代性因素，社会成员形成现代意识，共同追求教育现代化发展的教育现代化模式。在内生型教育现代化模式中，政府的干预和全体社会成员的觉悟非常重要。通过政府的启蒙、动员，整个社会能够普遍认识到教育在经济社会和个人发展中的作用，科学、理性地对待教育问题，主动对传统教育中不适合现代社会和人的发展需要的因素进行改造，促进教育现代性因素增长，进而推动教育的现代化发展。[1]先发展的教育现代化国家，如英国、美国、法国、德国等

---

[1] 郭永华. 论具有中国特色的内生追赶型教育现代化模式[J]. 当代教育科学，2005(10).

均属于内生型教育现代化模式。

一、教育现代化是社会现代化的重要组成部分

欧美发达国家教育伴随其经济社会现代化实现了自身的现代化，因此，欧美教育的现代化是镶嵌在欧美现代化过程中的。促进欧美教育完成现代转型的内在要素是：人本主义、实用主义等现代哲学思想、政治革命导致的社会制度变迁、工业革命和技术进步引发的社会生产方式变革等，欧美教育现代化是资本主义生产方式发展内在逻辑的结果，欧洲文明和传统孕育了欧美现代性和教育的现代化。

现代社会起源于18世纪后半期爆发的两个巨变：一是在美国与法国发生的政治革命，奠定了现代社会政治制度，即民主与议会制政治；二是经济的巨变，发生在18世纪后半期与19世纪的英国工业革命，包括机器生产代替手工劳动、城市化、大量产业工人聚集在新的工业城市、新的家庭结构等。

美国独立战争以后，大量移民迁入、人口数量剧增。一个多民族、多种族的国家，这些民族和种族文化在相互交流的过程中不断发生着强烈碰撞和融合，并提炼升华为一种新的主流文化：个人主义，实用主义，尊重个性、自由、平等、竞争，富于冒险、勇于探索和创新的文化。崇尚实用的美国人摒弃了原宗主国英国皇室所代表的封建传统，抛弃了等级森严的社会制度。加强了与法国等欧洲国家的文化教育交流，借鉴吸收了卢梭的自由主义教育思想，促进了进步主义等教育思想与理论融入教育改革，打破了唯宗教办学的现实藩篱。南北战争则推动美国社会政治、经济、文化等产生巨大变化，蓬勃发展的工农业革命推动教育以培养适应经济发展的新型劳动力为目标。19世纪后半期农工学院兴起，一些曾经被嘲讽为“牛仔学院”的大学，坚持教育为农业机械化、工业化服务，培养生产建设人才，大大促进了美国国力的提升。这时的中小学

被视为一种社会化机构，强调训练学生忠于组织、遵守秩序和纪律、守时等品质，以适应以后的工作。在具体的学科设置、教育内容、教育过程中，也特别强调与生产实际的结合。到19世纪末，美国工业总产值已经跃居世界首位。工业化进程需要一大批受过正规教育的工人，学校课程因而逐渐进行改革，以适应工业生产的需要。20世纪初，综合中学与社区学院内开设工业、商业等职业训练课程，大学内设立专业学院。为了使学校人才培养更能够适应生产需要，大学与产业合作的产学合作教育模式应运而生。在教育适应经济与社会发展的同时，政府与社会对教育发展也给予了充分的支持与经费投入。1929—1969年的40年间，美国高等教育经费增长了40倍，同期国民经济生产总值增长了10倍。1949年，教育总开支占国内生产总值（GDP）的比例为3.3%，以后逐年上升，1959年达4.7%，1970年达7.3%。以后大多数年份一直维持在7%以上的水平。[1]美国从殖民地时期起至今，教育在民族结构、个人主义哲学、实用主义、民主多样等文化传统的影响下，通过广泛的比较借鉴和创新发展，教育现代性不断萌生，教育现代化快速推进和纵深发展，也更进一步推动了社会的现代化。

二、教育现代性随渐进式缓慢呈现

由于发达国家的教育现代化是镶嵌在其整个社会现代化过程中的，社会的进步是缓慢的，经济社会现代化是逐渐形成的，因而教育现代化也是渐进性地缓慢增长的，英国尤其明显。17世纪前的英国教育与宗教的关系密切，主要是僧侣教育和贵族教育，大众教育没有得到相应的发展。虽然在英国曾出现了牛津和剑桥大学，从14世纪开始又出现了后来称之为公学的新型私立文法学校，但教育的等级性明显，古典主义的教育色彩浓厚。那些私立的学校水平不高，公学和文法学校数量不仅很

---

[1] 王晓阳．美国教育现代化的历史经验及其启示[J]．教育发展研究，2008（23）．

少且一直顽固地以保持非功利的传统办学精神作为一种地位的象征，这种状态一直持续到19世纪的后期。英国著名的古典大学牛津和剑桥，至少直到19世纪中叶，几乎毫无与科学和职业相关的教育。[1]1640年，英国开始了资产阶级革命，至1688年的“光荣革命”宣告结束。资产阶级革命使英国实现了向现代化的转轨，政治的民主化也为教育的民主化提供了重要动力。工业革命的进行，对英国的社会、教育以及人的生活方式产生了深远的影响，也为教育的发展奠定了良好的物质基础。这样，英国教育的现代性不断增强，教育的世俗化、民主化、大众化等得到很好的发展，教育观念也有很大改变。

英国教育的渐进式发展，原因在于英国两种主要的政治倾向即保守主义和激进主义的冲突与融合。20世纪初的保守党政治家塞西尔认为“天然的守旧思想是人们心灵的一种倾向……”，他赞同变革和进步，并认为变革和进步与保守不冲突，他说“希望进步和害怕前进中的危险这两种心情表面上是矛盾的，而在实际上却是相互补充、互为条件的”。英国人尊重传统，注重社会发展的连续性，主张“有保留的变革”，追求“从原有的社会因素中创建新的国家秩序”。激进主义强调社会的变革，但不赞成激变，认为激变是激情的产物，而不是清醒、冷静的理性产物。保守与激进两种政治力量的妥协和折中，是英国教育立法的基本格局，以立法为基础的教育现代化发展进程就必然是渐进式的发展路径。

三、教育法治特征十分明显

1870年，英国议会通过了《初等教育法》。该法规定国家有对教育补助和监督的义务和权力，对5—12岁的儿童实施强迫的初等教育。它

[1] 陈志全，李跃进．从英国教育现代化的历程看教育的传统与变革[J]．宿州学院学报，2006（2）．

标志着国民初等教育制度正式形成，是英国教育发展史上的一个里程碑。经过1876年、1880年、1891年和1899年几个教育法令，英国规定了家长送子女上学的义务，实施免费的初等教育，义务教育的年龄逐渐提高到12岁。1902年，议会颁布了《巴尔福法》，为英国公立中等教育制度的建立奠定了基础。形成了以地方教育当局为主体，议会、教育委员会和地方教育当局相结合的英国教育行政管理体制。1944年，议会通过了《1944年教育法》，为战后英国教育发展提供了一个总的法律框架，确立了英国初等教育、中等教育和继续教育三个相互衔接的现代公共教育体系。《1988年教育改革法》使教育的全面改革提上日程，以立法的形式使学校教学内容与课程走向统一。在高等教育方面政府和社会加大了干预和控制的力度，促进了英国高等教育数量的发展和质量提升。

美国作为世界上法律制度最为完善健全的发达国家，其教育的发展更是在法制框架内运行，从促进教育公平的法律演进中可见一斑。“人人生而平等”是美国宪法遵循的原则，也是美国人心中坚持的信念。在美国历史上，法律曾经允许甚至要求白种人与有色人种隔离，包括学校隔离。只要黑人学校设施不低于白人学校即为合法，“隔离但平等”的原则使教育建立在“特权”之上，而非“权利”之上。1954年美国公立学校的公平发展进入新阶段。联邦最高法院全体一致做出裁决，“隔离但平等”的教育违反宪法的平等法案条款，必须废除。1964年通过《民权法案》、1965年通过《初等与中等教育法案》、1973年通过《康复法案》、1980年通过《新女性教育公平法案》、1990年通过《残障人法案》、2001年通过《不让一个孩子掉队法案》，等等。这一系列法律以更加务实与明确的姿态保护公民平等接受教育的权利，教育公平发展的法制体系逐渐完善，如表2–5所示。美国教育的法律包括联邦宪法、联邦与各州的法律、行政命令与规定、法院判例。教育的法治化促进了美国教育持续发展与创新。

表 2-5　美国教育公平相关法律概况[1]

年份	法律名称	主要内容
1954	布朗诉教育委员会案	学校种族隔离非法
1963	平等报酬法案	同样工作同样报酬
1964	民权法案	禁止种族、肤色、宗教、性别、国籍歧视
1965	初等与中等教育法案	联邦政府开始大量资助公立学校，补偿性教育政策实施
1968	宪法第十四条修正案：平等保护条款	重申公民法律面前权利平等保护
	双语教育法案	联邦政府资助英语为非母语学生的教育项目
1972	民权法案第七条款（修订）	适用范围覆盖至学校与公立单位雇主
	民权法案教育条目修正案第九条	禁止联邦政府资助的教育项目或者活动中的性别歧视
1973	康复法案	禁止对残障人的歧视
1974	女性教育公平法案	禁止教育中对女性的偏见
1975	反年龄歧视法案	禁止年龄歧视
	全体残障儿童教育法案	要求公立学校接收残障儿童
1976	职业教育平等法案	禁止职业教育中的歧视
	教育修正案	通过法律消除教育中的性别歧视、偏见与固定看法
1978	民权法案第七条款（修订）	禁止工作中女性怀孕歧视
	女性教育公平法案	重新认可
1979	卡那恩诉芝加哥大学案	除政府外，公民可以利用民权法案教育条目修正案第九条维护自身权利
1980	新女性教育公平法案	积极实施民权法案教育条目修正案第九条

[1] 薛二勇．美国促进教育公平发展的政策体系——基于法律演化的视角[J]．高等教育研究，2010（4）．

续表

年份	法律名称	主要内容
1982	北哈芬诉贝尔案	民权法案教育条目修正案第九条适用对象从学生扩展至学校员工
	平等权利修正案	特别保护女性平等权利
1984	农林城市学院诉贝尔案	民权法案教育条目修正案第九条产生负面影响
	最新的女性教育公平法案	重新认可女性教育公平法案，强调遭受多重歧视的女性教育公平
	帕金斯职业教育法案	联邦政府资助女性、残障人职业教育
1988	民权复原法案	民权法案教育条目修正案第九条适用于受到联邦资助的任何教育项目或者活动
	女性教育公平法案	重新认可
1990	残障人法案	更新康复法案
1991	民权法案	修订民权法案第七条，受害人（女性）可以要求赔偿金
1996	民权法案教育条目修正案第九条	国会不再根据第九条提供联邦拨款
	女性教育公平法案	国会拨款继续
2001	不让一个孩子掉队法案	保障每一个孩子得到公平的教育

第四节 后发追赶型教育现代化的类型和特征

一、后发追赶型教育现代化的类型

在欧美发达国家之后实现教育现代化或者正在推动教育现代化的国家（地区），对先实现的教育现代化均存在学习、借鉴、参考，并追赶或者力争超越。这些国家（地区）的教育现代化均属于后发追赶型教育现代化。后发的国家（地区）由于各自实际情况的千差万别，在教育现代化的路径上有直接选择“外生”的，有“内生”、“外生”相结合循序渐进的。有学者将后发的教育现代化，分为应激追赶型教育现代化模式、内生追赶型教育现代化模式等。所谓应激追赶型教育现代化模式，是在先发展教育现代化国家之后，一些国家意识到落后将有可能带来的危险而通过追赶的手段，谋求赶上或超过先发展内生型教育现代化国家的一种教育现代化模式。日本是应激追赶型教育现代化国家的典型代表，经过明治维新，仅用30年左右的时间就高水平、高质量地完成由落后的封建传统教育向现代教育的转变。所谓内生追赶型教育现代化模式，是在非应激状态下，以追赶教育现代化先进国家为目的，对本国传统教育进行科学的、理性的、稳妥的改革，以实现传统教育向现代教育的转变。内生追赶型教育现代化模式兼具内生型教育现代化和应激追赶型教育现代化两种模式的特点。一方面它是在相对稳定的国际国内环境下进行的，教育改革不存在实际的应激压力，这方面类似于西方先发展教育现代化国家对传统教育所进行的改革，因此它具有内生的性质；另一方面它潜在着应激的特点，虽然这些国家没有受到来自其他国家的实际的、外显的压力，但落后本身自然就形成压力，“忧患意识”使这些教育相对落后的国家时刻把追赶世界教育现代化先进国家作为目标，因此这种模式又具有应激的性质。韩国是内生追赶型教育现代化国家的典型代表。[1] 后发国家（地区）的教育现代化不可能、事实上也没有完全是内生的，有人说发达国家的今天就是发展中国家的明天，教育的现代化进程也是如此。世界教育现代化源自欧美的现代化，发展中国家教育现代化的过程是“全球化”历史进程的一个组成部分，因此它必定具有至少部分具有“外生”的特点。

---

[1] 郭永华. 论具有中国特色的内生追赶型教育现代化模式 [J]. 当代教育科学, 2005 (10).

二、后发追赶型教育现代化的特征

（一）后发劣势：转型艰难，矛盾冲突

文化传统具有很强大的“惯性力量”，后发国家的传统文化和制度，使得其教育的现代转型具有艰难性。例如，历史上漫长的中国封建时期，使得封建专制文化和制度传统特别深厚，并且自成体系的中国传统文化和制度与西方文明是迥异的。中国封建时期轻视西方文明，抱着“重道而轻技”的思想聊以自慰。即便是看到了西方文明的优势，仍然主张“中学为体，西学为用”。虽然中国的教育改革从“癸卯学制”颁布到一百年后的今天，我们依然不能说中国目前的教育制度、教育理念和方式已经彻底地摆脱了科举应试教育模式。社会价值观、现代公民所应具备的理念和人格特质的形成和文化的转型依然没有完成，或者说正在进行中。教育体制和教学理念的现代化转型依然任重而道远。[1]

教育现代化后发国家（地区），往往是在较为薄弱、起点较低的教育水平基础上，推动改革开放，促进发展。改革就会面对新旧教育观念的冲突，如“学生观”，是民主平等尊重学生，还是师道尊严甚至讽刺、挖苦、打击学生？是为了学生的发展还是为了教师个人的业绩？又如“教学观”，是注重知识传授和考试，还是注重培养学生的学习能力、实践能力、创新能力？改革开放还会遇到权力、利益在重组中既得利益者的阻扰，既得利益者往往以“条件不成熟”、“不符合实际情况”、“不能盲目照搬”、“我们有自身的传统和特色”为借口反对改革，抵制引进先进的东西。或者形式上看起来、听起来现代了，但观念落后知行脱节。如现在开口便是“以人为本”，而实则“官本位”深入人心。其表现为：不少地方政府部门决策民主化、科学化程度不高，学校眼中无家长、校

[1] 徐雪英．教育现代化的不同演变路径——欧美、日本与中国模式的比较[J]．江南大学学报（人文社会科学版），2007（4）．

长眼中无教师、教师眼中无学生的现象较为普遍。

（二）后发优势：学习引进，少走弯路

教育现代化进程中的后发国家（地区）具有许多“后发优势”。第一，将发达国家先进教育所带来的压迫感和危机感转化为自身发展的使命感。第二，先行者的教育现代化已经有了很长时间的一段历史，后发者在此基础上来认识教育现代化比先行者当初要丰富得多，后发者省略了先行者当初在黑暗中探索的必经过程，后发者可以直接借鉴先进国家和地区经验，少走弯路，采取优化赶超战略，较快进入较高发展阶段。第三，教育现代化后发国家（地区）可以跳跃式地发展，至少在教育技术方面不必重复技术进步的每一个阶段，可以直接吸收发达国家的最新技术、教育教学方法、策略，甚至包括某些具体的教育标准和实施制度也可以直接引进。第四，发达国家（地区）教育现代化已经达到的水平和呈现出来的优越性，使后发国家（地区）看到了自己的前景，有利于动员全社会力量推动教育现代化事业。第五，后发者现在已经处于全球化时代，后发国家（地区）可以通过合作共赢、开放共享、协作互助等方式，得到发达国家（地区）和国际组织的帮助。

（三）路径特征：政府主导，自上而下

政府在后发追赶型教育现代化发展中，承担主导责任，起着关键作用。后发追赶型教育现代化是一种压缩了发展历程、省略了发展阶段或步骤、放弃了已被淘汰的教育内容和技术的教育现代化，发展中国家（地区），必须用较短的时间完成先发展教育现代化国家长期的发展任务，在较短的时间内达到或超过先发展国家的教育现代化水平，就必须依靠国家意志和政府力量的主导作用。

政府主导性决定了后发国家（地区）教育现代化建设路径上的自上而下性和制度依赖性。

第一，政府在推进整个经济社会发展中，把教育改革发展作为先导性、基础性的战略工程。例如，我国在《国家中长期教育改革和发展规划纲要（2010—2020年）》中提出："把教育摆在优先发展的战略地位。教育优先发展是党和国家提出并长期坚持的一项重大方针。各级党委和政府要把优先发展教育作为贯彻落实科学发展观的一项基本要求，切实保证经济社会发展规划优先安排教育发展，财政资金优先保障教育投入，公共资源优先满足教育和人力资源开发需要。"

第二，以规划和政策为主导，通过观念和目标引领，以行为和督导为保障，运用政权力量推进追赶型、强制型教育现代化战略，调整公私利益冲突，保证社会公平与福利，促进社会整合。例如，我国确定在2020年，全国基本实现教育现代化，基本形成学习型社会，进入人力资源强国行列。形成惠及全民的公平教育、提供更加丰富的优质教育、构建体系完备的终身教育、健全充满活力的教育体制。

第三，政府主动转变职能、科学设计制度。加快政府职能转型，建立现代公共服务型、法治型、绩效型政府，使政府转变为公共教育的有效提供者和投入者，良好的政策研究、制定和执行者，充分的信息提供者，市场的监督和协调者，高绩效和负责任的组织者。政府的职责在于强化规划导向功能、政策规范和调整功能以及评价督导、绩效考核与问责功能，强化信息服务和沟通协调作用，强化法制化治理，加强制度建设，形成推进教育现代化建设的制度路径。

第四，建设现代学校制度，处理好政府与学校之间的关系。建立起政府与学校的法律、制度治理关系，形成教育管理部门与学校之间的依法治理关系，实现政府对学校放权与问责并举、管理与学校自主发展并行。建立健全社会教育、家庭教育与学校教育三结合机制，探索建立社区、家长、学生参与学校教育管理的机制，探索人才培养模式改革，将以人为本、培养好每个学生、发展好每个教师的理念变成可以操作的具体制度，建立学校发展利益与教师发展利益真正落实在学生长远发展、终身发展利益上的制度体系。

第五节 韩国和日本教育现代化的进程和基本经验

教育现代化是一个历史阶段，它的发展水平是与社会经济的现代化进程紧密相连的。自工业革命以来，发达国家以经济结构和社会制度的转型为依托，取得了教育现代化的丰硕成果；与此同时，教育的现代化与社会经济的提升构成了积极的全面互动，教育现代化为引导社会经济的进一步发展注入了强大的内部动力。《国家中长期教育改革和发展规划纲要（2010—2020年)》确立了“到2020年，基本实现教育现代化，基本形成学习型社会，进入人力资源强国行列”的战略目标。正是因为教育现代化水平成为衡量一个国家的教育水平乃至国家竞争力的重要指标，本节着重探讨发达国家教育现代化的进程和基本经验，分别选取参考性强的韩国和日本教育现代化的路径和经验，以丰富我们的教育基本理论，加强对教育现代化制度建设和实践的认识，从而为四川省教育现代化的探索提供有益的参考。

一、韩国教育现代化的进程和基本经验

教育现代化按动因和时间可以划分为“早发内生型”和“后发外生型”，韩国教育现代化属于后发外生型。韩国教育现代化过程是不断吸收与扬弃传统、追求教育的民主化、普及化、合理化、科学化与人性化的过程，经历了三个阶段：第一阶段从19世纪中叶至1945年第二次世界大战结束；第二阶段是1945年至1980年7月30日发表“教育正常化及消除过热课外补习的方案”（俗称“7·30教育革命”）之前；第三

阶段从1980年“7·30教育革命”到现在。19世纪中叶到1945年，朝鲜的教育在民族危难中一步步受到日本殖民奴化教育政策的控制，民族教育濒临窒息，现代教育发展的萌芽被扼杀在摇篮中。韩国独立后，韩国废除了日本殖民主义的奴化教育制度，在美国军政厅的影响下确定自由和民主教育的发展方向。1948年拟定的宪法规定：“所有国民都有平等地接受教育的权利，最少也要无偿的义务的接受初等教育。”这一方向与举国上下的教育要求相吻合，掀起了一股惊人的教育热潮，使韩国在这一时期尽管在工业等各个方面都停滞不前，教育却例外地得到稳定的发展。二战后，韩国政治经济政策都受美国的影响，韩国在这一时期经济迅速恢复，尤其是朴正熙政府时期韩国经济飞速增长。这些经济成就与韩国实行“教育先行”政策分不开。在韩国独立后的30多年中，韩国政府为了经济增长和民族强盛的目的，虽然一方面加强了军事独裁主义对各个部门的控制，但同时为了提高教育的效率，又使政府对包括教育在内的各个领域所行使的干预权力合理化，这是韩国教育管理体制在迈向现代化过程中的重要特点之一，也是韩国现代教育取得成功的重要经验之一。国家对教育所行使的干预权力的合理化主要反映在如下几个方面：教育制度的法律注意原则的确立和完善；独裁主义为根本倾向的集权与分权的交替或并存；教育咨询机构的完备和贡献。韩国独立后努力扩大教育规模，大力普及初等义务教育，初步调整教育结构，成了韩国教育发展的重点之一。韩国的普及初等义务教育是在国家强权干预下迅速推行的。普及初等义务教育是韩国50年代的重点，韩国视初等教育为国民教育的基础，把掌握国语能力、基本的数理能力、对自然的科学观察能力、培养公德和协作精神等作为主要目标。所以小学的结构是以基础性、普遍性、均衡性为基本特征。初中的目标仍然主要是为了培养优秀国民所具备的品行和素质，同时还要具备在社会上谋职所必需的知识和技能。高中阶段的教育担负着为高等教育输送人才和为社会与经济发展培养劳动力的双重任务。韩国高等教育1945—1980年也出现了两次大发展高峰。独立后在全国迸发的教育热潮中，大学急剧膨胀，到70年代，经济增长对人才的大量需求促使了短期高等教育的大发展。从80年代以来，韩国把“全人教育”和“国民精神教育”两个理想确立为教育改革的目标，以科学教育、终身教育两大原则为重点。1985年成立的韩国教育改革审议会，在80年代末，对21世纪韩国人的形象提出的要求是：自主的人、创造性的人和有道德的人。既要求具有主人翁意识自我约束力和自立精神，同时还应具备民主国民的素质，适应国际划时代的开放性的人。在1992年韩国《教育法》第34次修订时，明确规定教育目的是：“在广泛有益于人类的理念指导下，使所有国民有完善做人的品格，具有自主生活能力和作为公民的素质，服务于民主国家的发展，为实现人类共同的理想做出贡献。”在1995年提出的新教育构想中，指出在文明大转折的时代，不能固守旧的制度、观念、行为和意识，必须经过脱胎换骨的改革，产生新的教育。面对21世纪，信息化和世界化的冲击要求教育观念革新。韩国政府在新教育构想中指出，在信息化时代，技术、信息、知识和文化的多寡决定着国家的综合国力，也决定着每个人的生活质量。世界化的时代是以知识资产在世界市场上进行激烈竞争的时代。而国民的创造力和学习能力的提高，关键又在于教育。因而，从80年代开始，在管理体制、教育的结构等方面进行改革。教育管理体制面向现代化的未来的改革主要反映在三个方面：一是加强教育法律和政策本身的建设和完善，使其能真正反映出教育的民主性、自律性与公正合理性要求；二是加强宏观调控与指导的合理性，使政府干预尽量顺应教育按自身规律正常运行的需要；三是加强和完善教育政策的科学研究和专家咨询体制，集中各方面的智慧来制定面向21世纪的教育发展规则。

韩国教育现代化的启示：一是坚持优先发展教育，实施“教育先行”战略的基本措施。始终如一地保持对教育的高投人，重点发展教育事业，突出标志就是人力资源开发领先于经济开发。各类学校所培养的初、中、高级人才，保证了大规模经济开发特别是外向型经济发展对人力资源的需求。二是用法律规范教育。为加强和规范教育，韩国政府颁布了一系列法规。教育法还对教育的发展方向和小学、中学、大学教育的具体目标做了明确规定。三是重视在职教育和培训。政府规定，拥有千名以上职工的企业必须创办职工培训学校，对办学的企业免除其法人税，对不办学的企业征收职工培训税。通过在职培训，提高管理者和职工的文化修养、知识水平、技能技艺及管理能力。此外，在教育现代化具体的推进进程中，坚持学校、区域、全省联动的思路。学校教育现代化处理好重点学校与薄弱学校、中小学与其他各级各类学校的关系，加强薄弱学校建设，加强高等学校现代化的研究和建设。坚持物质、制度、观念三个层面的全面推进。坚持以装备条件为突破口，把投资重点放到先进设备的配备上。宁可要二流的校舍，也要有一流的设备，才是推进教育现代化真正的物质基础。韩国教育的魅力不在于校舍，而在于观念和制度。切实加强教育制度建设，转变和更新教育观念，围绕人的现代化构建现代教学体系、终身教育体系，形成社会化学习、学习化社会的制度。坚持实际、实用、实效的原则。在推进教育现代化过程中，韩国学校实施标准化建设，不盲目追求豪华，设备配备具有很强的针对性，利用率很高，教师素质高， 在于精而不在于多。坚持示范、拓展、完善的工作方法。在借鉴国外经验的同时，坚持先试点、再推进，不管是大的区域推进还是先进技术的运用，都坚持试点示范，拓展、完善。

二、日本教育现代化的进程和基本经验

日本是现代化历程最短的国家，教育在日本现代化历程中功不可没。日本是迅速实现教育现代化的国家之一。1960 年日本政府开始实施《国民经济倍增计划》，这一时期，日本特别强调对人才的开发与培养。该计划把人才的预测和教育培养计划当作其重要组成部分，根据经济发

展对人才的要求，采取加强职业教育的措施，制订了发展工业高中计划；调整大学科系设置，增招理工科学生；通过法律把短期大学作为永久制度固定下来；创建高等专科学校；加强基础教育；建立了新学制。此外还通过在职培训充实新工人，职工的企业内部培训迅速发展，使得生产率低的部门劳动力迅速转移，整个国家的劳动生产率得到提高。20 世纪 70—80 年代，为适应全球信息化技术革命的新形势，日本开始改革教育中存在的许多弊端。1971 年 6 月，日本中央教育审议会向文部省提交了一份《关于今后学校教育综合扩充与整顿的基本措施》的咨询报告。该咨询报告的基本指导思想是：第一，要培养具有自主性和创造性的人才；第二，要从终身教育的角度出发考虑教育体系的改革；第三，要在综合考虑家庭教育、学校教育和社会教育的关联性的基础上改革学校教育。1987 年 10 月，内阁会议制定了《教育改革推行大纲》。1987—1990 年，日本政府主要进行了以下几项具体的改革。第一，修改了部分法律和法令。三年内，对国会拟定的 12 个教育改革法中的 10 个进行了修改，并通过和颁布。第二，增加了教育经费的投入。在 1990 年日本财政状况比较严峻的情况下，文教预算中有关教育改革的经费预算仍比上一年度增加了 33.7%，达到 8 423 亿日元。第三，从行政管理方面进行推动。文部省不断向社会发布文教政策和措施的信息资料，并听取意见。在这样一系列改革措施下，日本的教育取得了巨大的成就，同时也形成了自己独具特色的教育现代化风格。

日本教育的现代化虽比西方发达国家起步晚，但发展迅速，其经验主要集中在如下几个方面。

第一，传统教育与现代教育相互融合。日本在教育现代化的进程中，将外国文化和传统文化巧妙地结合在一起。日本对外国文化首先模仿，然后加以改造、吸收，形成自己的特色。例如，日本对学来的东西能适当地加以改造，使之与本土文化并行不悖。明治维新颁布的第一个学制主要是模仿法国：八大学区中划分中学区，又划分小学区，各大中小学区设大中小学一所。这一学制实施 7 年后就因要求过高，以致广大人民无法负担教育费用而废止。文部大臣森有礼修订的新学制考虑到许多地方的多样性和人民的经济状况，内容更加切合实际，层次更加丰富，衔接更紧密，此后又进行了几次修订，逐步建立起适合日本国情的现代学制系统。经过改造，西方现代的教育制度与日本的教育传统很好地融合在一起，更加符合日本的教育实际情况。

第二，十分重视基础教育和师范教育。日本在教育现代化的进程中，始终把基础教育放在首位，并意识到普及基础教育的重要性。例如，日本在教育现代化的初始阶段，为了普及初等教育，国家进行了大量的投入，教育费用支出总额在 1893—1907 年的 14 年间增加了 6.4 倍，同时小学生人数增加将近两倍，小学增加了 2 795 所。日本政府还规定义务教育年限为 4 年，费用由国家负担，1907 年又将义务教育年限延长为 6 年，并奖励普通贫民就学，力求做到“邑无不学之户，户无不学之人”。1902 年，男女儿童就学率已超过 90%，这在当时的世界上是极为罕见的。第二次世界大战后，日本政府也一直非常重视基础教育，不仅延长了义务教育的年限，对义务教育的经费投入也不断增加。从义务教育占教育经费的比例看，1950 年高达 72.1%，以后始终保持在 50% 以上。政府对义务教育的投入一直占主导地位。从 1969 年起，九年制义务教育学费全免，免费供应教科书。直到今天，日本的基础教育改革仍在进行，并始终放在发展教育的优先位置。

由于基础教育需要大量的师资力量，而中小学教师的培养是通过师范院校来进行的，所以在这个过程中，师范教育得以蓬勃发展并确立起完善的师资培养体制。1875 年，日本各地建立了 82 所师范学校，在校生 6 800 人。政府还特别注意提高教师的地位与待遇，1890 年规定：执教 15 年以上者可享受终身养老金；1896 年又通过法令，规定由政府补助教师薪金，还规定教师的地位与“一般官吏相同”。师范学校以上教师的任免权则上交中央政府。这些措施在稳定教师队伍、保证教师质量方面起到了重要作用。

第三，重视对教育的经费投入。日本的教育投入居世界领先地位，其中，财政性教育经费投入十分可观，教育投入占GDP的比重20世纪70年代中期超过5%，80年代接近6%，在发达国家中位居前列。教育经费增长速度快。日本教育经费的投入一直高速增长，几乎每五年翻一番。教育投资的增长快于GDP的增长。在日本经济高速发展的20年间，GDP呈现出惊人的增长——1975年比1955年增长了17.72倍，同期，财政性教育经费投入增长了20.19倍，比GDP增长更快。各级政府除依法对各类教育机构定期拨款外，政府所属的一些机构还对各类学生进行多种资助和奖励。许多国立大学中80%以上的研究生享受免交或只交半额学费的优惠待遇。

第四，政府与全社会高度重视教育，实施“教育立国”战略。日本经济发展的两次飞跃都与大力发展教育密切相关。日本各级政府都把教育事业作为奠基工程，高度重视和全力支持，视教育为全社会的大事。上个世纪70年代末开始普及高中阶段教育，高中入学率在1980年超过英、德、法等发达国家。1990年日本高等教育入学率达到53.7%，实现高等教育的普及化。这些都是日本教育迅速发展不可忽视的重要因素。

综上，在社会现代化转型的进程中，以美国、英国和日本为代表的国家纷纷经历了教育现代化的改革，并呈现出各自不同的特征。美国教育以创新、活力和高度现代化为特征，其主要经验集中在重视教育质量、兼顾教育和经济的发展以及教育资源的统筹上；英国的教育现代化进程历时较长，其经验主要体现在教育立法、课程结构转型以及教育的信息化上；日本的教育现代化速度较快，其主要经验在于妥善处理现代教育与传统教育的关系，重视基础教育和师范教育以及加大教育经费的投入上。这些国家都是基于不同的历史文化语境而推行相应的教育制度和改革，它们的教育现代化经验对我国实现教育现代化无疑具有十分重要的启发意义。

第六节　我国部分地区教育现代化的进程和基本经验

我国教育现代化的推进和我国改革开放、经济建设发展是同步的，教育现代化的发展与经济发展一样是极不平衡的，它首先从经济发达地区开始，如江苏、上海、北京、广东等地。

一、江苏教育现代化的进程和基本经验

江苏是最先提出“实施教育现代化工程”的省份。早在1993年就印发了《关于在苏南地区组织实施教育现代化工程试点的意见》，明确提出要在江苏推进教育现代化。1996年，江苏在全国率先实现“两基”目标后，省委省政府及时提出“江苏要在全国率先基本实现教育现代化”，由此拉开了江苏教育现代化建设的序幕。为强力推动县域教育现代化建设，江苏省政府决定从2007年起，开展县（市、区）教育现代化建设水平评估，评估工作由教育主管部门负责评建规划，地方政府组织创建，江苏省教育评估院具体负责实施。为了调动各地创建教育现代化的创造性和积极性，从2009年起，江苏省政府对经过评估认定的县区进行表彰。认定为“江苏省教育现代化建设先进县（市、区）”，省财政给予每县100万元、每区50万元的奖励。2010年，江苏实现基本教育现代化。目前，全省112个县（市、区，含经济开发区）中，已有95个接受省级评估，其中79个已被省政府表彰为“江苏省教育现代化建设先进县”。江苏教育现代化建设正从基本现代化向全面现代化跨越。在2010年、2011年开展县域教育现代化建设水平评估的同时，江苏还

进行了社会满意度调查，把政府评价与群众评议结合起来，把专家判断与社会评价结合起来，形成一种倒逼机制来推动教育现代化建设。

近年来，江苏开展的县域教育现代化创建与评估，开辟了一条县域范围实现教育科学发展、快速提升教育现代化水平的崭新道路，取得了丰硕的成果：一是教育现代化建设越来越受到各县区党委和政府的重视，它们把创建教育现代化先进县作为全局性重点工作，作为重要民生工程，从规划制定、组织领导、经费投入、内涵建设等方面全面统筹、科学推进。县区党政主要领导都亲自挂帅，切实抓好影响教育现代化推进的重点、难点问题。二是教育投入的保障机制和优先增长机制不断完善。据统计，2010年评估的15个县（市、区）近3年为教育现代化建设直接投入51亿元；2012年评估的16个县（市、区）3年投入89.8亿元。2010年，全省全社会教育投入比上年增长18.92%，比同期全省GDP增长比例高出6.22个百分点。这使得办学条件得到极大改善，城乡学校面貌焕然一新，教育现代化装备到位。目前，接受过评估的县区，各学校全部实现宽带上网，每所建制学校绝大部分做到“班班通”，师机比和生机比达到了2∶1和10∶1；“校安工程”建设任务全面完成，城乡大多数中小学校都铺设了塑胶跑道，到处充满着现代化气息。江苏在2009年普及15年教育的基础上，义务教育入学率、巩固率、学前三年普及率和高中阶段教育毛入学均远超全国平均水平，已达到或超过世界发达国家的发展水平。已经接受评估的95个县区，各类教育发展水平均超出全省平均水平。全省已经较好解决了“有学上”问题，正在向“学有优教”跨越。在从基本现代化向全面现代化跨越的进程中，以创新评估机制促进区域教育现代化建设，是江苏的成功经验。

二、上海教育现代化的进程和基本经验

上海在中国教育近代和现代化的历程中始终扮演着领跑者的重要角

色。20 世纪 80 年代，上海高举改革开放旗帜，确立了“先一步、高一层”的教育发展战略，使上海教育发展获得了长期战略的高起点。20 世纪 90 年代，顺应浦东开发和中央对上海“三个中心、一个龙头”的部署与要求，上海正式吹响“一流城市、一流教育”的号角。世纪之交，上海精心勾勒了“构建学习型城市”的教育发展蓝图，为即将进入 21 世纪的上海教育新发展奠定了坚实的基础。新世纪之初，上海进一步确立了“率先基本实现教育现代化”的教育发展战略，上海教育迈入了改革发展的新阶段。2004 年 9 月上海市委、市政府出台《关于全面实施教育综合改革率先基本实现上海教育现代化的若干意见》，提出了到 2010 年，率先基本实现教育现代化的具体奋斗目标。2007 年，上海市政府下发《上海教育事业发展“十一五”规划纲要》，明确提出上海率先基本实现教育现代化的主要标志是：建立开放多样、高标准、高质量为特点的现代国民教育体系和以学习型城市为标志的终身教育体系和以学习型城市为标志的终身教育体系；各类教育确立先进的教育理念和科学的人才观，使受教育者得到全面而有个性的发展；形成以政府办学为主体、社会各界积极参与的多元化办学格局；学校办学条件基本达到现代化水准；形成科学合理的教育结构和学校布局结构。2010 年，上海全部完成 2004 年教育工作会议提出的各项指标，率先基本实现教育现代化。这一年，上海颁布了《上海市中长期教育改革和发展规划纲要（2010—2020 年）》，上海教育的下一个目标已经确定：为了每一个学生的终身发展！

在向着教育现代化目标迈进的过程中，上海努力提升教育发展的“软实力”——抓准机遇，超前谋划，优先发展，积淀和锻造着教育可持续发展的后劲，更强调同步实施教育内涵建设和质量提升。2010 年，教育部和上海签署共建国家教育综合改革试验区战略合作协议，上海进一步深化教育改革，大力开展体制机制创新。上海把教育作为民生之首，在应对学前教育的入园高峰，努力保障农民工同住子女的受教育权益方面都从促进和谐的高度审时度势，未雨绸缪。上海努力推进“长三角”教育共同发展，整合长三角现有教育资源，加快建立多方位，多层次，开放共赢的区域城市教育合作框架。此外，教育国际化始终是上海教育发展进程中的亮点和提高综合实力决胜未来的砝码，为上海教育引入了先进的教学理念、教学方法，并在深化教育改革、提高教学质量和推动科学研究方面发挥着不可小觑的作用。

三、北京教育现代化的进程和基本经验

2004 年，北京市委、市政府出台《关于实施首都教育发展战略率先基本实现教育现代化的决定》，明确提出 2010 年首都教育改革发展的总目标是：在全国率先基本实现教育现代化。其标志为：各级各类教育特别是基础教育的质量明显提高；城乡教育差距显著缩小；职业教育更加发达；高等教育水平进一步提升；学习型城市初步形成；教育对首都现代化建设的学习业务能力、人才支持能力、知识贡献能力和国际竞争能力显著增强；初步构建起与社会主义市场经济和经济社会发展要求相适应的现代教育体制和教育体系。2011 年，《北京市中长期教育改革和发展规划纲要》确定了到 2020 年实现教育现代化的战略目标。保障教育公平是首都教育现代化的基本前提，提高教育质量是首都教育现代化的主要标志，更新教育观念是首都教育现代化的核心内容，加强教育管理是首都教育现代化的重要措施。北京教育现代化的基本经验有三个方面。一是以教育信息化带动教育现代化。北京充分利用已有资源，建设好与数字北京工程相配套、以首都信息平台为依托、连接北京科技信息网和中国教育科研网的北京教育信息网。二是以抓重点工程为突破口，加速推动首都的教育现代化，主要实施了六项重点建设工程：德育重点建设工程、教师队伍重点建设工程、教材重点建设工程、示范性学校重点建设工程、产学研基地重点建设工程和教育信息化重点建设工

程。三是在保证教育经费“三个增长”同时，进一步加大政府对教育的投入。

四、广东教育现代化的进程和基本经验

1992年，广东省委宣传部组织“社会主义道路与珠江三角洲实践”重大课题研究，其中把教育问题作为一个重要方面，就此拉开珠江三角洲教育现代化研究序幕。珠江三角洲教育现代化研究也引起全国广泛关注，上海、北京、江苏和浙江等地先后掀起了教育现代化热潮。教育现代化研究为广东教育改革提供了明确的方向。广东教育现代化的基本思路是以建设教育强省为推动，探索教育现代化之路。1994年，广东省委、省政府出台了《广东教育现代化方案》。2004年广东正式出台《广东省教育现代化建设纲要（2004—2020年）》，提出了教育现代化建设目标：实现义务教育均衡化、高中教育普及化、高等教育大众化、社区环境学习化、教育合作国际化；建立起结构优化、协调发展、具有广东省特色、充满生机与活力的现代国民教育体系和终身教育体系，形成满足人民群众多样化学习需求的学习型社会。《广东省教育现代化建设纲要（2004—2020年）》成为指导广东教育事业改革和发展，加快教育现代化建设的纲领性文件。

五、浙江教育现代化的进程和基本经验

浙江1997年通过“两基”总验收以后，于1998年决定在全省开展创建“教育强县”活动，其建设标准侧重于10个方面：战略地位、依法治教、贯彻方针、发展程度、深化改革、确保投入、办学条件、教师队伍、尊师重教、精神文明等。1999年底，浙江省政府经过评估，认定首批浙江“教育强县”14个。2000年，浙江省委、省政府分别发布了《浙江省教育现代化建设纲要（2000—2020年）》和《浙江省高等教

育改革和发展规划（2000—2020年）》，提出了基本实现教育现代化的要求：教育思想现代化，发展水平现代化，教学体系现代化，条件保障现代化，管理水平现代化。教育现代化目标是：到2005年，基本普及从学前三年教育到高中阶段教育的15年教育，基本建成六大高教园区，高等教育毛入学率达到33%；到2020年，高等教育毛入学率达到40%，建成教育强省，提前基本实现教育现代化。2010年，浙江颁发了《浙江省中长期教育改革和发展规划纲要（2010—2020年）》，2011年，浙江省编制出台了《浙江省教育事业发展“十二五”规划》、《浙江省中等职业教育“十二五”发展规划》、《浙江省教育信息化“十二五”发展规划》、《浙江省高等教育国际化发展规划（2010—2020年）》、《浙江省中小学教师队伍建设“十二五”规划》、《浙江省高校海洋学科专业建设与发展规划（2011—2015年）》和《浙江省高等教育发展“十二五”规划》7个专项规划。这一系列规划，向我们展示了浙江教育迈向现代化的发展蓝图。“十二五”时期，浙江教育事业发展的总体目标是全面加快教育现代化进程，努力建设教育强省，为此，提出了“两步走”的战略：到2015年，基本实现教育现代化，教育发展水平位居国内前列；到2020年，全面实现教育现代化，建成教育强省，教育主要发展指标达到发达国家平均水平。而基本实现现代化的标志是实现更高水平的普及教育，形成惠及全民的公平教育，提供更加丰富的优质教育，构建体系完备的终身教育，健全充满活力的教育体制。

附：我国台湾教育现代化的进程和基本经验

我国台湾的教育从传统到现代的转变过程中，带有明显的外发型特点，同时，悠久的民族文化传统和20世纪各种国际力量的综合影响，也是形成在教育行政体制上带有民主法治和政府强烈干预双重特点的重要原因。这种双重性表现在两个方面：一方面由专家组成的、直属“总统”的教育政策咨询机构，慎重制定教育法规，试图通过教育法治来反映自由民主的教育观念；另一方面，几千年来的封建意识遗风，日本帝国主义长达30多年的殖民专制统治留下的印记，以及国民党独裁统治，共同促使国家强烈干预教育，教育现代化的过程是一种政府直接干预下的综合理性计划模式。

从20世纪70年代中期以后。随着我国台湾社会政治民主化的推进和经济的不断发展，教育现代化也日益朝着满足广大民众对高质量教育的需求迈进。比较突出地表现为：教育民主化的价值追求，是试图使人人都能获得更人性化、多样化和个性化的优质教育；教育合理化表现为政府强力推行教育体制改革为基础的考试制度的激进改革，以带动整个教育系统的积极革新；教育科学化则集中于解决如何面对国际化和信息化挑战，不断深化课程与教学的改革、提高教育质量的问题；教育条件则正在试图借助计算机的巨大潜力使教育、教学评价技术获得关键性突破，面向21世纪展示出崭新的前景。

我国台湾教育现代化既是在其社会、政治、经济现代化的推动下实现的，又对我国台湾整个社会、政治、经济等领域的现代化做出了巨大贡献。在我国台湾教育现代化的历程中，以下几方面给了我们深刻的启示。第一，民族传统与现代政治、经济、科学文化发展潮流之间的相互吸收、取长补短，是我国台湾教育现代化的成功经验之一。政府大力发展教育，为经济的腾飞输送了合格的劳动力，从而显示了教育所培养的人才推动经济发展的巨大力量。同时，为了在国际经济竞争中立于不败之地，政府强力推行科学技术教育，引导克服重知识轻技术的传统观念，从而真正使教育在实现其为振兴科技发展经济服务的过程中加速自身的现代转化。第二，教育现代化的最深层和最具恒久价值的内核是实现教育民主化，而教育民主化的根本核心又在于使每个人不受时空限制，能得到他所需要的教育，使每个人能不受家庭经济等各种客观条件的限制接受到能促使自己的潜能充分发展和发挥的教育。第三，在追求教育现代化的过程中，教育机会均等和教育质量优异之间的关系在尖锐的冲突中趋于相互的协调。基础教育的义务普及和高等教育大众化，似乎带来了教育质量的普遍下降，威胁到精英教育的质量，可能动摇大学的学术象牙塔地位。但在工业化初期，这两者似乎不可兼得。我国台湾在面向信息化和国际化时代，提出的新教育构想，试图在新的教育观指导下重新审视公平与效率的关系。人人都拥有同等的教育机会并非是指享有同样的学习年限，学习环境，应该看人人是否能获得自己所需要的教育；教育效率也并非用同样的学习速度、标准或考试分数来衡量，而应该看是否能达到自己所能达到的程度。所以教育公平与教育效率的冲突只有在建立起了适合每个人独特性的多样化教育制度的基础上，在真正达到以人为中心的教育基点上，才可能达到新的更高层次的协调。

第三章　四川教育现代化的实践基础

第一节　教育现代化的环境条件：四川小康建设成就与差距

党的十八大报告指出，全面建成小康社会，是实现中华民族伟大复兴的中国梦的阶段性历史任务。在发展平衡性、协调性、可持续性明显增强的基础上，到2020年实现国内生产总值和城乡居民人均收入比2010年翻一番，扣除价格因素，即国内生产总值达到79.60万亿元，城镇居民人均可支配收入达到38 218元，农村居民人均纯收入达到11 838元；科技进步对经济增长的贡献率大幅上升，进入创新型国家行列；工业化基本实现，信息化水平大幅提升，城镇化质量明显提高，农业现代化和社会主义新农村建设成效显著，区域协调发展机制基本形成；对外开放水平进一步提高，国际竞争力明显增强。

一、全国小康建设水平

（一）小康统计监测指标体系

全面建设小康社会是党的十六大提出的在本世纪头20年的奋斗目标，党的十七大又从实际出发，适应国内外形势发展的新变化，对目标提出了新的更高的要求。为了科学地反映我国全面建设小康社会的进程，为党和政府制定政策提供依据，国家统计局统计科学研究所从经济发展、社会和谐、生活质量、民主法制、文化教育、资源环境等6个方面研究制定了由23项指标组成的《全面建设小康社会统计监测指标体系》，并据此对全国及各地全面建设小康社会的进程进行了监测（见表 3–1）。

表 3–1 全面建设小康社会统计监测指标体系

	监测指标	单位	权重	标准值（2020 年）
一、经济发展	1．人均 GDP	元	12	≥ 31 400
	2．R&D（研究与开发）经费支出占 GDP 比重	%	4	≥ 2.5
	3．第三产业增加值占 GDP 比重	%	4	≥ 50
	4．城镇人口比重	%	5	≥ 60
	5．失业率（城镇）	%	4	≤ 6
二、社会和谐	6．基尼系数	–	2	≤ 0.4
	7．城乡居民收入比	以农为 1	2	≤ 2.80
	8．地区经济发展差异系数	%	6	≤ 60
	9．基本社会保险覆盖率	%	6	≥ 90
	10．高中阶段毕业生性别差异系数	%	3	=100
三、生活质量	11．居民人均可支配收入	元	6	≥ 15 000
	12．恩格尔系数	%	3	≤ 40
	13．人均住房使用面积	平方米	5	≥ 27
	14．5 岁以下儿童死亡率	‰	2	≤ 20
	15．平均预期寿命	岁	3	≥ 75
四、民主法制	16．公民自身民族权利满意度	%	5	≥ 80
	17．社会安全指数	%	6	≥ 100
五、文化教育	18．文化产业增加值占 GDP 比重	%	6	≥ 5
	19．居民文教娱乐服务支出占家庭消费支出比重	%	2	≥ 16
	20．平均受教育年限	年	6	≥ 10.5
六、资源环境	21．单位 GDP 能耗	吨标准煤 / 万元	4	≤ 0.84
	22．常用耕地面积指数	%	2	≥ 100
	23．环境质量指数	%	6	=100

（二）小康监测数据来源

监测数据来源于《中国统计年鉴》、各省（区、市）统计年鉴、《中国人口统计年鉴》、《中国能源统计年鉴》、《中国教育统计年鉴》、《中国劳动统计年鉴》、《中国卫生统计年鉴》、《中国环境统计年鉴》。除此之外，还有一些数据是通过有关资料估算而得的，如基尼系数、公民自身民主权利满意度等指标均为估算数。另外，因计算平均受教育年限、平均预期寿命需要大样本数据，所以只有在逢末尾为0的年份国家进行人口普查、逢末尾为5的年份进行1%人口抽样调查时才能得到大样本数据，计算出平均受教育年限、平均预期寿命数值，其他年份数值只能通过插值估算。

（三）2000—2010年小康进程监测结果

1．我国全面建设小康社会进展顺利，实现程度由2000年的59.6%提高到2010年的80.1%。据最新统计数据分析，2010年我国全面建设小康社会的实现程度达到80.1%，比2000年提高20.5个百分点，平均每年提高2.05个百分点。全面建设小康社会的六大方面，即经济发展、社会和谐、生活质量、民主法制、文化教育、资源环境的实现程度都有较大的提高（见表3-2）。

表3-2　2000—2010年我国全面建设小康社会及在六大方面的实现程度

单位：%

	2000	2001	2002	2003	2004	2005	2006	2007	2008	2009	2010
全面建设小康社会	59.6	60.7	61.8	63.0	64.8	67.2	69.9	72.8	74.7	77.5	80.1
经济发展	50.3	52.2	54.4	56.3	58.2	60.6	63.4	66.6	69.1	73.1	76.1
社会和谐	57.5	59.6	57.1	56.3	59.9	62.8	67.6	72.1	76.0	77.7	82.5
生活质量	58.3	60.7	62.9	65.5	67.7	71.5	75.0	78.4	80.0	83.7	86.4
民主法制	84.8	82.6	82.5	82.4	83.7	85.6	88.4	89.9	91.1	93.1	93.6
文化教育	58.3	59.1	60.9	61.8	62.2	63.0	64.1	65.3	64.6	66.1	68.0
资源环境	65.4	64.6	66.3	67.2	67.7	69.5	70.6	72.6	75.2	76.8	78.2

（1）经济发展取得重大成就，实现程度由2000年的50.3%提高到2010年的76.1%。

“经济发展”包括人均GDP、R&D经费支出占GDP比重、第三产业增加值占GDP比重、城镇人口比重和失业率（城镇）五项监测指标，主要反映经济方面的发展情况。据监测，2010年我国在经济发展方面的实现程度为76.1%，比2000年提高25.8个百分点，平均每年提高2.58个百分点。从五项监测指标来看，2010年人均GDP达到29 992元(当年价)，按可比价格计算，是2000年的2.56倍，十年间年均增长9.8%，实现程度首次超过60%，达到64.0%；R&D经费支出占GDP比重达到1.76%，比2000年的0.90%几乎翻了一番，实现程度为70.4%；第三产业增加值占GDP比重达到43.1%，比2000年的39.0%上升了4.1个百分点，实现程度为86.2%；城镇人口比重达到49.95%，比2000年的36.22%上升了13.73个百分点，实现程度为83.3%；失业率一直保持在目标范围内，实现程度为100%。

（2）社会和谐程度逐步改善，实现程度由2000年的57.5%提高到2010年的82.5%。

“社会和谐”包括基尼系数、城乡居民收入比、地区经济发展差异系数、基本社会保险覆盖率和高中阶段毕业生性别差异系数五项监测指标，主要反映社会发展的协调程度。据监测，2010年中国在社会和谐方面的实现程度为82.5%，比2000年提高25.0个百分点，平均每年提高2.50个百分点。从五项监测指标来看，2010年基尼系数略高于2000年的0.412，实现程度为79.8%；城乡居民收入比（以农村居民收入为1）为3.45，比2000年的2.85上升了0.60，实现程度为70.3%；地区经济发展差异系数为50.95%，比2000年的68.74%缩小了近18个百分点，已达到预定目标；基本社会保险覆盖率达到65.6%，比2000年的13.3%上升了52.3个百分点，实现程度为72.8%；高中阶段毕业生性别差异系数为99.25%，比2000年的110.64%缩小了11.39个百分点，实现程度接近100%。

（3）人民生活质量显著提高，实现程度由2000年的58.3%提高到

2010 年的 86.4%。

“生活质量”包括居民人均可支配收入、恩格尔系数、人均住房使用面积、5 岁以下儿童死亡率和平均预期寿命五项监测指标，主要反映居民生活的发展变化情况。据监测，2010 年中国在生活质量方面的实现程度为 86.4%，比 2000 年提高 28.1 个百分点，平均每年提高 2.81 个百分点，在六大方面中实现程度提升的幅度最大。从五项监测指标来看，2010 年居民人均可支配收入估计为 10 046 元（2000 年不变价），是 2000 年的 2.73 倍，实现程度为 67.0%，但城乡居民收入差距依然较大；恩格尔系数为 38.4%，比 2000 年的 45.6% 下降了 7.2 个百分点，已达到预定目标；人均住房使用面积达到 27.0 平方米，比 2000 年的 19.0 平方米增加了 8.0 平方米，达到预定目标；5 岁以下儿童死亡率为 16.4‰，比 2000 年的 39.7‰降低了 23.7 个千分点，实现程度为 73.2%；平均预期寿命估计达到 73.5 岁，比 2000 年的 71.4 岁增加了 2.1 岁，实现程度为 98.0%。

（4）民主法制逐步健全，实现程度由 2000 年的 84.8% 提高到 2010 年的 93.6%。

“民主法制”包括公民自身民主权利满意度和社会安全指数两项监测指标。据监测，2010 年中国在民主法制方面的实现程度为 93.6%，比 2000 年提高 8.7 个百分点，平均每年提高 0.87 个百分点。调查结果显示，2010 年公民自身民主权利满意度达到 82%，比 2000 年的 60% 增加了 22 个百分点，实现程度为 91.1%；以 2000 年为基期，从社会治安、交通安全、生活安全和生产安全四个方面综合来计算的社会安全指数，2010 年实现程度达 95.6%。

（5）文化教育事业稳步发展，实现程度由 2000 年的 58.3% 提高到 2010 年的 68.0%。

“文化教育”包括文化产业增加值占 GDP 比重、居民文教娱乐服务支出占家庭消费支出比重和平均受教育年限三项监测指标，主要反映文化教育方面的发展情况。据监测，2010 年中国在文化教育方面的实现程度为 68.0%，比 2000 年提高 9.7 个百分点，平均每年提高 0.97 个百分点。从三项监测指标来看，我国文化产业保持高速增长，尤其是 2008 年以来，文化产业逆势上扬，其消耗少、污染低、附加值高等优势进一步凸显，2010 年文化产业增加值占 GDP 比重约为 2.75%，比 2000 年提高了将近 1 个百分点，实现程度为 55.0%；受义务教育免收学杂费因素的影响，居民文教娱乐服务支出占家庭消费支出比重为 10.22%，比 2000 年的 11.68% 下降了 1.46 个百分点，实现程度为 63.9%；15 岁以上人口平均受教育年限预计为 8.64 年，比 2000 年的 7.79 年提高 0.85 年，实现程度为 82.3%。

（6）资源环境保护态势良好，实现程度由 2000 年的 65.4% 提高到 2010 年的 78.2%。

“资源环境”包括单位 GDP 能耗、耕地面积指数和环境质量指数三项监测指标，主要反映资源利用状况和环境保护成果。据监测，2010 年中国资源环境方面的实现程度为 78.2%，比 2000 年提高 12.8 个百分点，平均每年提高 1.28 个百分点。从三项监测指标来看，由于国家节能减排政策的大力实施，2010 年单位 GDP 能耗已下降至 1.21 吨标准煤／万元（2000 年不变价，下同），比 2000 年的 1.47 吨标准煤／万元下降了 17.6%，实现程度为 69.5%；以 2000 年为基期计算的耕地面积指数 2010 年为 94.5%，仍控制在目标范围之内；从空气、水、绿化等方面综合计算的环境质量指数达到 76.7%，比 2000 年的 59.2% 增加了 17.5 个百分点，实现程度为 76.7%。

2．四大区域全面建设小康社会的实现程度均有上升，但区域间差距仍然较大。从东部、中部、西部和东北地区全面建设小康社会的实现程度看（见表 3–3），十年间中国四大区域全面建设小康社会的实现程度均有明显提升。2010 年，东部地区全面建设小康社会的实现程度为 88.0%，比 2000 年提高 23.7 个百分点；中部地区为 77.7%，提高

22.1 个百分点；西部地区为 71.4%，提高 18.2 个百分点；东北地区为 82.3%，提高 22.0 个百分点。从十年来的年均增长速度来看，东部地区增幅最高，中部地区次之，西部地区最低。

表 3-3　2000—2010 年中国四大区域全面建设小康社会实现程度

单位 %

	2000	2001	2002	2003	2004	2005	2006	2007	2008	2009	2010
东部地区	64.3	66.5	69.0	70.5	72.4	75.1	78.1	81.4	83.5	86.0	88.0
中部地区	55.6	57.9	58.8	60.3	62.1	64.1	67.0	70.6	72.7	75.6	77.7
西部地区	53.2	54.2	55.1	56.1	56.9	59.2	61.0	64.4	66.2	68.9	71.4
东北地区	60.3	62.0	63.9	66.0	67.6	69.2	72.2	74.9	77.5	80.5	82.3

（1）东部地区实现程度最高，发展速度最快。2000 年，东部地区全面建设小康社会实现程度达到 64.3%，比全国平均水平高 4.7 个百分点。到 2010 年，东部地区全面建设小康社会的实现程度达到了 88.0%，比全国平均水平高出了 7.9 个百分点。无论是每年的实现程度还是实现程度的提升幅度，东部地区都居全国四大区域之首。到 2010 年，东部地区已有北京、天津、上海、江苏、浙江、福建和广东等 7 省份的全面建设小康社会实现程度超过了 90%。

（2）中部地区实现程度较低，但发展速度较快。2000 年，中部地区全面建设小康社会的实现程度为 55.6%，比全国的平均水平低 4.0 个百分点。到 2010 年，中部地区全面建设小康社会的实现程度达到了 77.7%，比全国的平均水平低 2.4 个百分点。从六大方面来看，中部地区主要在经济发展和生活质量方面落后于全国平均水平。2010 年，中部地区经济发展的实现程度为 64.2%，比全国低 11.9 个百分点；生活质量的实现程度为 83.4%，比全国低 3.0 个百分点。中部地区 6 省份发展比较均衡，2010 年全面建设小康社会实现程度均在 80% 左右。

（3）西部地区实现程度和提升幅度均低于东部和中部，但已现加快势头。2000年，西部地区全面建设小康社会的实现程度为53.2%，低于全国平均水平6.4个百分点。到2010年，西部地区全面建设小康社会实现程度为71.4%，低于全国平均水平8.7个百分点。从六大方面来看，西部地区均落后于全国平均水平，尤其是在经济发展、生活质量和社会和谐这三大方面，2010年的实现程度分别比全国平均水平低了13.7，11.2和8.4个百分点。然而可喜的是，与2009年相比，西部地区2010年的增速在四大区域中排在首位，显示出了其快速发展的巨大潜力。从西部地区12省份来看，虽然其发展水平都相对较低，2010年全面建设小康社会的实现程度均低于全国平均水平，但都达到了60%以上，全部实现了整体小康。其中近年来内蒙古发展较快，2010年的实现程度已接近80%，广西、重庆、四川和陕西等4省份的实现程度为70%—80%，其余贵州、云南等7省份的实现程度为60%—70%。

（4）东北地区实现程度较高，发展速度较快。东北地区全面建设小康社会实现程度低于东部地区，但高于中部和西部地区。2000年，东北地区全面建设小康社会的实现程度为60.3%，比全国平均水平高了0.7个百分点；到2010年其实现程度达到82.3%，比全国平均水平高出了2.2个百分点。从六大方面来看，东北地区主要在生活质量方面的实现程度低于全国平均水平，2010年东北地区生活质量的实现程度为82.3%，比全国低了4.1个百分点。2010年，辽宁全面建设小康社会的实现程度首次超过85%，吉林首次超过80%，黑龙江已接近80%。

3. 全面建设小康社会的实现程度均有所加大，“十一五”时期增速快于“十五”时期。2000—2010年历经了中国的“十五”时期和“十一五”时期。从两个时期考察，中国全面建设小康社会进程在“十五”时期年均提高1.51个百分点，在“十一五”时期年均提高2.59个百分点，高于“十五”时期1.08个百分点，增速有所加快。

（1）从六大方面来看，增速均有所加快。全面建设小康社会的六大方面在"十一五"时期的增速均高于"十五"时期（见图3-1）。由此可见，"十一五"时期构建和谐社会和法制社会效果明显，经济保持平稳较快发展，生活质量持续改善，文化教育和资源环境也得到进一步加强。

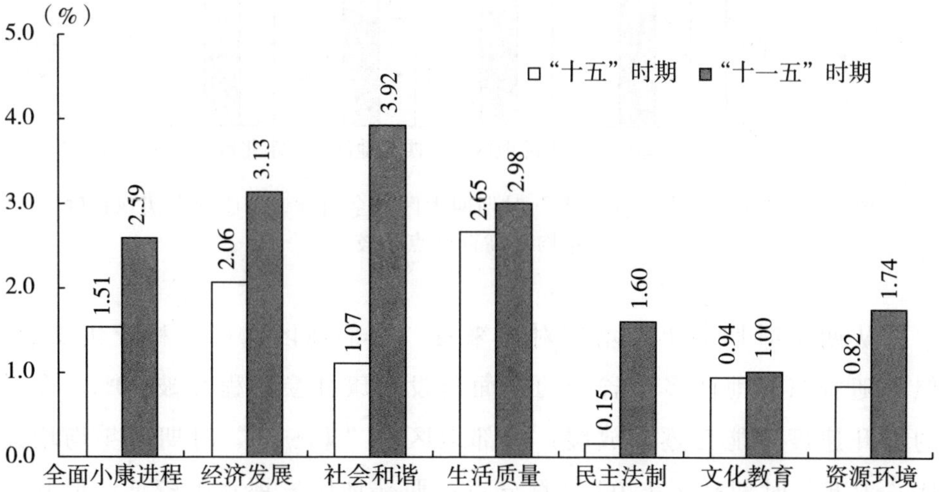

图3-1 "十五"与"十一五"时期全面建设小康社会及六大方面的实现程度年均提高百分点比较

（2）从四大区域来看，中、西部地区的阶段性变化较大。东、中、西部和东北地区在"十一五"时期全面建设小康社会实现程度的年均增速均高于"十五"时期（见图3-2）。"十五"时期，实现程度的年均增速从高到低依次为东部地区、东北地区、中部地区和西部地区，且各地区年均增速之间的差距较大，最高的东部地区的年均增速比最低的西部地区高了近1个百分点；到了"十一五"时期，年均增速从高到低依次分别为中部地区、东北地区、东部地区和西部地区，四大区域之间的年均增速差异明显缩小，最高的中部地区的年均增速比最低的西部地区仅高了0.3个百分点。

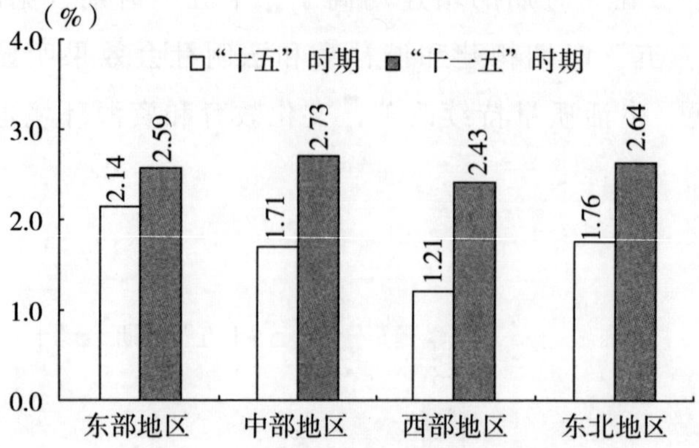

图 3-2 "十五"与"十一五"时期四大区域全面建设小康社会实现程度年均提高百分点比较

从两个时期的年均增速对比来看，东部地区保持平稳较快发展，但是随着东部地区多个省份的全面建设小康社会进程突破 90%，今后的提升速度可能会逐渐放缓；中部地区在"十一五"时期的年均增速比"十五"时期高了 1.02 个百分点；西部地区发展水平较低，但其在"十一五"时期的年均增速比"十五"时期翻了一番，显示出了巨大的发展潜力；东北地区呈现出良好的发展态势。

二、四川小康建设水平

当前，四川省正处于全面建成小康社会的决定性阶段，按照现行国家统计监测指标体系，全面建成小康社会指标体系共分经济发展、社会和谐、生活质量、民主法制、文化教育、资源环境 6 方面 23 项指标。

一是全面小康进程稳步推进，发展态势明显加快。2011 年，全省小康进程为 78.4%，比 2000 年提高 23.8 个百分点，成都、绵阳、攀枝花、德阳四市小康进程超过了 80%。2012 年全省小康进程预计为 80.6%。

二是全面小康进程与全国差距逐步缩小，在31个省份中位次明显提升，在西部处于领先地位。2011年，四川省全面小康进程落后全国4.8个百分点，差距比2000年缩小0.2个百分点，其中社会和谐、民主法制、文化教育、资源环境四大方面发展进程年均增速快于全国平均水平。四川省全面小康进程在全国31个省份的位次由2000年的第22位提升至2011年的第19位，超过了广西、陕西、山西等省份。四川省全面小康进程在西部12省份的位次由2000年的第5位上升至2011年的第3位，仅次于重庆和内蒙古，领先西部平均水平2年。

三是城乡居民收入快速增长，收入比缩小，城镇化水平稳步提升。2012年，四川省城镇居民人均可支配收入达20 307元，农村人均纯收入达7 001元，分别比2000年增长了2.45，2.68倍。农村居民收入年均增速高于城镇，城乡居民收入比由2000年的3.10缩小到2012年的2.90，低于全国平均水平，接近2.80的全面小康目标。2012年，四川省城镇化率达到43.53%，比2000年提升了16.83个百分点，年均提升1.40个百分点。

三、四川的优势与差距

（一）有利条件

近几年来，四川经济持续较快发展，全省经济规模和综合实力上了一个大台阶。一是发展基础好。2012年全省生产总值达到23 849.8亿元，是2007年的2.3倍，年均增长13.6%，经济总量由全国第9位上升到第8位；地方公共财政收入达到2 421.3亿元，是2007年的2.9倍，公共财政支出达到5 431.1亿元，是2007年的3倍，正在加快实现从“吃饭财政”向“发展财政”的历史性转变；城镇居民人均可支配收入20 307元，农民人均纯收入7 001元，比2007年分别增长83%、97.4%，增幅均高于全国平均水平。二是面临着重大机遇。当前，面临国家实施西部大开发和扩大内需战略，成渝经济区和天府新区建设，以及国内外产业加快向西部转移等特殊机遇，这些都会带来巨大的发展机会和增长空间。四川各地因地制宜，抓住重点，找准定位，科学规划，加快发展，都有一批亮点。三是发展势头好。2013年1至4月，四川省全社会固定资产投资累计完成6 063.1亿元，同比增长20.2%，大大快于2012年同期，远远高于全省平均水平，全省经济格局正在发生明显而深刻的改变。集中开展了“民企入川”、“央企入川”、“港澳企业四川行”三大投资促进活动。四川省引进到位国内省外资金3 285亿元，增长12%。2013年6月在成都召开的第12届财富全球论坛，是继在上海、香港、北京后第四次在中国举办，也是首次在中国西部城市举办，论坛吸引了历史上最多的嘉宾，包括世界500强企业的代表在内有600多位嘉宾参会。四是人民生活质量稳步提高。2012年，城镇居民人均可支配收入和农民人均纯收入分别增长13.5%和14.2%，民生投入占公共财政支出比重逐年提高，达到63.8%，一大批涉及群众就业、教育、就医、社会保障等民生难题得到逐步解决。五是社会大局和谐稳定。只要抓住这个机遇，照这个劲头、这个势头下去，四川的目标一定可以实现。

（二）差距分析

“人口多、底子薄、不平衡、欠发达”的基本省情没有根本改变，各项经济社会发展指标与全国平均水平还有很大差距，四川全面建成小康社会面临艰巨繁重的任务。比如区域发展，缺乏强有力的多点多极支撑，成都一枝独秀，单极支撑，满园春色尚待时日，可以形象地说成都这个“火车头”是有了，但其他各市州这个“火车皮”还不成形。比如城镇化建设，近5年来，四川城镇化率年均提高1.6个百分点，比全国高0.4个百分点，但总体仍低于全国，2011年我国城镇化率达51.3%，四川省仅为41.83%，低了9.5个百分点，这是个不小的数字。这背后意味着，今后将比全国平均水平多转移900万人。比如扶贫工作，经国家统计部门测算，全国的扶贫对象规模达到 1.22 亿人，四川省截至 2011 年底尚有扶贫对象 912 万人，占全国扶贫对象的将近 1/12，占到四川省总人口的 1/10。这么大的规模确实对扶贫工作提出了新的更大的挑战，要求更高，任务更重，要付出更多的努力。比如社会发展方面，据有关专家统计，我国社会建设落后经济建设 15 年，四川的落后程度更大一些。比如，芦山地震灾区科学重建、跨越式发展，到 2020 年与全省同步全面建成小康社会也有不小的难度。就等于说跌了一跤、有了伤，还要站起来赶紧跑，经济社会发展要经历一个站起来、走起来、跑起来的过程。

1. 全省情况：经济发展和文化教育是四川小康进程的主要短板。从总体进程看，2011 年四川小康进程落后全国 4.8 个百分点。从六大领域看，2011 年四川省经济发展和文化教育两大方面小康进程为 66.6% 和 67.1%，分别落后全国 12.8 和 4.1 个百分点，是全省小康进程的主要短板。从 23 项指标看，6 项指标进展缓慢，是影响四川省小康目标实现的主要因素。

2. 市州情况：进程普遍偏低且差距明显，进程增速相对缓慢，成都单极支撑凸显。从进程看，17 个市州小康进程低于全省平均水平，甘孜、阿坝、凉山、巴中等 4 个市州小康进程低于 70%。从增速看，除了成都和德阳两市，其余 19 个市州全面小康进程增速均低于全省平均水平。从影响看，成都对全省小康进程单极支撑作用明显，拉动全省小康总体进程高于 17 个市州，增速高于 19 个市州。

3. 区域情况：发展不平衡，民族地区、革命老区和贫困地区实现全面小康难度较大。区域发展不平衡，影响四川小康整体进程。无论从经济区比较还是从城市群来分析，成都所在的区域小康进程都远远高于其他地区或城市群，川东北、攀西、川西北地区小康进程相对落后，对全省进程具有较大影响。民族地区、革命老区和贫困地区同步实现全面小康难度较大。以藏羌地区和彝区为例，2011 年两地全面小康实现程度分别为61.9%和67.0%，分别落后全省16.5和11.4个百分点。

（三）趋势预测

按照2020年与全国同步全面建成小康社会的目标任务，今后几年，四川要加快小康建设，必须保持“快于全国、快于西部、快于以往”的“三快”发展势头。相关部门对2013年、2017年、2020年三个节点总体进程和主要指标进行了测算。

1．总体进程预测

假定全国按照2000—2011年2.1个百分点的年均提升幅度，以此作出以下推算。

（1）按照四川小康进程年均提升2.4个百分点测算，将在2020年实现100%的目标值，如期全面建成小康社会（全国小康进程预计在2019年实现100%的目标值）。

（2）按照四川小康进程年均提升2.7个百分点测算，2017年将达到95%左右，并将于2019年实现100%的目标值，与全国同步全面建成小康社会。

2．主要指标预测

（1）按照四川主要指标2017年接近全国当年平均水平推算（动态测算），四川人均GDP、城镇居民人均可支配收入、农民人均纯收入要在2017年赶上全国当年平均水平，GDP增速需比全国平均增速高5.3个百分点以上，城镇居民人均可支配收入、农民人均纯收入需比全国年均增速分别高4.1和2.5个百分点以上。

（2）按照四川主要指标2020年赶上全国当年平均水平推算（动态测算），四川人均GDP、城镇居民人均可支配收入、农民人均纯收入要在2020年赶上全国当年平均水平，GDP增速需比全国平均增速高3.3个百分点以上，至少稳定在11%以上，力争达到12%以上；城镇居民人均可支配收入、农民人均纯收入需比全国年均增速分别高2.6和1.6个百分点以上，实际增速分别保持在10%和9%以上，才能确保2020年与全国同步全面建成小康社会。

第二节　教育现代化的基础：四川教育发展的主要成就

一、“两基”攻坚

1986年，随着《中华人民共和国义务教育法》的颁布实施，四川省按照党中央、国务院的要求，开始了“两基”攻坚历史进程。经过25年的持续作战，截至2010年年底，全省181个县（市、区）全面实现“两基”目标，“两基”人口覆盖率达到100%。根据2012年统计数据，四川省已有小学8 586所和其他教学点8 478个，在校小学生人数达到561万人；有初中3 908所，在校生304万人；有特殊教育学校113所，在校生4.43万人（含随班就读）。小学、初中专任教师分别为30.49万人、20.39万人。2011年，四川省高标准通过国家“两基”督导检查，义务教育迈入全面提高质量水平的新阶段。

九年义务教育普及成绩喜人，截至2012年，四川省小学适龄儿童入学率为99.53%，在校生辍学率为0.27%；初中阶段入学率为98.87%，在校生辍学率为0.52%；残疾儿童少年入学率为90.41%。“普九”人口覆盖率为100%，15周岁人口中初等教育完成率为98.63%，17周岁人口中初级中等教育完成率为97.31%。15周岁人口文盲率为0.79%。从毕业率来看，2011—2012学年，四川省小学毕业率达到100%，初中毕业率达到99.48%。

“两基”攻坚期间，省政府注重“两基”教师队伍的建设。截至2012年，四川省小学教师学历合格率达到99.93%，初中教师学历合格率为99.39%；2001年以来补充的教师学历合格率，小学和初中均是100%；小学、初中接受岗位培训并取得合格证书的比例均为100%。

从生师比来看，四川省小学的生师比为18.39∶1，初中生师比为14.92∶1；小学教师高级职称比例为1.51%、中级职称比例为45.54%，初中教师高级职称比例为13.08%、中级职称比例为40.00%。

“两基”攻坚期间，义务教育办学条件得到了巨大的提升。截至2011年，四川省小学生均校舍建筑面积达到5.32平方米，初中生均校舍建筑面积达到7.31平方米。2008年鉴定的136万平方米D级危房校舍全部拆除。小学、初中教学仪器设备按不同类型学校标准要求的配齐率分别为98.30%、98.60%。小学生均图书达到15.5册，初中生均图书达到25.4册。

“两基”攻坚期间，四川省预算内教育拨款不断增长，为“两基”攻坚目标的实现奠定了强大坚实的经济基础。四川省在2008年、2009年、2010年预算内教育拨款分别比上一年增长18.85%、31.80%、19.17%，分别高于财政经常性收入增长比例5.88、17.68、1.57个百分点。并于2008年、2009年、2010年实现小学生均预算内教育事业费分别为2 230.71元、2 845.93元、3 372.56元，初中生均预算内教育事业费分别为2 690.64元、3 438.86元、4 076.96元，均逐年增长；2008年、2009年、2010年小学生均预算内公用经费分别为461.81元、523.46元、718.09元，初中生均预算内公用经费分别为648.78元、769.56元、964.53元。

“两基”攻坚期间，四川省深入推进义务教育均衡发展改革试点。召开推进义务教育均衡发展暨深入实施素质教育工作会，部省签署备忘录，省市（州）政府签订目标责任书，明确目标任务，确定了实现义务教育均衡的时间表和路线图；制定义务教育学校办学基本标准（试行），出台县域义务教育均衡发展督导评估实施办法（试行）。在省级评估基础上，成都作为四川第一个全市所有县（市、区）实现义务教育均衡的地区，顺利通过了国家义务教育均衡发展督导评估。同时，四川省还加强基础教育监测评估，成立了评估中心，开展14个样本县教育质量监测工作，全面完成第一轮 181 个县级人民政府教育工作省级督导评估。进一步规范学校办学行为，加强治理择校乱收费和教辅资料泛滥等工作。

扫盲工作是实现“两基”攻坚目标的重要内容和环节，是义务教育的基础性工作。截至 2010 年，四川省青壮年非文盲率达到 98.13%，脱盲人口巩固率达到 96.29%。四川省“两基”主要指标均达到国家规定要求，很好地完成了“两基”任务，为今后的义务教育均衡发展奠定了坚实的基础。

二、义务教育均衡发展

近年来，四川省各级党委政府把推进义务教育均衡发展作为改善民生、保证教育公平、巩固提高义务教育发展水平的重要抓手，采取切实措施，大力改善农村地区、民族地区和薄弱学校办学条件。全省义务教育普及成果更加巩固，城乡之间、学校之间办学差距逐步缩小，义务教育整体发展水平不断提高。

推进义务教育均衡发展的基本目标是：每一所学校符合国家和省办学标准，办学经费得到保障。教育资源满足学校教育教学需要，开齐国家和省规定课程。教师配置更加合理，提高教师整体素质。学生班额符合国家和省规定标准，消除大班额现象。率先在县域内实现义务教育基本均衡发展，县域内学校之间办学条件和教育质量的差距明显缩小。到 2015 年全省累计 95 个县（市、区）实现基本均衡，义务教育巩固率达到 93.7%；到 2020 年全部 183 个县（市、区）实现基本均衡，义务教育巩固率达到 95%。各地要按照《四川省推进县域内义务教育基本均衡发展目标责任书》和《四川省实现县域内义务教育基本均衡发展目标进度表》（由教育厅另行下发）的总体要求，把规划目标落实到县、落实到乡、落实到校，并落实到年度和具体项目上，确保目标任务按期完成。[1]

（一）着眼薄弱环节，实施重大工程

1. 2000年开始实施《四川省民族地区教育发展十年行动计划》（以下简称《十年行动计划》），中央和省共投入资金70多亿元，新建、扩建学校项目3 826个，总建筑面积达474万平方米，投入资金2.99亿元配备教学仪器、图书资料和远程教学设施设备。

2. 2009年启动实施的“校舍安全工程”。截至2013年4月底，改造校舍开工面积累计达3 819万平方米，已竣工3 636万平方米，实际投资434亿元，使得四川省2008年前鉴定的D级危房全部消除，全省中小学生均校舍面积基本达到国家规定标准。

3. 地震灾区的学校重建。截至2011年12月底，四川142个受灾县（国定39个重灾县、省定12个重灾县和88个一般受灾县、3个攀枝花—会理“8·30”地震受灾县）规划需恢复重建学校8 323所，已竣工8 298所，竣工率达99.9%，大大提升了灾区学校的办学条件，极大地优化了义务教育布局结构。

4. 2010年起实施“农村义务教育薄弱学校改造计划”。2010—2012年，共计安排薄弱学校改造计划资金74.4亿元，其中教学装备类资金32.1亿元，校舍改造类项目资金42.3亿元。根据2012年教育事业统计报表来看，教育技术装备水平有效提高：现有实验仪器设备生均小学147.16元、初中357元，比2010年的小学54.14元、初中140.88元分别增加了93.02元、216.12元；现有图书生均小学13.93册、初中25.4册，比2010年的小学9.62册、初中12.50册分别增加了4.31册、12.9册。多媒体教室座位数显著增加：据统计，2012年农村小学、初中多媒体教室座位数为766 689个，比2010年的480 035个增加286 654个，增加比例高达60%。大班额、大通铺现象得到有效缓解：

[1] 四川省人民政府关于深入推进义务教育均衡发展的实施意见．

据统计，2012 年全省农村中小学大班额有 3.76 万个，比 2010 年减少 1.3 万个；农村小学生均宿舍面积为 3.20 平方米、初中为 3.87 平方米，比 2010 年的小学 2.98 平方米、初中 3.09 平方米分别提高了 0.22 平方米、0.78 平方米。

5. 2008 年，启动实施了“农村留守学生寄宿制学校建设工程”。全省共改扩建 741 所农村寄宿制学校，总投资 6.7 亿元，有效改善了农村寄宿制学校条件，重点解决农村留守学生“住进来”的问题。

6. 深入实施“农村初中改造工程”，2001—2009 年已经投入 10 多亿元，改造农村初中 420 余所。

7. 继续实施“新农村卫生新校园工程”，2006—2008 年共投入资金 1.57 亿元，对 828 所农村学校改厕治污。

8. 推进中小学教育技术装备标准化建设、教育信息化资源建设和农村中小学现代远程教育工作，促进优质教育资源的共享。2009 年全省按新标准装备中学 156 所、小学 275 所，装备计算机学校 404 所，新增计算机 2.7 万余台，新建网络教室 511 间；建立四川基础教育资源网，拥有资源超过 20 万条，容量超过 3 100G，注册教师超过 3 万人。各地将农村学校建设改造纳入当地新农村建设和灾后重建总体规划，并从实际出发分别实施了“农村学校配套建设工程”、“农村合格学校建设工程”、“学校标准化建设工程”、“化解大班额工程”等。实施上述项目工程，使人力、物力和财力向农村地区、民族地区和薄弱学校倾斜，为均衡发展奠定了坚实的物质基础。

（二）增加财政投入，改善办学条件

近年来，各级政府切实加大对义务教育的投入，义务教育经费保障机制逐步完善，保障水平不断提高。2006 年，四川省启动实施农村义务教育经费保障机制改革。2008 年，随着“两免一补”政策在城市义务教育的全面实施，四川省全面实现了城乡免费义务教育。2009 年年底，全省 90 亿元“普九”债务得到全部化解。2006 年开始，按照国家的统一安排部署，四川省推动建立了农村义务教育经费保障新机制，实行各级财政分级负担原则，将义务教育经费全面纳入财政预算，全面实施了城乡义务教育阶段学生免除学杂费、农村义务教育学生“两免一补”政策，2008年开始又免除了农村寄宿制学生住宿费。

各地努力落实教育经费分担责任和新增教育经费主要用于农村的要求，进一步调整教育经费支出结构，加大了对经济困难地区义务教育专项支付，对薄弱学校改造采取倾斜政策。一些经济较发达地区实施了城乡一体的资金投入机制，加大对农村教育转移支付力度，提高农村学校生均公用经费。全省以建立义务教育保障机制、实现义务教育全面免费为契机，初步形成了有利于推进义务教育均衡发展的投入机制和政策导向，形成了促进义务教育均衡发展的良好氛围。

（三）加强队伍建设，提高教师素质

1. 实施了“农村义务教育阶段学校教师特设岗位计划”和“烛光计划”。从2006年开始共计招聘1.5万余名“特岗计划”教师和2 000余名“烛光计划”教师到农村地区和“两基”攻坚县任教，有效缓解了教师紧缺矛盾。自2006年以来，国家四部门启动“中西部农村中小学教师特设岗位计划”，2006—2012年，四川省共招聘特岗教师1.9万余人，覆盖86个县（市区）、1 000多所学校。

2011年，根据“百千万人才培养计划”，在四川遴选了1 009名优秀教师作为教学名师培养对象，启动实施了第一轮培训工作；通过遴选评审，确定了全省“十二五”期间6 055名省级骨干教师人选，启动实施了第一批3 382名省级骨干教师培训工作。同时，积极开展各类省级培训，利用教学名师和省级骨干教师优质资源，组织名师讲学团送教下县，开展农村中小学教师短期培训，培训教师4 800人；按照民族地区《十年行动计划》，培训民族地区中小学校长、骨干教师1 620人；组织专家开展普通高中新课程送教活动，培训教师7 500人，并完成高中阶段教师和校长远程培训6万人。以“国培计划”为契机，组织开展中西部项目培训中小学教师45 707人，幼儿教师培训项目培训幼儿园园长及教师5 400人。

2012年，按照规划继续组织实施“百千万人才培养计划”等六大计划，并结合教育部关于加强教师队伍建设的工作意见，以提高教师师德素养和业务水平为核心，以提升培训质量为主线，以农村教师为重点，组织开展教学名师、省级骨干、农村送教、民族地区等各类省级培训，共培训教师13 159人，教育技术远程教师培训20 000人，高中课程改革教师和校长远程培训8万人，高中送教培训3 000人；同时，以实施“国培计划”为抓手，充分发挥其示范引领、雪中送炭和促进改革的作用，组织开展中西部项目培训中小学教师72 000人，“国培计划”幼儿教师培训项目培训幼儿园园长及教师6 880人。

2．建立了城区教师到农村和薄弱学校支教、城镇教师到农村学校任教服务期、定期交流等制度。2008年，省教育厅制定下发了《关于进一步推进城镇教师支援农村教育工作，加快中小学教师城乡交流的意见》，推动城乡教师互动交流。各地结合实际，探索建立了城区教师到农村和薄弱学校支教制度、城镇教师到农村学校任教服务期制度、县域内教师城乡岗位定期交流制度、区域内骨干教师巡回授课和紧缺专业教师流动教学制度等等。

3．组织实施“中小学骨干教师成长计划”、“农村教师专业发展计划”、“中小学教师学历学位提升计划”等培训项目。加强农村教师和校长的培训，提升业务能力按照“面向全员、突出骨干、倾斜农村”的方针，加强省、市、县、校四级教师培训体系建设，大力实施中小学“百千万人才培养计划”、“农村教师专业发展计划”、“骨干教师成长计划”，开展以师德和新理念、新课程、新技术为重点的新一轮教师全员培训和继续教育。坚持农村中小学校长任职资格培训和定期提高培训制度。“十二五”开局以来，四川省对农村中小学校长和教师实施五年一轮的全员培训。2010—2011年组织实施“灾区校长培训工程”，省级集中培训地震灾区中小学校长4 400余人次，2012年组织实施“农村中小学校长管理能力提升专项培训”，省级集中培训农村中小学校长1 560人，进一步提升农村中小学办学水平；通过“国培”、省“教学名师”和“骨干教师”培养培训、送教下乡等方式，培训农村教师4万余人。2008年以来省实施中小学教师素质提升“三大计划”，培训省级骨干教师近6 000名，培训民族地区校长和教师1.34万人；9个县（市、区）列入教育部农村教师国家级远程培训项目，近9 000名教师接受远程培训；对全省各市（州）县教育局长182人开展集中培训；举办中小学校长任职资格培训和提高培训200多期，1.1万余人次参训。

4. 多途径提高教师待遇。从2008年年底开始，逐步建立起省、市、县三级联动机制，统筹抓好义务教育学校教师绩效工资工作，制定出台了《四川省义务教育学校教师绩效工资实施意见》、《四川省义务教育教师绩效考核办法（试行）》等一系列政策文件，在灾后恢复重建任务十分繁重和财政资金相当困难的情况下，千方百计筹集财政经费100亿元，于2009年教师节期间全面兑现了义务教育学校教师基础性绩效工资，走在了全国各省市的前列；各地各校按照绩效考核和绩效工资分配办法，兑现了奖励性绩效工资，在职教师人均年工资增长1万元以上，全面达到了义务教育学校教师平均工资水平不低于当地公务员平均工资水平的要求，并切实做到了按月足额发放；建立义务教育学校教师工资调整联动机制，随当地公务员津补贴水平调整义务教育学校教师津补贴标准。四川省还专门在义务教育教师绩效工资中设立了农村教师补贴，完善了农村教师养老、失业、医疗等社会保障制度和住房公积金制度。在绩效工资外，一些县（市、区）还对农村中小学教师另行给予特殊补助，一些地区对优秀教师给予奖励。与此同时，四川省大力实施农村教师周转房建设项目，2011年、2012年中央和省级财政投入边远农村地区教师周转房建设资金达5.4亿元。

5. 加强中小学教职工编制管理。一是在国家中小学教职工编制标准出台后，四川省于2002年制定了《四川省中小学教职工编制标准试行办法》，并根据教育发展的实际情况，先后于2002年、2005年、2008年、2011年四次对全省中小学教师编制进行了动态调整，按国家规定的城市标准、县镇标准核定中小学教职工基本编制，实现了县域内中小学教职工编制标准的统一。经过调整，教职工编制同口径师生比分别由2010年底小学1∶19.37提高到1∶17.97，初中1∶16.81提高到1∶14.45。二是实行严格的编制总量控制和用编管理，建立起了编制实名、用编申报等制度，尤其是近年来采取多种措施，加强对挤占、挪用、截留中小学教职工编制等现象进行了全面清理，并大力开展教师在编不在岗的清理工作。三是一些地方积极推行教师及教职工编制“县管校用”模式，促进义务教育师资均衡配置。四是要求临聘教师必须具有教师资格，并在聘用期间统一参加企业职工基本养老保险和基本医疗保险，严格按劳动合同管理，确定一次性聘期，合同期满必须及时终止聘用关系，严禁长期使用临聘教师。2009年，四川省筹集104.4亿元资金用于义务教育学校教师绩效工资的发放，各地制定了向农村偏远地区倾斜的政策，较大程度提高了农村偏远学校教师的收入水平。

6. 高度重视师资队伍建设尤其是农村义务教育学校的师资补充工作。通过建立公开招聘，实施“特岗计划”、培养免费师范生、规范临聘教师管理的教师补充机制。2006年以来，按照国家统一部署，四川省实施了中央“特岗计划”，在国家扶贫开发工作重点县、少数民族自治县（含享受少数民族地区待遇县）、地震极重灾县和重灾县、秦巴山区和乌蒙山区的86个县的4 000多所农村中小学校招聘特岗教师1.8万人，目前在岗特岗教师1万人，服务期满转任正式教师6 000人。2011年以来，共接收安置教育部直属师范大学免费师范生毕业生约2 500名，补充到包括农村义务教育学校在内的各级各类中小学校，极大地优化了四川省农村义务教育学校的师资结构。四川省为进一步推进教师培养和补充机制改革，加强农村教师队伍建设，按照省委、省政府切实保障和改善民生工作的部署，决定从2013年起在全省民族地区、集中连片特殊困难地区和革命老区以及艰苦边远地区共119个县（市、区）开展省级免费师范生培养工作，全省计划首批培养免费师范生2 000名，培养类型以农村义务教育教师为主。

（四）促进教育公平，保障特殊群体

1．完善贫困家庭学生资助体系。全面落实义务教育阶段“两免一补”政策，全省享受寄宿制贫困学生生活费补助的学生达100万人，做到应免尽免、应补尽补。

2．按照输入地政府为主、公办学校为主的原则，积极做好进城务工人员随迁子女接受义务教育工作。四川2011年有超过49万随迁子女接受义务教育问题得到妥善解决。2012年全省共有进城务工农民工接受义务教育的随迁子女477 970人，占全省义务教育阶段在校学生总人数的5.25%。其中，就读于公办小学的人数为274 633人，就读于公办初中的人数为140 845人；从省外迁入四川省的随迁子女有51 074人。四川省全年各级财政共投入资金11.7亿元，专项用于接收农民工子女学校改善办学条件和弥补公用经费不足，保障进城务工人员随迁子女接受义务教育权利。2012年全省共解决进城务工人员子女56.94万人接受义务教育，基本满足了农民工子女就学需求。2012年，全省共计安排进城务工农民工随迁子女接受义务教育中央补助资金13 705万元，受益学生40多万人，保障了农民工子女平等接受义务教育的权利。

3．大力实施农村留守儿童寄宿制学校建设工程，构建留守儿童全关爱服务体系，为全省近250万留守儿童接受义务教育创造良好条件。近年来，随着四川省经济体制改革步伐的加快，进城务工农民工数量逐年增加，农村留守儿童人数随之大幅度增加，农村寄宿学校及其附属设施严重短缺的问题越发凸显，县乡寄宿制学校大班额、大通铺问题日益突出。2007年，中共四川省委办公厅、四川省人民政府办公厅印发了

《关于切实推进城乡义务教育均衡发展的意见》，把促进教育公平作为统筹城乡发展的重要内容，要求各地各部门重视农村教育发展，关爱农村留守儿童，实施留守儿童寄宿制学校建设工程。

在实施留守儿童寄宿制学校建设工程时，各项目学校均坚持“安全牢固、功能齐备、方便实用、科学合理”的原则，把确保学生安全放在首位，遵守国家相关法规、规范进行加固改造设计，提高和改善房屋结构的承载能力、抗震能力、综合防灾能力和使用功能，基本达到了留守儿童寄宿制学校建设的标准，实现了“建一所，成一所”的目标要求。据统计，2008—2012 年，全省共投入资金 6.33 亿元，建设 741 所农村留守儿童寄宿制学校，消除大班额班级 3 000 多个，解决了 23 万多名留守儿童的住宿问题。通过实施农村寄宿制学校及其附属设施建设，有效解决或缓解了学校大班额、大通铺等问题，为农村留守儿童提供了良好的学习和生活的成长环境，受益师生满意度较高，社会评价高，反响良好，有力促进了四川省城乡义务教育均衡发展和教育公平。

4. 大力实施特殊教育建设工程。关爱残疾儿童，积极发展特殊教育，全省义务教育阶段在校残疾学生达到 4.4 万人；解决阿坝藏族羌族自治州大骨节病区儿童异地入学 2.64 万人，全部免除学杂费、教科书费并提供生活补助。

三、职业教育改革发展

教育规划纲要明确提出大力实施职业教育攻坚。职业教育对促进就业、改善民生和发展现代产业具有重大意义，必须摆在更加突出的位置。把职业教育纳入经济社会发展和产业发展规划，促进职业教育规模、结构、质量与经济社会发展相适应。通过实施职业教育攻坚，到 2015 年中职学校与普通高中招生比例达到 5.2∶4.8 左右，中职学校在校生达到 140 万人。到 2020 年形成适应四川经济发展方式转变和产业结构调整要求，中、高等职业教育协调发展的现代职业教育体系。

以提高质量为重点，以服务为宗旨，以就业为导向，着力推进职业教育由规模型外延式发展转向内涵式发展。以推进政府统筹、校企合作、集团化办学为重点，建立健全部门、行业、企业参与办学的机制，促进校企合作制度化，构建多元化技能型人才培养模式。全面实行委托培养、定向培养、“订单式”培养，加强工学结合、模块化教学和顶岗实习，推行弹性学分制度，提高技能型人才培养质量和适应能力。进一步整合各类技能培训资源，以职业院校为依托，加大高技能人才培养力度。制定重点专业评估指标体系，出台中职教育课程体系建设意见，2012 年启动实施首批 43 所学校 13 个专业的课程改革工作，组织校长、管理人员及教师参加境内外各级各类培训 4 900 余人次。全年中职毕业生就业率达 97%。

加强职业学校基础能力建设，支持建设一批职业教育实训基地；完成一大批“双师型”教师培训，聘任（聘用）一大批有实践经验和技能的专兼职教师；支持中职教育改革示范校建设，建设一批国家级、省级示范性中职学校；支持职业教育集团化发展；落实职业学校基本办学标准，力争用五年时间使职业院校全部达到国家设置标准。促进毕业生充分就业，构建开放多元的就业服务体系，加强和改进创业与就业服务，满足经济社会对高素质高技能人才的需要。严格就业准入制度，依法规范用人单位录用员工行为。

2008 年 5 月，四川省启动职业教育三年攻坚计划。职教攻坚的首要任务是：大力发展中等职业教育，使普通高中和中等职业教育发展规模大体相当。省政府与各市（州）政府签订职教攻坚责任书，将中职招生任务纳入政府工作督办目标。一系列有力举措出台，取得了丰硕的改革成果。2007 年，四川省中职招生 49 万人，在校生 109 万人；普通高中招生 49.8 万人，在校生 142 万人；职普招生比为 49∶51，在校生比为 43∶57，初中毕业生升学率为 85.67%。到 2012 年，全省中职招生 54.3 万人，在校生 139.9 万人；普通高中招生 52.2 万人，在校生

151.6 万人；职普招生比达到 51∶49，在校生比达到 48∶52，初中毕业生升学率达到 86.7% 以上，实现了中职和普高规模大体相当的目标。[1] 三年攻坚计划实施五年来，四川中等职业教育基础能力建设总投入 170 亿元以上，远远超过计划的 100 亿元。全省建成 140 多个县级职教中心，160 多个实训基地，300 多所中职学校办学条件得到显著改善，并建成一大批国家级、省级示范职业院校。在实施职教攻坚和职业教育改革试验前，省级职教专项经费不到 5 000 万元。2008 年起，省级职教专项经费每年都在 3 亿元以上。同时，省里还要求各地城市教育费附加用于职业教育的比例不得低于 30%，职业院校收入的学费用于职教攻坚比例不得低于 30%。2010 年，在全国技能大赛中，四川省取得一等奖 5 个、二等奖 16 个、三等奖 28 个的好成绩。中职毕业生就业率连续三年达到 96% 以上，在全国名列前茅。四川省逐步完善困难中职学生资助政策。五年来中央和省财政共投入 44.6 亿元，资助 509.5 万人次，免学费 54.1 万人，中职学生 90% 以上得到国家生活资助，24% 的学生得到国家免学费资助。从 2012 年秋季学期起，四川在全国率先实行中职学生全部免学费政策，惠及 100 万中职学生。

从 2009 年开始，四川省委、省政府开始在藏区实施“9+3”免费教育计划。两年时间，内地 90 所院校已招收了 5 万余名藏区学生到内地免费接受中职教育，并帮助他们就业，2009 级、2010 级两级已毕业学生就业率均在 98% 以上。省财政不断加大投入力度，为藏区学生免除学费，补助生活费、交通费、住宿费，并给学校安排工作经费，总计每生每年 7 000 元。同时，把到内地学习的藏区学生全部纳入当地城镇居民基本医疗保险，还给承担“9+3”任务的每所职业院校安排 300 万元改善办学条件。截至 2012 年，中央和省投入用于“9+3”计划经费共计 12.93 亿元（免除学费、补助生活费等 4.1 亿元，加强“9+3”学校

[1] 中国教育报，2011-6-9（1）.

基础能力建设等8.83亿元)。教育部借鉴四川省经验，决定在部分省份举办西藏中职班。2010年，四川省在彝区开始实施“9+3”免费职业教育计划。[1]

四、高等教育大众化

新世纪以来，四川高等学校认真贯彻落实国家关于高等教育改革发展的战略部署，按照省委、省政府实施科教兴川和人才强省战略的要求，紧紧围绕提高质量这个中心，积极推进高等教育深化改革和稳步发展，取得了显著成绩。截至2012年，四川共有高等学校116所，其中全日制本科院校47所，高职高专院校52所，成人高校17所。全省高等教育在校生（含研究生、普通本专科生、成人本专科生、网络教育学生）达到185.69万人，其中普通本专科在校学生122.37万人，在读研究生8.56万人。四川高等教育毛入学率逐年递增，由2000年的10.65%增加到2012年的28.4%，与全国平均水平基本持平。

（一）发展阶段迈入大众化

1999年，四川有普通高等学校43所，校均规模仅4 192人。到2009年，全省已拥有普通高校92所，是1999年的2.14倍；校均规模1.11万人，是1999年的2.65倍。其中，本专科在校生规模迅速扩张，2012年全省普通高校本专科招生38.15万，是1999年的5.84倍，普通本专科在校学生达到122.37万人。在研究生教育方面，全省研究生招生27 553人，是1999年的6.28倍；研究生在校学生达到85 626人，是1999年的8.35倍，占全国总数的5%。四川省2012年高等教育毛入学率达到28.4%，步入国际公认的高等教育大众化阶段。这一变化顺应了广大人民群众接受高等教育的迫切愿望，大幅度提高了四川接受高

[1] http://www.sczjw.com/SczjwHtml/zjgj/gongjianjishi/20110526/14726.html.

等教育人口的比例，为促进教育公平、构建和谐四川、推动经济社会又好又快发展做出了重大贡献。

（二）教育改革不断深化

伴随高等教育规模的不断增长和高等教育大众化进程，四川高等教育结构不断优化，办学体制和管理体制改革不断深入，办学主体日趋多元化，民办高等教育从无到有、迅速发展，成为四川高等教育体系中的一支重要方面军。在体制改革和结构调整方面，通过“共建、调整、合作、合并”，四川省部委属高校和地方院校的办学实力都得到进一步增强。在管理体制方面，通过多年的努力，形成了“三级办学、两级管理、以省为主、市州或行业共建共管、多种模式并存”的高教管理新体制。在投入体制方面，加大政府投入，鼓励社会投入，形成了以政府投入为主的多元化投入体制。在招生和就业制度方面，有利于选拔优秀人才、实施素质教育的高校招生考试制度在探索中不断完善，“市场导向、政府调控、学校推荐、双向选择”的新就业制度初步建立。扩大并明确了高等学校的办学自主权，初步建立了现代大学管理制度，高校内部管理体制改革不断深入，人事和分配制度改革取得进展，激励机制、竞争机制和流动机制不断完善，后勤社会化普遍推行。这一系列的改革极大地增强了高等教育的发展活力，调动了学校自主发展的积极性和责任感，提高了学校进行管理创新、服务社会经济发展的能力。

（三）教育质量稳步提升

四川在规模扩张的同时，始终坚持推进教育教学改革，提高人才培养质量。尤其是近年来，实施普通高校本科教学改革与质量工程和示范性高职院校建设计划，开展本专科教学水平和人才培养工作评估，把高等教育的工作重点和发展重心切实转到提高质量上，加大教学投入，强化内涵建设，提升办学水平，取得了显著成效。经过十年的改革和发展，四川省高校教学基本建设和人才培养体制改革迈上了一个新的台阶，教育教学质量稳步提高。在第六届高等教育国家级教学成果奖评选中，四川省高校获得一等奖4项、二等奖21项，位居西部省份前列；全国高职高专院校共获得国家级教学成果一等奖8项，四川省独获2项，在全国排名第一。2012年，全省6所学校入选国家中西部高校基础能力建设工程，39所高职院校79个专业入选“高等职业院校提升专业服务产业发展能力”项目，3所高校顺利通过教育部本科教学合格评估，新增雅安职业技术学院等5所“省级示范性高等职业院校”，12所独立学院获得学士学位授予权。同时，扎实推进“2011计划”，建设46个协同创新中心，启动建设40个创新基地、重点实验室、哲学社科重点基地。2012年高校科技成果转化实现直接经济效益突破50亿元。

（四）队伍建设成效显著

新世纪以来，四川省高校教师队伍不断充实壮大，整体水平不断提升。截至2012年，全省普通高校专任教师总量达到7.31万人，是1999年的4.14倍。教师学历、职务结构不断优化，有博士、硕士学位的教师占50.85%，副高级职务以上教师占35.9%。同时，加强师资队伍建设，逐步形成了由学术带头人、学科骨干教师、国家和省级教学名师、教学团队组成的高水平教学科研群体。截至2012年，全省高校拥有两院院士18人、19人，省学术技术带头人669人，省学术技术带头人后备人员1 005人，享受国务院政府特殊津贴专家1 604人，“新世纪百千万人才工程”国家级人选127人，获得省科技杰出贡献奖和创新人才奖17人；有国家自然科学基金创新研究群体4个，教育部长江学者与创新团队20个，教育部“新世纪优秀人才支持计划”264个；有50余人获国家杰出青年科技基金资助，40人获四川省青年科技基金资助。至2013年，有国家级教学名师27人、省级教学名师196人，国家级教学团队51个、省级教学团队232个。

（五）就业工作不断推进

十多年来，伴随高等教育大众化进程，高校毕业生人数急剧增多，毕业生就业工作的理念、模式、流程和成效发生了深刻变化。通过积极推进高校毕业生就业市场服务体系建设、就业指导课程建设和就业指导队伍建设，切实加强大学生就业指导和就业服务，推进覆盖面广、功能完善的毕业生就业服务体系和就业服务信息化建设，逐步构建了以市场为导向的“双向选择、自主择业”的毕业生就业制度。12 年间，四川省普通高校累计为社会输送的大学毕业生达到 270 万人，毕业生就业的去向、形式和途径呈现出“多层次、多渠道、多方位”的局面，越来越多的大学毕业生选择到非公有制单位工作或自主创业、灵活就业。仅 2012 年，四川全省实现毕业生就业 26.99 万人，就业率达到 86.23%，高于全国平均水平，继续保持就业人数和就业率双增长的良好态势。

五、民族地区教育振兴

四川省是一个多民族大省，共有 55 个少数民族，其中世居少数民族 14 个，有全国最大的彝族聚居区、第二大藏区和唯一羌族聚居区。民族自治地方有甘孜、阿坝、凉山三个自治州和乐山市马边、峨边两个彝族自治县以及绵阳市北川羌族自治县共 51 个县，幅员面积 30.5 万平方公里，占全省总面积的 62.9%。民族自治地方总人口 707 万人，其中少数民族 421 万人。另有米易、盐边、仁和、金口河、石棉、汉源、宝兴、平武、兴文等 9 个民族待遇县。

由于历史、地理、经济等多方面的原因，四川民族地区教育发展滞后，是四川省实现“两基”的难点。近年来，四川省委、省政府着眼全省及民族地区发展稳定大局，按照“一条主线、三个加强”的民族地区工作总体思路，认真贯彻落实第五次全国民族教育工作会议精神，坚持把“发展民族地区教育、全面提高人口素质”作为维护全省发展稳定大局和民族地区治愚治穷的根本之策，先后启动了《十年行动计划》和藏区“9+3”免费教育计划，以普及促巩固，以发展促提高，坚持不懈推进民族地区教育实现跨越式发展，整体提升少数民族群众文化素质，促进民族地区的全面进步。

20世纪90年代末，在基本实现“两基”的同时，全省仍有13个县未普及小学教育，45个县未普及九年义务教育，20个县未实施基本扫除青壮年文盲，并全部集中在民族地区。四川省委、省政府在深入调查、充分论证的基础上，审时度势，启动实施了第一个民族地区教育发展《十年行动计划》，在全国率先打响了民族地区“两基”攻坚战。2004年国家“两基”攻坚计划实施后，四川省加大攻坚力度，完善支持措施，全力推进民族地区“两基”攻坚。通过10年坚持不懈的努力，到2010年，以石渠县实现“普九”为标志，51个民族县（市）全部通过“两基”验收，四川全面实现了“两基”的历史性目标，并于2011年高标准通过了国家督导评估。

“两基”目标全面实现。32个藏区县2005年全部基本普及初等教育和基本扫除青壮年文盲，2010年全部基本普及九年义务教育，人口覆盖率由2000年11.86%提高到100%，各级各类在校生由23万人增加到34万人，净增11万人，其中义务教育阶段净增7万人。

为巩固民族地区“两基”成果，进一步推进民族地区教育实现跨越式发展，省委、省政府决定，继续实施第二个民族地区教育发展《十年行动计划》。新一轮《十年行动计划》全面贯彻全国、全省教育工作会议精神和国家、省中长期教育改革发展规划纲要，按照全省民族地区工作总体思路，以促进各级各类教育全面协调发展、办人民满意教育为目标，以提高质量为核心，以服务经济社会跨越式发展和长治久安为出发点和落脚点，紧紧围绕“巩固、提高、发展”三大主题，确定了“到2020年整体实现跨越式发展，教育事业主要指标与国民受教育水平力争基本达到同期全省平均水平，建成富有活力、与民族地区经济社会发展水平相协调的现代教育体系”的战略目标；同时，从“组织管理、经费投入、建设工程、监督检查”等方面确定了六项保障措施。为保证对民族地区教育的投入，省委、省政府决定由省里每年安排专项投入7亿元以上，用于“民族团结教育、学校办学条件改善、教师队伍保障体系建设、学生保障体系建设、双语教育”五大工程的实施和民族地区职业教育发展，从而为全省民族地区教育事业持续健康发展打下了坚实的基础。

四川省通过实施《十年行动计划》、“两基”攻坚计划和“9+3”免费教育计划，从三方面入手，着力推进民族地区教育的跨越式发展。

（一）全力推进“9+3”免费教育计划

为进一步深化和巩固藏区“两基”成果，帮助农牧民子女实现就业愿望，加快藏区跨越式发展，实现长治久安。2009 年，四川省在全国率先实施了藏区“9+3”免费教育计划，让藏区完成九年义务教育的学生在内地国家和省级重点中职学校免费接受三年中等职业教育，并帮助指导就业。2010 年中央第五次西藏工作座谈会议召开后，此项工作得到进一步加强。经过五年实践，“9+3”免费教育取得了显著成效，初步探索出一套适应藏区学生特点的教育、管理和培养方法，藏区学生政治思想和专业学习进步明显。这项推动藏区跨越式发展和长治久安的重大民生工程，已成为四川省教育的一张亮丽名片。在藏区先行实施并取得经验后，2010 年又启动实施了彝区免费中职教育计划，2011 年推行到秦巴革命老区等 28 个连片扶贫开发县，2013 年还覆盖到新扶贫标准以下的全省所有农村贫困家庭学生。目前，已有 5 万名藏区“9+3”学生在省内 90 所中职学校就读，近 5 万名彝区学生就地接受“9+3”免费中职教育。其中已毕业的 2009 级、2010 级藏区学生就业率均高达 98% 以上。“9+3”免费职业教育的实施，得到民族地区广大群众的热烈拥护，极大地提高了农牧民送子女接受义务教育的积极性和主动性，有效提高了民族地区初中学生的巩固率。此举得到了中央领导和国家有关部委的充分肯定。

（二）实施重大工程，加快改善办学条件

2001 年以来，四川省实施《十年行动计划》，投入民族地区资金 80 多亿元，为民族地区新建和改扩建学校项目 4 023 个，建筑面积达

498 万平方米，新配置 4.7 亿元实验仪器和远程教育设施，新增图书资料 1 265 万册，有力地改善了民族地区的学校办学条件。同时，通过加快民族寄宿制学校建设，大力发展寄宿制教育，让大量居住边远、家庭贫困儿童按时入学或重新回到学校学习。全省共新建和改扩建民族寄宿制学校 1 849 所，投入 2 955 万元为 605 所寄宿制学校修建了小农牧场和种植养殖基地。目前，全省民族地区义务教育阶段共有寄宿制学生 44.42 万名，占义务教育阶段学生总数的 41.46%，寄宿制教育得到长足发展。

十多年来，通过发展藏区寄宿制教育，大量居住边远、家庭贫困儿童按时入学或重新回到学校学习，新增寄宿制学生 30 万名，44.42 万名学生获得完善的寄宿条件保障，200 多万名寄宿学生得到生活补助。

在实施好《十年行动计划》的同时，四川省还实施了阿坝州扶贫开发和综合防治大骨节病异地育人、甘孜州富民安康工程教育项目、四川藏区牧民定居计划教育项目、校安工程、初中改造工程等一系列重大教育工程项目，有力地提升了民族地区教育的现代化水平。目前，全省民族地区学校办学条件已基本实现了由“一无两有”到规范化、标准化建设的历史性转变。

2001 年以来，通过实施《十年行动计划》，四川省藏区共新建和改扩建学校项目 2 415 个，有力地改善了藏区学校的办学条件。2010 年后，四川省进一步加大藏区学校建设力度，两年共安排 6.5 亿元资金用于藏区教育，其中 4 亿元用于学校基本建设，共新建和改扩建学校项目 250 个，并按国家标准为藏区中小学配置了实验仪器和远程教育设施设备，实现了农村中小学现代远程教育的全覆盖。

（三）深入推进双语教育的改革和发展

四川坚持大力推进双语教学，在民族地区一方面开设汉语课，全面推广国家通用语言文字；同时，积极推进双语教育改革发展，切实尊重和保障少数民族使用本民族语文接受教育的权利。近年来，四川加大了双语学校基础设施建设力度，强化双语师资队伍建设，按专业要求配齐配强教师，提升双语教师业务能力，对双语教师进行全员免费培训；积极探索双语教学改革，建立双语教育质量监测长效机制，不断提高双语教育质量；加大民族文字教材建设和相关教学资源开发的投入，完善以国家教材为主、地方和校本教材为补充、学科教学与专题教育相结合、文本教材与多媒体资源相配套的双语教材体系。“十一五”期间，全省共编译各种民族文字教材200多种、3 000多万字。四川省民族地区双语教学规模稳步发展，质量稳步提高，实现了由初创到与全国全省教育全面接轨的历史性突破。目前，全省民族地区开展双语教育的学校达1 538所，在校生42.55万人。

在藏区，2012年有651所中小学开展藏汉双语教学，在校生13.6万人，专任教师5 159人。在藏区实施“教师继续教育工程”、“教师综合素质培训计划”，十余年完成两轮共5万人次藏区教师和干部培训。

（四）完善资助体系不断改善教育民生

为确保民族地区学生“进得来、留得住、学得好”，切实保障和改善民族地区教育民生，四川省高度重视民族地区学生资助体系的建设。从2001年起，就大幅提高对民族地区贫困家庭子女入学的资助水平，2007年起在义务教育阶段全面落实了“两免一补”政策。“十一五”期间，全省共投入7亿多元资金为200多万名寄宿制学生发放生活补助，共安排4 109万元资金为29万义务教育阶段寄宿制学生免费提供卧具。同时，根据学校运转经费紧张的实际，四川从2010年起进一步提高民族地区中小学校生均预算内公用经费标准。这些政策措施的实施，真正实现了“人民教育国家办”，有效减轻了民族地区农牧民群众负担，保障了农牧民子女受教育的权益，改善了民族地区教育民生。

（五）大力推进教育对口支援

为帮助民族地区教育发展，从2001年起，四川省按照“市对州、县对县、校对校”的方式，以智力支援为重点，完善工作机制，夯实工作基础，广泛开展内地对民族地区教育的对口支援工作。目前，民族地区中心校以上的学校至少有一所内地学校常年对口支援，成都、绵阳、德阳等10个市的教育相对发达的71个县（市、区）、1 568所中小学及33所高校结对帮扶民族地区教育，这些地区已累计为民族地区选派了1万余人次支教教师，送去了总价值达1.6亿多元的资金、物资，并接收了3 050人次民族地区学校校长和教师到对口学校锻炼和学习。教育对口支援工作的有效开展，促进了民族地区学校转变教育理念，更新教学手段，提升教育质量。在藏区实施对口支援，从成都、德阳等地选派6 000余名教师赴藏区支教，有力地促进了教育教学质量的提升。

“十二五”时期，是四川省民族地区实现由“有学上”到“上好学”战略转变的关键时期。四川将按照国家和省的教育规划纲要及第二个民族地区教育发展《十年行动计划》的要求，紧紧围绕巩固、提高、发展三大主题，以促进各级各类教育全面协调发展、办人民满意教育为目标，以提高质量为核心，以服务经济社会跨越式发展和长治久安为出发点和落脚点，大力推进民族地区教育改革和发展，到2015年使民族地区适龄儿童少年全部接受良好义务教育，学前两年毛入园率达到65%以上，高中阶段毛入学率达到70%以上，构建起与民族地区经济社会发展水平相协调的现代教育体系。

六、汶川地震灾区教育重建

（一）学校重建

2008年5月12日，四川汶川发生了特大地震，给灾区教育造成了毁灭性的重创。当年6月起，教育部组织的灾区教育重建规划方案编写组帮助四川编制灾后恢复重建规划，设计了130多项校核指标，建立了受灾县所有学校恢复重建的数据库。教育部、住房和城乡建设部联合对《建筑工程抗震设防分类标准》进行了修订，另外修订了《农村普通中小学校建设标准》、《教育系统突发公共事件应急预案》等有关标准，为灾后重建提供了可靠依据。

灾后三年重建，坚持以人为本，坚持教育优先，使灾区学校硬件建设达到历史最高水平。在重建过程中，广泛利用了新技术、新工艺、新材料，教室、宿舍8级抗震、9度设防，体育场、球场成为安全的避灾场所，音美教室、游泳池、塑胶跑道等教学设施设备达到全国一流水平。2010年8月竣工投入使用的新北川中学，占地15万平方米，总投资2亿元。灾区重建学校主体建筑均按8度抗震设防设计，按9度抗震设防烈度进行构造处理，教学硬件、软件均大大超过震前水平。三年后，汶川县灾后教育重建规划项目29个，其中中小学23所，总投资21.63亿元，校舍建设面积41万多平方米。全县中小学和大中专院校可容纳学位数2.9万个，占总人口的1/3。震后三年间，什邡市根据学龄人口发展趋势以及全市灾后重建总体规划，将全市学校由震前的126所调整为目前的66所。什邡市教育重建项目规划总投资16.02亿元，其中基建投资14.81亿元，购置教学设备1.21亿元。在北京市和社会各界的援建下，什邡市红白小学、蓥华八一学校、洛水慈济中学、七一中学等学校，从建筑风格到校园文化设计，都呈现出了鲜明特色。

截至2011年12月底，四川省纳入国家灾后恢复重建总体规划的29 692个项目，已完工99%，完成投资8 658亿元；142个汶川地震受灾县需恢复重建的8 323所学校，已累计开工8 322所，竣工8 298所。过去三年，震中映秀七一中学这所投资4 600多万元的新校园，占地4.2万平方米，建筑物符合8级抗震、9度设防标准，配备了太阳能热水器，还有足球场、篮球场、排球场、羽毛球场等体育设施。

（二）师资培训

灾后教育教学的恢复，头绪多、任务重。2008年暑期，教育部组织实施了“援助地震灾区中小学教师培训计划”，为灾区组织灾后中小学教师心理康复及素质提高培训提供了示范。

2009 年 11 月，由北京市教委捐资 1 200 余万元打造的京什教育远程教育培训资源网正式开通。该网络整合了首都优质网络教育资源，根据什邡教育的实际需求开设了“精品课程”、“教学设计”、“特色资源”等栏目。什邡 3 000 余名在职在岗教师可凭借学习卡，不受空间、时间限制，随时登录网络参加学习、提交作业、发帖讨论教育教学热点问题等。什邡市 35 所有建制的学校与北京一些学校实行“北京—什邡中小学校手拉手结对共建”，结对双方在创新办学理念、校园文化建设、打造特色学校、互派干部教师顶岗实践、教师进京培训等方面，展开深入交流与合作。在此基础上，北京分 4 批派出教育专家 47 名远赴什邡，开展包括听课视导研讨、巡回报告等内容的支教活动。

2010 年以来，四川省教育厅及各地市教育局陆续启动了相关培训。茂县完成了平均时长为半年 200 名教师培训。绵竹市抓住江苏对口支援、社会援助的有利时机，与江苏省教育厅以及香港嘉里集团郭氏基金会、中国红十字会、中国慈善总会等单位合作，开展校长和干部培训。震后三年，全市 1 500 余人次参培，平均参培超过 60 学时。校长和幼儿园园长的参培率达到 100%。绵竹市还结合灾后学校布局调整，通过“城乡互动、优势辐射、轮岗挂职、岗位竞聘和择优选调”等措施，启动了城乡学校干部、教师交流。绵竹市 70 余名教育干部在城乡学校之间双向流动，12 所整合学校的 586 名教师实现了流动，向农村学校补充特岗教师 92 名。这些措施的推行，为农村薄弱学校的发展奠定了基础。

七、学习型社会建设

党的十六大把“形成全民学习、终身学习的学习型社会”纳入全面建设小康社会的总体目标之中。十六届四中全会把“营造全民学习、终身学习的浓厚氛围，推动建立学习型社会”作为加强党的执政能力建设的重要举措。这是我们党面对经济全球化、世界多极化的挑战，在改革开放和发展社会主义市场经济条件下的战略举措。

四川省委、省政府高度重视创建学习型社会活动，在省委宣传部的大力倡导下，各地各部门结合实际，认真规划，构建机制，整合资源，创新载体，营造氛围，推动了这项活动的广泛开展。

继续教育作为面向学校教育之后所有社会成员的教育活动，是教育事业的重要组成部分，是建设学习型社会的重要支柱，是实现人的全面发展的重要途径。党和政府高度重视继续教育和学习型社会建设。教育规划纲要明确提出，要加快发展继续教育、建立健全继续教育体制机制、构建灵活开放的终身教育体系。

第三节　教育现代化的差距：四川教育发展比较研究

我国教育自新中国成立以来特别是改革开放以来有了巨大发展，义务教育已经基本普及，2011 年高中阶段毛入学率达到 84.0%，高等教育毛入学率达到 26.9%。从入学率指标看，我国教育已经达到世界中等水平。但是，我国是一个经济社会发展极不平衡的国家，地区之间教育公平水平差异很大。

一、国内教育发展比较

（一）各省份教育发展指数

著名教育经济学者王善迈[1]使用截止到 2013 年 5 月政府已公布的统计数据，计算了 2009 年内地 31 个省份的教育发展指数（见表 3-4），

[1] 参见王善迈等．我国各省份教育发展水平比较研究 [J]．教育研究，2013 (6)．

用于反映各个省份教育发展的总体水平。结果显示，2009 年教育发展水平较高的是上海、北京、浙江等经济发达省份，较低的是贵州、云南、西藏等经济欠发达省份，可见，总体上教育发展水平与经济发展水平有着密切的关系。但是，经济发达的广东，由于教育公平水平在全国倒数第一，教育投入水平也比较低，教育发展水平排在倒数第 6 名，远远低于其经济发展水平，说明经济发展并不必然带来教育的相应发展。教育发展指数由教育机会指数、教育投入指数和教育公平指数构成。根据教育发展指数排名与教育机会指数排名、教育投入指数排名及教育公平指数排名的关系，31 个省份大致可以分为以下两大类。

第一类为均衡发展型。这一类型的特点是教育发展指数各方面没有明显的“短板”。属于这一类型的省（市、区）共 12 个：上海、北京、浙江、黑龙江、陕西、四川、海南、广西、新疆、安徽、甘肃、贵州。均衡发展型又可以进一步分为三类：高水平均衡、中等水平均衡和低水平均衡。其中，上海、北京、浙江属于高水平均衡，黑龙江、陕西、四川、海南、广西属于中等水平均衡，新疆、安徽、甘肃、贵州则属于低水平均衡。

第二类为非均衡发展型。这一类型的特点是教育发展指数与其二级指标的排名有较大差异，教育机会、教育投入、教育公平三个方面非均衡发展。属于这一类型的省（市、区）共有 19 个：天津、江苏、福建、辽宁、吉林、内蒙古、宁夏、重庆、河北、青海、山西、江西、山东、湖南、河南、湖北、广东、西藏、云南。这一类型又可细分为三类：教育机会相对薄弱型、教育投入相对薄弱型及教育公平相对薄弱型。属于教育机会相对薄弱型的省（市、区）有吉林、内蒙古、宁夏、青海、西藏、云南，属于教育投入相对薄弱型的省（市、区）有河北、山西、江西、湖南、河南，属于教育公平相对薄弱型的省（市、区）有广东、天津、江苏、福建、辽宁、重庆、山东、湖北。

表 3-4　2009 年各省份教育发展指数

省份	教育发展指数	省份	教育发展指数
上海	0.917	江西	0.649
北京	0.881	山东	0.646
浙江	0.824	四川	0.633
天津	0.784	海南	0.628
江苏	0.707	湖南	0.624
福建	0.700	河南	0.622
辽宁	0.698	湖北	0.615
吉林	0.679	广西	0.611
内蒙古	0.674	新疆	0.599
宁夏	0.670	广东	0.598
黑龙江	0.662	安徽	0.597
重庆	0.660	甘肃	0.593
河北	0.658	西藏	0.590
青海	0.655	云南	0.573
山西	0.654	贵州	0.562
陕西	0.653		

（二）四川与全国教育发展比较

根据四川教育厅 2012 年数据，把四川教育水平分为高等教育水平、中等职业教育水平和基础教育水平三个方面，与全国的平均水平进行比较（见表 3-5）。

第一，高等教育发展水平。四川普通高校数量占全国比重为 4.15%，位居第 10 位；成人高校数量占全国比重为 4.82%，居第 3 位。普通高校招收研究生占全国比重为 4.67%，位居第 8 位；普通本专科生招生数量占全国 5.29%，位居第 6 位；成人本专科生招生数量占全国 6.08%，位居第 5 位。在校研究生数量占全国 4.98%，排名第 7 位；普通本专科在校学生占全国 5.12%，排名第 6 位；成人本专科在校学生占全国 5.67%，排名第 4 位。普通高校专任教师数量占全国 5.08%，排名第 6 位。

第二，中等职业教育发展水平。中等职业学校数量占全国4.79%，排第6位。中等职业学校招生人数占全国7.19%，位居第4位。中等职业学校在校生人数占全国6.48%，位居第4位。中等职业学校专任教师人数占全国5.19%，位居第6位。

第三，基础教育发展水平。中学数量占全国6.95%，位列第2位；其中高中学校数量占全国5.41%，排名第3位；初中学校数量占全国7.34%，排名第2位。中学招生人数占全国6.25%，排名第4位。其中，高中招生人数占全国6.18%，排名第4位；初中招生人数占全国6.29%，排名第4位。中学在校学生人数6.30%，排名第4位。其中，高中在校生人数占全国6.15%，排名第4位；初中在校生人数占全国6.39%，排名第4位。中学专任教师占全国5.69%，排名第4位。其中，高中专任教师占全国5.42%，排名第5位；初中专任教师占全国5.82%，排名第4位。

小学学校数量占全国3.76%，排全国第13位。小学招生人数占全国5.89%，排名第5位。小学在校学生人数占全国5.78%，排名第5位。小学专任教师占全国5.46%，排名第5位。

幼儿园数量占全国5.96%，排名第5位。在园幼儿数量占全国5.95%，位列第5位。专任教师占全国4.42%，排名第8位。

特殊教育学校数量占全国6.10%，排名第4位。招生数量占全国12.78%，排名第1位。在校学生数量占全国11.69%，排名第1位。专任教师数量占全国4.44%，排名第7位。

图3-5　2012年四川教育与全国平均水平比较及位次

常住人口数（万人）	四川	全国	占全国比重（%）	位次
	8 050	134 735	5.97	4
一、高等教育基本情况（不含网络本专科）				
指标	四川	全国	占全国比重（%）	位次
一、学校数（所）	116	2 795	4.15	10
普通高校	99	2 442	4.05	10

续表

指标	四川	全国	占全国比重(%)	位次
成人高校	17	353	4.82	3
二、招生人数（人）	540 352	9 917 560	5.45	6
研究生	27 553	589 673	4.67	8
普通本专科	364 488	6 888 336	5.29	6
成人本专科	148 311	2 439 551	6.08	5
三、在校学生数（人）	1 639 644	31 464 096	5.21	6
研究生	85 626	1 719 818	4.98	7
普通本专科	1 223 680	23 913 155	5.12	6
成人本专科	330 338	5 831 123	5.67	4
四、普通高校专任教师（人）	73 137	1 440 292	5.08	6
二、中等职业学校（不含技工学校）				
指标	四川	全国	占全国比重(%)	位次
一、学校数（所）	607	12 663	4.79	6
二、招生人数（人）	542 353	7 541 349	7.19	4
三、在校生人数（人）	1 369 775	21 136 871	6.48	4
四、专任教师（人）	45 736	880 962	5.19	6
三、基础教育				
（一）中学				
指标	四川	全国	占全国比重(%)	位次
一、学校数（所）	4 648	66 904	6.95	2
其中：高中	740	13 688	5.41	3
初中	3 908	53 216	7.34	2
二、招生数（人）	1 510 249	24 153 771	6.25	4
其中：高中	521 938	8 446 071	6.18	4
初中	988 311	15 707 700	6.29	4
三、在校学生数（人）	4 558 398	72 302 319	6.30	4
其中：高中	1 516 531	24 671 712	6.15	4
初中	3 041 867	47 630 607	6.39	4
四、专任教师数（人）	290 366	5 099 398	5.69	4
其中：高中	86 461	1 595 035	5.42	5

续表

指标	四川	全国	占全国比重（%）	位次
初中	203 905	3 504 363	5.82	4
（二）小学				
指标	四川	全国	占全国比重（%）	位次
一、学校数（所）	8 586	228 585	3.76	13
二、招生数（人）	1 009 618	17 146 640	5.89	5
三、在校学生数（人）	5 607 407	96 958 985	5.78	5
四、专任教师数（人）	304 899	5 585 476	5.46	5
（三）幼儿园				
指标	四川	全国	占全国比重（%）	位次
一、园数（所）	10 794	181 251	5.96	5
二、在园幼儿数（人）	2 192 890	36 857 624	5.95	5
三、专任教师数	65 403	1 479 237	4.42	8
（四）特殊教育				
指标	四川	全国	占全国比重（%）	位次
一、学校数（所）	113	1 853	6.10	4
二、招生数（人）	8 398	65 699	12.78	1
三、在校学生数（人）	44 287	378 751	11.69	1
四、专任教师数（人）	1 941	43 697	4.44	7

二、国际教育发展比较

（一）我国教育规模及普及情况比较

1. 总体规模

截至2012年，全国各级教育共有在校生2.61亿人，其中幼儿园3 686万人，特殊教育39万人，义务教育14 459万人（小学9 696万人，初中4 763万人），高中阶段4 595万人（普通高中2 467万人，中等职业学校2 114万人，成人高中14万人），高等教育3 765万人

（普通本专科 2 391 万人，成人本专科 583 万人，研究生 172 万人，其他高等教育 619 万人）。从教育规模看，我国已居世界第一。

2．普及程度

根据世界银行分类标准，我国在 2010 年进入了中等偏上收入国家行列。我国小学、初中、高中普及率均远超中等偏上收入国家平均水平（小学普及率超过高收入国家水平，初中普及率接近高收入国家水平），学前教育、高等教育普及率未达到中等偏上收入国家平均水平。

（1）学前教育。2010 年，世界学前教育毛入园率平均为 48%，低收入国家为 15%，中等偏下收入国家为 45%，中等偏上收入国家为 62%，高收入国家为 82%。同年，我国学前教育毛入学率为 56.6%，高于世界平均水平和中等偏下收入国家水平，低于中等偏上国家平均水平。近年来，我国学前教育规模与普及水平大幅度提高，2012 年学前教育入学率达到 64.5%，比 2010 年提高 7.9 个百分点。

（2）小学教育。2010 年，小学净入学率世界平均水平为 89%，低收入国家为 80%，中等偏下收入国家为 87%，中等偏上收入国家为 95%，高收入国家为 97%。同年，我国小学净入学率为 99.7%，比世界平均水平高约 11 个百分点，不仅超过中等偏上收入国家的平均水平，也超过了高收入国家的平均水平，略低于部分发达国家水平（如日本、英国均为 100%）。

（3）初中教育。2010 年，初中阶段毛入学率世界平均水平为 82%，低收入国家为 52%，中等偏下收入国家为 76%，中等偏上收入国家为 97%，高收入国家为 104%。同年，我国初中阶段毛入学率为 100.1%，2012 年达到 102.1%，接近高收入国家水平。

（4）高中阶段教育。2010 年，高中阶段教育毛入学率世界平均水平为 59%，低收入国家为 29%，中等偏下收入国家为 48%，中等偏上收入国家为 74%，高收入国家为 89%。同年，我国高中阶段教育毛入学率为 82.5%，2012 年达到 85%，超过中等偏上收入国家水平，但与高收入国家比存在较大差距。

(5) 高等教育。2010年，世界高等教育毛入学率均为29%，低收入国家为8%，中等偏下收入国家为18%，中等偏上收入国家为35%，高收入国家为72%。同年，我国高等教育毛入学率为26.5%，2012年达到30%，与中等偏上收入国家水平相比还有不小差距，远低于高收入国家水平。

(二) 我国教育发展面临的挑战

1. 人力资源总量大，但素质总体偏低

文盲人口数量仍较大。根据第六次人口普查数据测算，2010年我国人口文盲率仍然近4.9%，远高于欧美发达国家（成人文盲率均小于1%）。我国15岁及以上文盲人口仍有5 400多万人，约相当于加拿大和澳大利亚两国人口的总和，是世界文盲人口第二大国。

劳动者人均受教育年限与发到国家相比差距仍较明显。2010年，我国25—64岁人口平均受教育年限为9.04年，相当于美国60年前水平；与美国2009年的这一指标相比，低4.03年；与后发型国家韩国相比，低3.65年。

具有高中及以上学历人口比例低。2010年，我国25—64岁人口中具有高中及以上学历人口比例为24%，其中具有高中和中专学历的人口比例为13.5%。同年，美国、韩国24—64岁人口中具有高中及以上学历人口比例分别为88%、80%。2009年，经合组织国家25—64岁人口中具有高中及以上学历人口比例平均达74%，其中具有高中教育水平的比例达到44%。高中教育水平人口比例偏低，已成为我国人力资源开发的一个“瓶颈”。

公众科学素养水平明显低于发达国家。中国科学技术协会第八次中国公民科学素养调查结果显示，2010年我国具备基本科学素养的公民比例为3.3%，仅相当于日本（1991年为3%）、加拿大（1989年为4%）和欧盟（1992年为5%）等主要发达国家和地区在20世纪80年代末90

年代初的水平，至少落后20年。

高素质高层次人才严重不足。第六次人口普查数据显示，2010年我国从业人员仍以具有初中及以下文化程度的人员为主体，占76%左右，其中23.9%仅接受过小学教育，文盲占3.41%，接受过高中和中等专业技术教育的占13.9%，接受过高等教育的占10.1%。从业人员中具有本科和研究生学历的高层次人才仅占4.2%，创新型人才严重缺乏，远不适应经济转型和结构升级需要。另据世界银行的世界发展指标数据库，2007年我国每百万人口中研究人员数为1 071人，而日本为5 573人，美国为4 663人，俄罗斯为3 191人，韩国为4 627人，我国与这些国家相差3—5倍。

2．从业人员受教育程度总体偏低，技术技能型人才紧缺

第一产业从业人员以小学和初中文化程度为主，农、林、牧、渔业从业人员中具有大专及以上受教育水平的比重仅0.6%，每千名农、林、牧、渔业劳动者中专业技术人员仅6人，难以适应农业现代化和产业化发展的需要。

第二产业从业人员以初中文化程度为主，与发达国家差距很大。比如，制造业从业人员平均受教育年限与美国相差近4年，建筑也与美国相差约3.5年。劳动力整体文化素质不高，严重制约了我国制造业技术进步和劳动力生产率的持续提高。

第三产业从业人员整体文化程度明显偏低。我国金融保险从业人员平均受教育年限，与美国相差2年多；该行业具有本科及以上受教育水平的人员比例中国为21.6%，而美国为47.2%，相差25个百分点。交通运输、仓储、邮电业从业人员平均受教育年限，我国为10.06年，美国为13.46年，相差3.5年。批发零售业从业人员平均受教育年限，我国为10.15年，美国为13.53年，相差3.5年。住宿和餐饮业从业人员平均受教育年限，我国为9.56年，美国12.99年，相差3.5年左右。该行业中具有大专及以上受教育水平的人员比例，我国为6.3%，

约为美国的1/8；具有本科及以上受教育水平的人员比例，我国仅为1.5%，约为美国的1/15。另外，新增劳动力中，拥有一技之长的实用型人才供给不足，难以满足经济结构调整和转型升级需求，人才结构性矛盾突出。

三、四川教育发展出路

党的十八大立足我国经济社会发展实际，提出了全面建成小康社会的宏伟目标，特别强调要进一步提高全民受教育程度，提高创新人才培养水平，进入人才强国和人力资源强国行列，基本实现教育现代化，对教育和人力资源开发提出了新的更高的要求。

一是要强化教育的战略地位，始终坚持优先发展不动摇。教育关乎人的全面发展和社会全面进步。在全面建成小康社会、实现中华民族伟大复兴“中国梦”的新征程中，教育的地位和作用至关重要、不可替代。我国未来发展、中华民族伟大复兴，关键靠人才，基础在教育。特别是在环境资源越发趋紧、人口红利逐步减少的情况下，经济增长的动力只能来自劳动力素质的提升和创新能力的增加，根本只能靠教育。在党和国家工作全局中，必须坚定不移地实施科教兴国和人才强国战略，始终把教育摆在优先发展的战略地位。要切实保证经济社会发展规划优先安排教育发展、财政资金优先保障教育投入、公共资源优先满足教育和人力资源开发需要，并形成科学规范的制度。

二是要全面提高教育质量，提升人才培养水平。人力资源竞争的核心在质量。要把提高质量作为教育改革和发展的核心任务，摆在各级各类教育更加突出的位置，树立以质量为核心的教育发展观，坚持规模和质量的统一，注重教育内涵发展。当前，经济社会发展对劳动力素质、能力、职业技能等提出了更高要求。要全面实施素质教育，更加注重培养学生的创新精神、实践动手能力和社会责任感。教育不仅要使学生掌握知识与技能，还要学会生存，学会学习。

三是要优化教育资源配置，大力促进教育公平。扩大优质教育资源覆盖面，缩小区域发展差距和统筹城乡发展，促进社会公平，让全体国民接受有质量的教育，是我国面临的一项长期艰巨的任务，是我国成功跨越“中等收入陷阱”的必然选择。教育公平具有起点公平的意义，是社会公平的重要基础，通过接受教育，可以掌握知识技能，让人力逐步增值；可以促进就业，改变个人和家庭的命运，促进社会纵向流动。为此需要扩大教育公共服务供给，公平配置教育资源，逐步实现教育基本公共服务均等化。尤其需要特别关注的是，近年来，随着城镇化和学龄人口流动，学生的区域、城乡分布结构发生了重大变化（2012 年全国义务教育阶段进城务工人员随迁子女规模增加到 1 394 万人，比 2009 年的 997 万人增加了近 400 万人），需要进一步优化教育资源在区域、城乡之间的合理配置，科学规划学校布局。在解决人民群众“有学上”问题基础上，重点解决好“上好学”这一重大现实问题。

四是要深入推进教育改革，激发教育活力。改革是推进教育发展的根本动力，是破除教育体制障碍、解决教育突出问题的关键举措。习近平总书记 2012 年在广东考察时指出，改革是推动事业发展的关键一招，要敢于啃硬骨头，敢于涉险滩，既勇于冲破思想观念的障碍，又勇于冲破利益固化的藩篱。2013 年 7 月，习近平总书记在武汉召开部分省市负责人座谈会时强调，应对当前我国发展面临的一系列矛盾和挑战，关键在于全面深化改革。李克强总理多次强调，改革开放是中国的最大红利，只有推进改革才能释放和创造增长的活力动力。对于教育改革，党中央、国务院寄予厚望，社会各界充满期待。下一步，必须进一步解放思想，大胆探索，坚决破除制约教育科学发展的体制机制障碍，为提高教育质量和各类人力资本素质提供强大动力。

第四章　四川教育现代化的战略目标

第一节　四川教育现代化战略目标的确立

一、国家教育规划纲要战略目标要求

《国家中长期教育改革和发展规划纲要（2010—2020年）》明确提出我国教育事业改革与发展的战略目标是，“到2020年，基本实现教育现代化，基本形成学习型社会，进入人力资源强国行列”。“基本实现教育现代化，基本形成学习型社会”既反映了中国特色社会主义现代化建设的总体要求和阶段性任务，也勾画了中国特色社会主义现代化教育体系的基本特征——惠及全民的公平教育、更加丰富的优质教育、体系完备的终身学习体系、健全而充满活力的教育体制等；“进入人力资源强国行列”表达了通过教育事业的改革与发展把我国从一个人力资源大国提升为人力资源强国的价值愿景。基于这样的战略目标，国家规划纲要提出了今后十年我国教育事业改革与发展的战略主题——坚持以人为本、推进素质教育，这从根本上回答了办什么样的教育、培养什么样的人以及如何办教育、如何培养人的重大教育问题。

二、四川教育规划纲要战略目标解读

党的十八大确定了在新的历史条件下全面建成小康社会、全面深化改革开放的宏伟目标，习近平总书记发出了实现中华民族伟大复兴中国梦的时代号召。全面建成小康社会，是我们党确立的“两个一百年”目标之一，是实现中国梦的重要基础。四川近年来夺取了汶川特大地震抗

震救灾和灾后恢复重建的巨大胜利，经济社会发展取得显著成就，但“人口多、底子薄、不平衡、欠发达”的基本省情没有根本改变。四川全面建成小康社会面临艰巨繁重的任务。

四川省委十届三次全体会议指出，四川作为全国的经济大省、人口大省，要坚定地确立与全国同步全面建成小康社会的目标，以等不得的使命感、拖不得的责任感、慢不得的紧迫感，集中力量打一场全面小康决战决胜的总体战役。要保持快于全国的发展态势，到2017年实现省第十次党代会确立的“三个翻番”、“五个提升”的目标。到2020年如期全面建成小康社会，人均国民生产总值和城乡居民收入赶上全国当年平均水平。全面建成小康社会，根本要靠发展。必须牢固确立科学发展、加快发展的工作指导思想。这是在科学发展观指导下更高起点谋划发展的鲜明取向，是更大力度推进发展的根本要求。当前和今后一个时期，要把经济建设作为兴省之要，坚持和深化历届省委治蜀兴川思路，紧扣四川发展主要矛盾，全面实施事关全局和长远的“三大发展战略”(多点多极支撑发展战略，“两化”互动、城乡统筹发展战略，创新驱动发展战略)，进一步优化发展格局、培育竞争优势、增强发展动力，走具有四川特点的科学发展、加快发展之路，奋力推进四川“两个跨越”。

教育要更好地适应建设西部经济发展高地和加快转变经济发展方式的需要，更好地满足人民群众对美好生活的期盼，必须积极面对新形势、新任务、新要求。要对今后一个时期四川教育改革发展作出科学安排、全面部署，进一步明确指导方针、基本思路、战略目标、政策措施和工作要求，推进教育大省向教育强省、人力资源大省向人力资源强省的转变，为全省经济社会发展做出更大贡献。遵循与国家同步的战略，四川结合实际制定的《规划纲要》对应国家“两基本，一进入”（基本实现教育现代化，基本形成学习型社会，进入人力资源强国行列）的战略目标，提出了“两基本，两建成”(基本实现教育现代化，基本形成学习型社会，建成教育强省和西部人才高地）的四川省战略目标。其中，“建成教育强省和西部人才高地”相辅相成，是四川建设西部经济发展高地、实现由经济大省向经济强省跨越的必然选择；“基本形成学习型社会”是构建完善的现代教育体系的必然要求；“基本实现教育现代化”是四川现代化进程加快和教育适度超前发展，以及四川教育与全国同步实现现代化的重要取向。在此基础上，《规划纲要》分2015年和2020年两个时段提出了包含规模目标、质量目标、贡献目标、保障目标、分区目标在内的关键目标。四川经济总体发展水平“到2020年接近或达到当年全国水平”，教育要为经济社会发展提供智力和人才支撑，其教育发展主要指标也均按照“到2020年接近或达到当年全国水平”来设定。战略目标的设置主要有两方面考虑。一是省委、省政府明确提出，四川要加快建设西部经济发展高地，实现由经济大省向经济强省的跨越，经济总体发展水平“到2020年接近或达到当年全国水平”。确定“两基本，两建成”的目标，就是考虑教育战略目标需要与经济发展水平同步，为经济社会发展提供强大的智力和人才支撑。二是战略目标要与四川教育发展规律和趋势相适应。十年前，四川教育发展不仅与东部发达地区存在很大差距，也远低于全国平均水平。但经过追赶发展，各级教育入学率和人力资源开发指标与全国平均水平的差距已明显缩小。按此趋势，再经过十年的努力，四川到2020年完全可能达到届时全国的平均水平，与全国同步实现“两基本”的战略目标。

长达十年跨度的教育规划，既要立足长远、适度超前，又要从当前实际出发，在实现路径上，四川结合区域发展不平衡的现实，按照分类推进的工作思路，制定出分区目标和阶段目标，不搞一刀切：经济社会发达地区在2015年率先基本实现国家教育现代化目标，2020年教育现代化水平进一步提高；中等发达地区在2020年基本实现国家教育现代化目标；欠发达地区到2020年初步实现国家教育现代化目标。

在具体目标上，《规划纲要》力求使人民群众受教育程度不断提高，力求使四川人力资源开发规模、程度、质量和水平达到全国平均水平，形成宏大的高素质人才队伍。一是学前教育，提出的是普及目标，要求完善学前教育体制，多形式多途径加快发展学前教育特别是农村学前教育，不断提高全省学前教育普及水平。二是义务教育，提出的是高质量普及和均衡发展目标，确保所有适龄儿童少年不因家庭经济困难、学习困难或就学困难等原因而失学，推进城乡区域义务教育均衡发展。三是高中阶段教育，提出的是规模普及和质量提高目标。目前，成都等经济发达地区已普及高中阶段教育，全省 2009 年高中阶段教育毛入学率达到 75.9%。根据 2000 年人口普查和 2005 年 1% 人口抽查的结果推算，2013 年起全省高中阶段教育学龄人口将明显下降，把 2020 年在校生规模定为 220 万人左右（其中中等职业教育在校生 110 万人左右）、毛入学率达到 90% 及以上是合适的。与此同时，《规划纲要》要求不断推进高中阶段教育优质化、多样化、特色化发展。四是高等教育，提出的是普及和内涵提升目标。2009 年四川高等教育毛入学率为 24%，比全国平均水平低 0.2 个百分点，也远低于北京、上海、江苏、浙江、吉林、湖北、陕西、重庆等先进省（直辖市），与四川经济社会发展战略需求极不相符，需进一步促进规模与结构、质量、效益、特色协调发展。根据人口预测，2015 年四川高等教育学龄人口仍处于高峰期。因此，2015 年前要大幅度提高高等教育毛入学率，达到 36% 的全国水平有很大困难。但从 2016 年起，学龄人口将持续大幅下降，并充分考虑到时高等教育发展有充足的办学空间和足够的资源条件，把 2020 年的毛入学率定为 40%（与全国平均水平持平），经过努力，还是有希望实现的。还需要说明的是，根据推算，四川高等教育学龄人口将从 2010 年开始递减，2016 年起将加速递减，到 2020 年将减少到 510 万人左右（比 2009 年减少 210 多万人）。按 2015 年在学总规模 196 万人来计，即使规模在 2016 年后不再扩大，到 2020 年高等教育毛入学率仍可接近 40%。与此同时，《规划纲要》强调全面提高本专科教育质量和水平，建立完善的研究生教育创新体系。五是人力资源开发目标。随着高质量普及九年义务教育，高中阶段教育和高等教育规模不断扩大，普及程度不断提高，设定四川主要劳动年龄（20～59岁）人口平均受教育年限在2015年和2020年将分别达到10.0年和11.2年（2009年为8.9年）；新增劳动力平均受教育年限在2015年和2020年将分别达到12.5年和13.5年（2009年为11.0年）。同时，人力资源开发目标的设定还考虑到了随着产业结构调整和优化升级，人口接受更高一级教育的愿望不断增强和受教育愿望满足程度不断提高这个因素。需要指出的是，实现人力资源开发目标，成为西部人才高地，必须以坚持不懈地大力提升高中阶段教育普及水平和大力发展各类高等教育为重要前提。

第二节　四川教育现代化战略目标的比较

本节主要比较四川的教育现代化与东西部省（直辖市）以及全国的教育现代化在毛入学率、巩固率和人力资源开发等指标上的异同[1]，分析四川教育现代化指标的适宜性、目标的特色性以及目标分类要求的科学性。

一、学前教育

表4-1　学前三年毛入园率对比　　单位：%

	2015年	2020年
全国	60.0	70.0
四川	70.0	75.0
北京	95	99
上海	98.0	99.0
江苏	—	98以上

[1] 本节目标数据均来自国家和各省市中长期教育规划纲要。

续表

	2015 年	2020 年
广东	90	90 以上
云南	60.0	70.0
陕西	73.30	95.20

由表 4-1 可见，到 2020 年，全国的学前三年毛入园率将达到 70.0%，基本普及学前教育。到 2020 年，北京和上海的 3—6 岁儿童入园率将达到 95% 以上，广东的学前幼儿受教育率将达到 90%，四川的学前三年毛入园率为 75.0%。从整体来看，四川的毛入园率目标高于全国，但与发达地区相比偏低。但在分区域目标中，四川经济社会发达地区的目标确定为在 2015 年达到 92%，2020 年达到 95%；经济社会中等发达地区 2015 年达到 70%，2020 年达到 75%；经济社会欠发达地区 2015 年达到 50%，2020 年达到 70%。

二、九年义务教育

表 4-2　九年义务教育巩固率目标对比　单位：%

	2015 年	2020 年
全国	93.0	95.0
四川	93.7	95.0
北京[1]	100 以上	100 以上
上海[2]	99.9	99.9
江苏	—	99 以上
广东[3]	100	100
云南	93.0	95.0
陕西	96.09	99.91

[1] 北京采用的义务教育阶段毛入学率。

[2] 上海采用的义务教育阶段毛入学率。

[3] 广东采用的小学适龄儿童入学率。

到2020年，全国九年义务教育在校生达1.65亿人，九年义务教育巩固率达95.0%，义务教育普及水平得到巩固和提高。上海的适龄少年儿童都能接受公平而高质量的义务教育，义务教育阶段毛入学率达到99.9%，残疾儿童义务教育入学率达到99.0%，实现义务教育标准化和均等化。江苏的巩固率将在99%以上。广东的小学适龄儿童入学率达100%，初中三年保留率达98%左右，高质量高水平普及九年义务教育。大连的义务教育完成率达99%，高标准普及九年义务教育。四川的九年义务教育巩固率达95.0%，赶上全国平均水平。

三、高中阶段教育

表4-3　高中阶段教育毛入学率目标对比　单位：%

	2015年	2020年
全国	87.0	90.0
四川	85.0	90.0
北京	99	99
上海	97.0	99.0
江苏	—	95以上
广东	90	90以上
云南	85.0	90.0
陕西	96.37	99.84

到2020年，国家将普及高中阶段教育，高中阶段教育在校生达4700万，毛入学率达90.0%。北京、上海将全面普及高中阶段教育，毛入学率达99%。广东将赶超全国平均水平，高中阶段教育毛入学率达90%以上。四川将赶上全国平均水平，高中阶段教育毛入学率达90.0%。

四、高等教育

高等教育毛入学率反映了一个国家提供高等教育机会的整体规模，各省（自治区）使用这一指标评价该地区高等教育的发展状况。

表 4-4　高等教育毛入学率目标对比　　单位：%

	2015 年	2020 年
全国	36.0	40.0
四川	32.7	40.0
江苏	—	60 以上
广东	36	50
云南	30.0	40.0
陕西	35.46	60.10

到 2020 年，国家高等教育大众化水平进一步提高，在校生达到 3 300 万，毛入学率达到 40.0%。北京的高等教育普及水平稳步提高，毛入学率继续保持全国领先水平。广东基本普及高等教育，毛入学率达到 50%。四川高等教育大众化水平进一步提高，毛入学率达 40.0%，赶上全国平均水平。

五、人力资源开发

主要劳动年龄人口平均受教育年限和新增劳动力平均受教育年限这两项指标是人力资源开发目标，反映了终身教育发展的成果及国民的整体素质。

表 4-5　人力资源开发目标对比　　单位：年

	新增劳动力平均受教育年限		主要劳动年龄人口平均受教育年限	
	2015 年	2020 年	2015 年	2020 年
全国	13.3	13.5	10.5	11.2
四川	12.5	13.5	10.0	11.2
北京	15.0	15.5	—	—

续表

	新增劳动力平均受教育年限		主要劳动年龄人口平均受教育年限	
	2015 年	2020 年	2015 年	2020 年
上海	14.7	15.0	—	—
江苏	—	15.0 以上	—	12.2
广东	14	14 以上	11.23	12 以上
云南	12.5	13.5	9.5	11.0
陕西	14.45	14.91	12.88	13.24

到 2020 年，国家新增劳动力平均受教育年限提高到 13.5 年。北京、上海、江苏、广东的新增劳动力平均受教育年限均高于全国平均水平，四川赶上全国平均水平。

到 2020 年，国家主要劳动年龄人口平均受教育年限提高到 11.2 年。北京 6 岁及以上人口平均受教育年限提高到 12 年以上，广东 20—59 岁主要劳动人口平均受教育年限达到 12 年以上，四川主要劳动年龄人口平均受教育年限接近全国平均水平。

第五章　四川教育现代化的实现策略与路径选择

第一节　四川教育现代化的实现策略

与日本、韩国等亚洲国家相似，中国在教育现代化上属于“后发外生型”。所谓“后发外生型”，是指发展中国家的现代化处于落后地位，外部驱动力是其主导发展动力，这种教育现代化的发展模式注定了教育要更加注重开放性，更加注重与其他国家的合作与交流，在吸取外部经验的同时整合自身传统优势，找到切合自身实际的教育现代化发展之路。

在国内，像广东、浙江、上海等地的教育现代化程度已经达到了较高的水平，在发扬自身优势和整合国外经验方面取得了很大的成绩。四川近几年在教育均衡、教育国际化、继续教育和职业教育等方面进行了很多有益的探索和实践，但与发达国家和地区的差异还是比较明显，通过学习和借鉴这些发达国家和地区教育现代化的有益经验，可以在减少自身盲目性的前提下增加时效性和针对性。

后发外生型现代化是在面临外部现代化挑战时强行启动的，是一个自上而下的教育改革过程。在这个过程中，政府扮演着推进者的角色，尤其在初级阶段，政府主导着教育现代化的进程，所以，政府对待现代化的态度和策略就显得尤为重要。本章在借鉴国内外教育现代化经验的基础上结合四川实际，提出以下四川教育现代化的实现策略。

一、大力推进依法治教

"法不明则不治，令不严则不行"，这句话对教育同样适用。法律是整个教育系统得以顺利运行的重要保障，是制定教育政策和教育规章制度的重要依据，要实现教育的现代化，必须大力推进依法治教。

（一）注重加强地方教育立法

根据国家法律法规，结合四川实际，以合理性、适用性为原则制定适合区域实际的义务教育、职业教育和高等教育的实施性法规，对以前制定的法律法规进行适时的修订，使其更好地服务于当地的教育发展。

（二）全面推进依法行政

按照建设法治政府的要求，各级政府进一步完善教育责任制度，明确各级部门行使行政权力的权限和程序，规范教育执法行为，在有法可依的前提下做到有法必依。

（三）加大教育督导力度

进一步建立健全教育督导制度，明晰督导职能，完善教育督导结果公布制度、整改制度、督促政府和学校履行教育职责的问责制。根据《教育部关于加强督学责任区建设的意见》（教督〔2012〕7号）精神，结合四川实际，建立教育督导责任区，明确市级、县级督导责任区的职责，省政府教育督导团成立巡查组，安排省督学对各地开展的督学责任区工作和中小学教育教学工作进行随访督查。

二、加大经费投入及监督管理

"经济基础决定上层建筑"，虽然教育是否为上层建筑现在还是一个争而未决的问题，但不可否认教育的经费投入在很大程度上决定了教育的现代化水平。"巧妇难为无米之炊"，只有有了充足的教育经费并且合理地加以利用，教育的现代化才有实现的可能，所以政府应该把好财政关。

在以政府投入为主的基础之上多渠道筹集教育经费，进一步加大对教育的投入；建立更加完善的经费监督管理制度，使教育经费用到最需要的地方，做到最大效益的利用，从而避免经费的滥用和浪费；各级政府要优化财政支出结构，统筹各项收入，把教育作为财政支出的重点领域予以优先保障。各级人民政府要严格按照《中华人民共和国教育法》等法律法规的规定，在年初安排公共财政支出预算时，积极采取措施，调整支出结构，努力增加教育经费预算，保证财政教育支出增长幅度明显高于财政经常性收入增长幅度；进一步优化财政支出结构，压缩一般性支出，新增财力要着力向教育领域倾斜，优先保障教育支出。

三、以教育民主化助推教育现代化

教育现代化的最深层和最具恒久价值的内核是实现教育民主化，教育民主化的根本是教育公平。衡量教育现代化的标准并不仅仅是投入了多少教育经费、教育经费占GDP的百分比有多大、教育现代化的设施设备有多少，重要的是现代化的进程是否增加了学生接受教育的机会，是否为学生提供了更加良好的教育环境。投入再多，如果受益人群过于集中，那么这种投入非但没有助推现代化，反而使教育现代化失去了其“现代化”的气息，只有在民主基础上的现代化才是真正的现代化，所以四川应该努力做到以下几点。第一，完善教育制度，使受教育的权利进一步均等。促进义务教育均衡发展和扶持困难群体，并在进一步完善义务教育、优化高等教育的基础上重视职业教育，提倡产学合作，尤其注重在职人员的继续教育。第二，优化资源配置，增加教育选择。引导民办教育的发展，教育本应是集全社会的力量去实施的一项社会活动，鼓励和支持民办教育发展，优化教育资源配置，避免资源过度集中。增加教育选择，使每个受教育者都能接受良好的教育，从而促进教育公平。

四、进一步扩大教育开放合作

后发外生型的教育现代化发展模式注定了四川的教育必须要对外开放。首先，以教育国际化促进教育现代化，以开放促改革、促发展，努力构建全方位、多层次、宽领域的教育国际交流与合作平台。加强与国内其他省份的教育交流，扩大教育合作领域。其次，引进优质教育资源。大力支持高校与国际知名大学合作建立教育科研机构，借鉴国际先进的教育思想、办学理念、教学方法和管理经验，引进吸收海外先进的课程资源，弥补自身的不足。最后，积极实施“走出去”战略，增强教育国际影响力。在引进国内外先进经验的同时，将自己的有益经验展示到国际舞台上，扩大自身的影响力，从而吸引发达国家和地区与自己进行合作与交流，在此过程中进一步提升自身的教育现代化水平。

五、大力加强教师队伍建设

教师是教育现代化的一线实施者，教师使用现代化设备的能力、教师的教育思想观念都对教育现代化的发展产生重大的影响，应加强教师队伍的建设，培养一支适应现代化发展的队伍。第一，设备育人。加强教师对硬件设施的应用，充分发挥现代化设备的育人功能。在设备应用上要充分考虑现代化设备更新较快的特点，注重其时效性，最大限度地发挥设备的功能，避免浪费。第二，更新教师的教育理念，用现代化的观念武装教师的头脑。教师是教育过程的直接实施者，教师拥有何种教育理念直接影响其教育方法的使用，所以应加强教师培训，使教师掌握合理正确的教育观点。

六、加快转变政府主导的教育发展方式

更进一步强化政府职能，在领导职能的基础上进一步加强政府对教育的监督和服务。第一，严格履行法律法规，对不合法的教育现象依法进行严格管控，有法必依；第二，以合理的政策和制度为手段推进和促进教育，并科学实施这些政策和制度，最大限度地发挥政策和制度的作用；第三，要使政策很好地被实行，首先应使社会了解教育政策，应加大对所制定的教育政策的宣传力度，并在宣传的基础上对政策进行讲解，使社会知晓政策的合理性和功用性。

七、构建适应区域社会经济发展的教育模式

经济发展和教育发展从来都是一个相辅相成的过程，美国经济学家舒尔茨和贝克尔创立的人力资本理论是对这个过程最好的诠释。基于四川多民族聚居且经济发展不均衡的特点，积极探索适合不同区域社会经济发展状况的教育机制、教育思路和教育方法，因地制宜，使地方经济与教育发展形成相互驱动，形成“教育发展—经济发展—教育发展”的良性循环机制。

八、加强教育政策与战略研究

要想使四川教育现代化迈上一个新的台阶，就必须把好时代的脉搏，做到及时跟踪规划纲要实施的热点、重点和难点问题，提高科学决策、民主决策、依法决策的能力。抓好国家和省教育体制改革试点，开展监测评估和跟踪检查，加强分类指导，因地制宜，统筹推进。围绕关键领域和薄弱环节，抓好教育重大项目实施。促进教育公平，提高教育质量，增强可持续发展能力。

第二节　四川教育现代化的路径选择

四川在借鉴国内外教育现代化先进经验的基础上，不断探索适合本省的教育现代化之路，并且取得了很大的成绩。

一、教育环境和手段信息化

（一）学校网络接入情况及“校校通”项目实施

目前，四川共有13 229所中小学校，220 363间教室，其中，未接入宽带网络的学校1 786所，占学校总数的13.5%。另外，中国电信、中国移动等四家网络运营商正在制订“校校通”网络实施方案。

（二）优质数字教育资源普遍应用

四川已经建立了数字教材资源数据中心，并且组织了中小学教学专家服务团队，鼓励现代教育技术示范校制作“名校优质课堂资源”。四川IPTV新媒体教育专区点播试点服务已开通，由省教育资源公共服务平台与四川网络广播电视台携手打造的IPTV空中课堂已开始系统拍摄。

（三）网络学习空间

四川已初步完成了融合云计算、互联网、移动通讯网、IPTV、数字阅读、流媒体等多项技术的“四川省实名制师生网络学习空间”的开发，相关的网络测试基本完成，系统与相关数字教育教学资源的深度整合正在进行中。同时，基于“四川省教育资源公共服务平台”实现“班班通”、“人人通”应用的优质数字教育资源全覆盖项目试点工作也已完成，2013年下半年在试点基础上逐步向全省推广。

（四）教育资源公共服务平台建设

2013年4月初，四川省教育资源公共服务平台顺利上线，并同时完成了与国家级教育资源公共服务平台和各兄弟省份教育资源公共服务平台的接入。目前，四川正在与国家教育资源公共服务平台进一步建立沟通，完成更多的业务功能对接。

（五）教育管理公共服务平台建设

一是开展了全面摸底调查，对现在属于不同业务管理部门的管理信息系统加强统筹管理和运行维护。二是建设管理公共服务平台云数据中心。按照教育部和四川省教育厅的工作要求，制订方案，落实经费，完成数据中心一期建成工作。三是按照教育部工作要求，完成教育部各管理信息系统的部署工作，启动各业务系统的应用服务工作。四是辅助业务部门做好相应业务系统的使用培训工作，做好数据采集和及时更新工作，与业务部门共同完成数据采集任务。

二、教育公共管理法治化

（一）坚定贯彻实施《中华人民共和国义务教育法》（以下简称《义务教育法》）

省委、省政府高度重视《义务教育法》的贯彻落实，坚持义务教育重中之重的地位不动摇，坚定不移地全力推进义务教育，将义务教育作为民生之本、强省之基和推进全面小康建设的奠基工程。1986年开始，四川全面贯彻《义务教育法》，全力推进基本普及九年义务教育工作。2002年起，对义务教育管理体制进行及时调整，逐步建立和完善了“以县为主”的管理体制。2006年《义务教育法》修订颁布，四川及时落实了“国务院领导，省、自治区、直辖市人民政府统筹规划实施，县级人民政府为主的管理体制”，先后出台多项政策措施，指导和监督义务教育的实施。各地各部门积极贯彻落实中央和省部署，结合实际制定实施意见和办法，落实工作措施，健全保障机制。完善各县（市、区）政府考核制度，严格实行责任追究制度，对违法违规行为坚决依法查处，对义务教育工作中相关热点问题实行首问负责和限时办结制度。四川进一步强化各级政府义务教育的保障责任，将义务教育实施情况纳入对各县（市、区）的考核，纳入领导目标责任制和教育督导检查范围。这些政策措施，为义务教育健康发展提供了良好的机制保障。

（二）制定《四川省〈民办教育促进法〉实施办法》等相关配套政策，鼓励和规范社会力量兴办教育

制定民办学校办学行为管理办法，推行办学信息公告制度，建立健全办学风险防范机制，完善教师权益保障措施。规范民办非学历高等教育机构管理。做好民办高等学校设置工作。

（三）完成《四川省〈中华人民共和国义务教育法〉实施办法》立法制定工作

研究制定《全面推进依法治教的若干意见》，深化教育行政审批制度改革。实施“六五”普法规划。研究制定《教师申诉办法》。开展“依法治校示范校”创建活动。

三、基本公共教育服务均等化

2006年，教育部在四川成都召开了全国义务教育均衡发展现场经验交流会议，对四川省和成都市推进义务教育均衡发展工作给予了充分肯定。2009年，成都市、宜宾南溪县和绵阳涪城区被评为全国推进义务教育均衡发展先进地区。

（一）以加大投入巩固提高普及成果

1．2000年以来，四川在第一个十年间投入资金70多亿元，新建和扩建学校项目3 826个，总建筑面积达474万平方米，配备教学仪器、图书资料和远程教学设施设备3亿元，大幅度提升了民族地区学校

的办学整体水平，显著缩小了与内地学校办学条件之间的差距。2010年，全省所有民族自治县全部实现“普九”，2011年，经国家督导检查，四川全面实现“两基”历史任务，基本实现了“人人有学上”的目标。

2．推行“9+3”免费中职教育，狠抓控辍保学。四川始终将控辍保学作为工作重点，下发了《关于进一步做好义务教育阶段控辍保学工作的通知》，进一步建立完善“控辍保学”的各项制度，确保做到“一个也不能少”。2009年起，先后实施了藏区、彝区和秦巴山区“9+3”免费教育计划，通过强化“3”（三年中职教育）来夯实“9”（九年义务教育），努力扩大“9+3”政策的受益面，进一步深化和巩固了民族地区及革命老区“普九”成果。“9+3”免费教育极大地提高了群众送子女接受义务教育的积极性和主动性，经过多年实践，得到了民族地区和革命老区群众的热烈拥护，取得显著进展，有效提高了民族地区初中阶段教育的巩固率。

（二）建立教育对口帮扶机制

专门建立内地市、县、校对口帮扶民族地区县、校制度，对口帮扶民族地区教育发展，实现民族地区乡镇中心完小以上学校接受内地一所或多所学校对口帮扶，利用内地学校优质的教育资源弥补民族地区教育的不足，提高民族地区的教育水平。

（三）以推进均衡发展促进教育公平

省政府于2007年印发《关于切实推进城乡义务教育均衡发展的意见》，先后三次召开现场会，明确提出省级财政每年新增教育经费主要用于发展农村教育，农村义务教育投入的增长率要高于城市。2012年，进一步细化了实现义务教育基本均衡发展的分县分年度规划目标及措施，并分别与教育部、各市（州）政府签订均衡发展备忘录和目标责任书。通过增加教育投入、合理调整学校布局、完善教师支教制度、做好保障特殊群体受教育权益工作、总结推广典型经验等措施，推动义务教育均衡发展取得实质性进展。

完善贫困家庭学生资助体系。认真落实义务教育阶段“两免一补”

政策，全面实行真正意义上的免费义务教育，惠及865.9万名城乡义务教育学生。2011年秋季又实施营养改善计划，123个县（市、区）的396.1万名农村义务教育学生受益。

重视解决进城务工人员随迁子女、农村留守儿童入学问题，积极发展特殊教育，切实保障弱势群体受教育权利。建立流动儿童少年学籍申报审核制度，实行城市学校招收农民工子女入学免收借读费政策，形成了政府统筹、相关部门和学校齐抓共管的农村留守及流动儿童工作机制，约48万名进城务工人员子女、250万名留守儿童和4.4万名残疾儿童少年受教育权利得到切实保障。

积极探索缓解“择校热”的有效途径。特别是2011年以来，成都市出台相关保障政策和硬性治理规定，一手抓均衡发展，一手抓规范办学，大幅减少义务教育阶段择校比例，有效缓解“择校热”问题，受到教育部的充分肯定。

建立县域义务教育均衡发展督导评估制度。2012年，省政府办公厅转发《四川省县域义务教育均衡发展督导评估实施办法（试行）》，并首批完成了对成都市19个县（市、区）的督导评估。2013年，计划完成对10个市（州）、19个县（市、区）的评估。

为进一步加强农村教师队伍建设，推进农村学校教师培养和补充机制改革，提升农村学校教育教学水平，四川省教育厅、编办、财政厅、人力资源社会保障厅联合下发《关于开展免费师范生培养工作的实施意见》，正式启动实施四川省免费师范生培养工程。省委、省政府将免费师范生培养纳入“全省2013年保障和改善民生新增事项”，作为一项重大民生工程来加以实施。免费师范生培养紧紧围绕“为艰苦地区农村公办义务教育学校、幼儿园和特殊教育学校定向培养一批师德高尚、专业水平较高、下得去、留得住、干得好的教师”这一目标，从2013年秋季入学起，在全省范围内选拔乐教适教的优秀学生免费攻读师范类专业学位。

四川省委、省政府在建立健全农村义务教育经费保障机制、率先实行农村地区“两免一补”政策的基础上，组织实施了“农村留守学生寄宿制学校建设工程”、“农村初中校舍改造工程”、“农村中小学危房改造工程”、“农村中小学现代远程教育工程”和“新农村卫生新校园建设”等重大专项工程，进一步缩小了义务教育的城乡差距。

四、教育高水平普及和优质化

以普及促提升，教育事业实现历史性跨越。

（一）基本普及学前教育

强化政府主导，发展公办幼儿园，扶持民办幼儿园，公办民办并举加快发展学前教育，并实施了农村学前教育推进工程、学前教育三年行动计划。10余年间在园儿童数增加56万人，毛入园率从42.9%提高到69.7%，“入园难、入园贵”状况大为改善。

（二）全面普及义务教育

以推进民族地区“两基”攻坚、建立义务教育示范县等为重点普及巩固义务教育。2000年末，四川省委、省政府在深入调查、充分论证的基础上，审时度势，启动实施了第一个《十年行动计划》，在全国率先打响了民族地区“两基”攻坚战。2004年国家“两基”攻坚计划实施后，四川加大攻坚力度，完善支持措施，全力推进民族地区“两基”攻坚。通过10年坚持不懈的努力，到2010年，以石渠县实现“普九”为标志，51个民族县（市）全部通过“两基”验收，四川全面实现了“两基”的历史性目标，并于2011年高标准通过了国家督导评估，这是四川教育史上的重要里程碑。近年又实施了义务教育学校标准化建设工程、中小学教育信息化工程、农村留守儿童寄宿制学校建设工程、义务教育教师队伍建设工程，进一步提升了义务教育质量。

（三）加快普及高中阶段教育

近年来，四川高度重视普通高中教育的发展。从2010年开始，启动实施了普通高中课程改革。同时，按照中央有关要求实行了普通高中贫困学生资助政策。按照30%的资助比例和每人每年1 500元的标准，向普通高中贫困学生发放生活补助。2011年，中央启动实施了“集中连片特困地区普通高中改造计划”，四川60个集中连片特困县纳入支持范围，进一步改善了普通高中办学条件。四川各级财政部门加大了对普通高中的投入力度，积极支持普通高中课程改革、贫困学生资助以及基础设施建设等。10余年间，高中阶段教育的毛入学率从34.2%提高到82.6%。近4年投入中央和省资金81.6亿元，推进职业教育攻坚，高中阶段在校生职普比提高到48∶52。

创造性实施藏区“9+3”免费教育计划，5年组织近5万名藏区学生到内地学习，首届学生于2012年顺利毕业，初次就业率达98.3%，2013年第二届毕业生初次就业率更达98.6%。该计划目前已覆盖省内民族地区、秦巴山区和新扶贫标准以下所有农村贫困家庭学生。“9+3”模式已经成为四川教育一张亮丽的名片，并在全国推广。

（四）提升高等教育大众化水平

四川落实和扩大高校办学自主权，完善高校内部管理体制，推进政校分开、官办分离，围绕政府宏观“管学”、学校自主“办学”进行制度创新。目前高等教育在校生185.7万人，高等教育毛入学率10余年间从16.8%提高到28.4%。2010年，每10万人中具有高等教育文化程度的由2000年的2 470人上升为6 675人，高层次人才队伍数量显著增加。

（五）促进民族地区教育跨越式发展

四川实施了第二个《十年行动计划》、教师培训与对口支援等五大民族教育工程。四川省政府共筹集32.29亿元用于民族地区幼儿园到高中阶段学校基础设施建设、寄宿制学生生活补助、现代远程教育、师资培训和免费中等职业教育等。截至2013年6月底，四川民族地区在校生已达136.4万余人，较2010年增加5万余人；小学和初中阶段入学率增长；学前两年毛入园率和高中阶段毛入学率分别比 2010 年增长 19.85% 和 14.56%。民族地区“普九”人口覆盖率由 24.1% 提高到 100%，高中阶段教育接近全省平均水平。

五、职业教育体系现代化

（一）职业教育体制改革

一是推进职业教育综合改革。2008 年 5 月 12 日，四川省人民政府和教育部签署了“部省共建全国职业教育综合改革实验区”协议，四川职业教育进入加快改革发展的新阶段。二是创新职业教育管理体制。以部门联席会议制度为理顺管理体制载体，加强政府统筹职业教育力度，协调各部门支持职业教育发展。三是改革职业教育办学体制，大力推动民办职业教育发展。四是改革职业教育办学模式。完善产教结合机制，全面推进工学结合、校企合作、订单培养和顶岗实习等人才培养新模式。五是坚持以优势产业为依托，以提升产业核心竞争力为目标，以具备条件的高职学院为龙头，以产业领域内的规模企业、高中职院校为主体，以项目合作和专业群建设为纽带，以自愿和互利共赢为原则，努力构建产、学、研共生发展的深度协作机制。

（二）职业院校基础能力建设

一是实施示范职业院校建设计划。现已建设 15 所示范高职院校，其中 6 所国家级示范高职院校，5 所国家骨干高职院校，4 所省级示范性高职院校；30 所国家级改革示范中职学校立项建设，建成国家级重点中职学校 72 所，省级重点中职学校 81 所。二是加强中职教师队伍培训，提升教师专业能力。组织中职校长和教师参加国家和省级中职教育各学科（专业）的新教材、新大纲培训；定期组织开展中职教育各学科（专业）省级教师教学比赛和全国比赛，中职学校教师专业能力水平得到显著提高；积极拓展办学理念，组织 240 名职业教育行政管理人员、职业院校校长、教师到新加坡学习；完成一大批“双师型”教师培训，聘用一大批有实践经验和技能的专兼职教师。

（三）构建中高职人才培养立交桥

推进中高职协调发展，搭建技术技能人才成长立交桥，满足了部分学生的升学愿望。2005 年，省政府颁布了《四川省教育厅等七部门关于贯彻教育部等七部门关于进一步加强职业教育工作的若干意见的实施意见》及《四川省教育厅关于中等职业学校毕业生对口升学考试改革有关问题的通知》，进一步改革对口升学考试办法，调整考试科目和命题范围，强化专业技能培养，构建中等职业教育与高等职业教育的立交桥，促进职业教育更好地适应社会发展和企业岗位的需要。

2011 年，四川制订了《中高职协调发展改革试点实施方案》（以下简称《中高职方案》）。《中高职方案》提出将统筹中等和高等职业教育发展的重点与节奏，解决当前中高职教育在专业、课程与教材体系、教学与考试评价等方面存在的脱节、断层或重复问题。

（四）发展面向农村的职业教育

一是大力改善农村职业学校办学条件。为增强农村职业教育服务“三农”能力，中央、省职业教育资金向农村职业学校倾斜。近年来，全省投入农村职业教育资金占总投入 60% 以上，200 多所农村中职学校办学条件得到改善，办学规模扩大，在推动农业现代化的进程中发挥了积极作用。二是大力开展农村劳动力转移培训和农村实用技术培训。通过以县为单位统筹农民工培训资金，并紧贴市场需求，拓展培训项目，突出培训实效。同时举办农民工技能大赛，引导农民参加技能培训，对促进县级经济社会发展、改善贫困家庭收入渠道有着深远的社会意义。四川已建立了以县级职教中心为龙头，乡镇成人学校为骨干，向村延伸辐射的县、乡、村三级职教培训网络体系。

（五）改革投入机制和学生资助制度

一是坚持以财政拨款为主，多渠道筹措职业教育经费。省级财政大幅增加职业教育投入，省职教专项经费连年增加，从 2002 年的 800 万元，增加到 2012 年的 16.8 亿元。2012 年省委、省政府一次性投入 10 亿元专项资金，用于中职学校基础能力建设。同时，规定各地城市教育费附加用于职业教育的比例不得低于 30%，职业院校收入的学费用于职教攻坚比例不得低于 30%，大力鼓励和引导民间资金投入职业教育。二是完善家庭经济困难学生的资助政策体系。2008 年，四川出台对农村特困、城镇低保、库区移民、扶贫异地安置家庭子女及退伍军人、孤残学生等六类学生和藏区学生的免学费政策。2009 年，实施藏区“9+3”免费教育计划。2010 年，对彝区和其他民族待遇县实行免费职业教育政策，使更多群众共享发展成果。2012 年秋季，全省全面实行免费职业教育政策。

经过多年努力，四川职业教育具备了大规模培养高素质劳动者和技能型人才的能力，一个学历教育与职业培训并举、形式多样、灵活开放的职业教育体系框架已基本形成，不断满足人民群众多样化的学习需求。

第六章　四川教育现代化的工作举措

第一节　落实优先发展战略保障教育投入

教育投入从主体上可以分为人力投入、政策投入和物质投入。[1] 人力是指教职员工和学生，主要是精神层面的投入；政策是指法律法规和政府发布的关于教育的优惠条件；物质包含实物和资金两部分。本章所涉及的教育投入主要为政策投入和物质投入。

一、发达国家和地区的教育投入情况

教育投入对经济增长具有明显的促进作用，美国、日本、英国等国家的经验表明，优先发展教育，实现人力资源开发水平的率先追赶是实现国家经济赶超的重要而且较为成功的战略途径。从世界范围看，近年来，许多国家越来越重视教育的战略地位与作用，不断地强化教育在国家发展战略中的核心地位，并把教育投入作为战略性投入，不断加大投入力度。表 6-1 是 2009 年世界上几个先进的教育现代化国家的投入情况。

表 6-1　教育现代化国家教育公共支出比例一览表（2009 年数据）

	美国	英国	以色列	日本	韩国
占 GDP 的百分比	5.5	5.5	5.9	3.5	4.2
占政府总支出的百分比	14.1	11.7	13.1	9.4	14.8

[1] 胡弼成，王莎．论教育投入的结构及基本特征［J］．黑龙江高教研究，2006（10）．

从上表可以看出，2009 年，美国教育支出为国民生产总值的 5.5%，占政府总支出的 14.1%，英国分别为 5.5% 和 11.7%，以色列为 5.9% 和 13.1%，日本为 3.5% 和 9.4%，韩国为 4.2% 和 14.8%。这些国家除日本外，教育投入占 GDP 的比例都达到了 4% 以上，教育投入占政府总支出的比例达到了 11% 以上，但是考虑到当时日本为世界第二大经济体，其教育投入的金额仍然是非常巨大的。据统计，日本年人均教育经费为 250 美元，居世界领先地位，并且日本的教育经费增长速度快于 GDP 的增长速度[1]，加之日本与中国相邻，很多情况具有相似性，具有重大的借鉴意义。

日本教育先于经济发展的轨迹是比较明显的，这也是战后日本经济迅速复苏并高度发展的原因之一。日本自明治维新以来就奉行“教育立国”的政策，1872 年就实行四年制义务教育，1907 年改为六年，二战结束后，在经济极为萧条的情况下义务教育的年限延长到了九年。日本于 20 世纪 70 年代末开始普及高中阶段教育，高中入学率在 1980 年超过了英国、德国、法国等发达国家，这些事实足以显示出日本政府和社会对教育的重视。

看一下我们的另一个近邻韩国，韩国教育经费主要包括中央政府、地方政府和私立学校独立资金三大部分。1945—1959 年，韩国政府先后颁布了地方税法、教育法、义务教育法、教育税法等法律，依法保障基础教育财政投入。2009 年，韩国教育经费占 GDP 的比例为 4.2%，高出日本 0.7 个百分点，表明韩国在教育投入上不断接近甚至赶超了发达国家和地区。

美国、英国等国家的教育现代化为早发内生型，这里仅以美国为例。美国教育史学家认为，美国大约在 1865 年至 1929 年间实现教育

[1] 李祖超. 日本的教育现代化之路及其对中国的启示 [J]. 清华大学教育研究，2004 (6).

现代化。[1]19 世纪后半叶至 20 世纪 20 年代，美国各州先后开始实施义务教育，到 1918 年美国联邦范围内的 48 个州都通过了义务教育法。1940 年，美国 7—13 岁儿童入学率达到了 95%，实现了小学教育的普及，到了 1951 年，高中入学率达到了 85.2%，基本实现了普及高中教育。在教育投入方面，1929—1969 年，美国高等教育经费增长了 40 倍，而同期美国的国民生产总值增长了 10 倍，可见美国对教育的重视程度。1970 年，美国教育总开支占国民生产总值的比例达到了 7.3%，以后大多数年份一直维持在 7% 以上的水平，到了近几年虽然有所降低，但是作为世界第一经济强国，其教育投入是相当巨大的。

再以我国的香港特别行政区为例。1971—1972 年，香港地区开始实施普及小学免费教育，1979—1980 年，香港地区实现九年免费教育，教育经费由 1972 年的 5.8 亿港元上升至 25.23 亿港元，到了 1992—1993 年度，教育经费开支达到了 220 亿港元，涨幅之大令人咋舌。其教育支出占政府总支出的比例在发达国家和地区中也是居于前列，达到了 24.1%，高出美国、英国、以色列和日本 10 多个百分点，可见香港地区对教育的投入是十分巨大的。

二、四川教育优先发展保障政策

四川省委、省政府对教育高度重视，将教育事业作为政府工作中的重中之重，制定了一系列的政策确保教育优先发展的战略地位，并不断制定和落实教育投入政策，四川教育在省政府的领导下正向着现代化的目标不断迈进。

《规划纲要》将教育优先发展作为长期坚持的一项重大方针，四川各级党委和政府把全面落实教育优先发展战略作为贯彻落实科学发展观的一项基本要求，在经济社会发展规划中优先安排教育发展，将教育投

[1] 王晓阳．美国教育现代化的历史经验及其启示［J］．教育发展研究，2008（12）．

入作为财政资金优先保障项目，公共资源优先满足教育和人力资源开发需要。健全保障教育优先发展战略得到贯彻落实的体制和机制，将教育优先发展落实情况纳入各级政府年度目标考核指标体系，建立问责制。充分调动全社会关心支持教育的积极性，共同担负起培育下一代的责任，为青少年健康成长创造良好环境。完善体制机制，鼓励社会力量兴办教育，不断扩大社会资源对教育的投入。

第二个《十年行动计划》将教育作为维护社会稳定的基石，指出“教育优先发展是实现民族地区长治久安的根本保障”。教育是培养人的一种活动，“学会做人”是现代教育的必然要求，作为社会成员的个人受到什么样的教育、受教育后成为了什么样的人等对于社会的长治久安是十分重要的，尤其对于多民族的地区，教育优先发展就显得尤为重要。

《中共四川省委四川省人民政府关于奋力推进西部大开发加快全面建设小康社会的意见》（2010 年）指出“扎实推进教育、卫生、文化、体育等社会事业发展，优先发展教育事业”，将教育事业置于各项社会事业之首，充分肯定了教育事业对实现小康社会的重要性。

《规划纲要》指出各级政府要优化财政支出结构，统筹各项收入，把教育作为财政支出重点领域予以优先保障。严格按照教育法律法规规定，年初预算和预算执行中的超收收入分配都要体现法定增长要求，保证教育财政拨款增长明显高于财政经常性收入增长，并使按在校学生人数平均的教育费用逐步增长，保证教师工资和学生人均公用经费逐步增长。

《中共四川省委教育工委四川省教育厅 2011 年工作要点》提出“开展地方教育投入保障机制改革试点。促进建立各级政府依法增加投入，社会多渠道筹措教育经费的长效机制”。完善教育投入分项分担机制。巩固完善义务教育经费保障机制，落实各级政府教育投入分项分担责任。建立完善非义务教育多渠道筹措经费的长效机制，适时调整普通高中收费标准，促进化解义务教育学校债务。多元增加高等教育投入。积极推动地方政府优化财政支出结构，统筹各项收入，把教育作为财政支出重点领域予以优先保障，严格依照《中华人民共和国教育法》等法律法规规定，保证年初预算和预算执行中的超收收入分配体现法定增长，保证财政教育拨款增长明显高于财政经常性收入增长，并使按在校学生人数平均的教育费用逐步增长，保证教师工资和学生人均公用经费逐步增长；积极推动完善本地区教育费附加和地方教育费附加制度，拓宽财政性教育经费来源渠道，促进财政教育投入显著增加，推动教育事业实现优先发展、科学发展。

2011 年 10 月 24 日《四川省人民政府关于进一步加大财政教育投入的意见》（川府发〔2011〕35 号）印发，该意见强调加大财政教育投入的重要性和紧迫性，指出各级人民政府必须采取切实有效措施，健全以政府投入为主、多渠道筹集教育经费的体制，大幅度增加教育投入，严格落实教育经费法定增长要求，提高财政教育支出占公共财政支出比重，提高预算内基建投资用于教育的比重。把拓宽财政性教育经费来源渠道的措施落实到位，确保资金全额用于支持教育事业发展。指出必须严格落实法定增长要求，切实提高财政教育支出占公共财政支出比重；拓宽经费来源渠道，多方筹集财政性教育经费；合理安排使用财政教育经费，切实提高资金使用效益；落实责任，加强监测。

2012 年 2 月，四川省副省长黄彦蓉在全省教育工作会议上指出，“全省教育战线要认真贯彻落实省委九届九次全会和经济工作会议精神，围绕全省工作主题主线，立足加快建成教育强省和西部人才高地的目标，以科学发展为主题，以人民满意为出发点和落脚点，全面落实《规划纲要》，提高教育现代化水平”。黄彦蓉副省长特别强调，要坚持教育优先发展，不断夯实教育强省建设基础，做到规划优先、教育投入优先、资源配置优先。2012 年，全省各级各类财政性教育支出实现 1 004.76 亿元，占全省财政支出的比例达到 18.5%，超额完成 18% 的目标（占全省 GDP 的 4.53%)。

第二节　实施“八九十”教育改革发展重大项目

《规划纲要》中明确了四川教育改革发展战略目标为“两基本，两建成”，即“到2020年，基本实现教育现代化，基本形成学习型社会，建成教育强省和西部人才高地”。其中，“基本实现教育现代化”是四川现代化进程加快和教育适度超前发展，以及四川教育与全国同步实现现代化的重要取向。教育事业改革和发展的顺利推进，必须有强大保障能力作为支撑。为实现四川教育现代化的目标，《规划纲要》从加强高素质教师队伍建设、保障教育经费投入、加快教育法制建设进程、加快教育信息化进程、加强和改进党对教育工作的领导和实施“八九十”教育改革发展重大项目六个方面做了整体设计。其中，《规划纲要》着眼于促进教育公平、提高教育质量、回应人民群众关切、增强可持续发展能力，以加强薄弱环节和关键领域为重点，按照全面推进、重点突破和先试验、后推广的原则，组织实施“八九十”教育改革发展重大项目，为全面推进教育改革奠定坚实基础，并对拟实施的八大教育提升计划、九项重点建设工程和十大方面改革试点进行了具体设计。拟通过实施“八九十”教育改革发展重大项目，发挥各方面的积极性、主动性和创造性，为整体推进教育改革发展积累经验、创造条件。

一、八大教育提升计划

八大教育提升计划紧密围绕教育改革发展战略目标，聚焦关键领域和薄弱环节，以促进教育公平和提高教育质量。八大教育提升计划包括教师素质提升计划、第二个《十年行动计划》、民族地区“9+3”免费教育计划、地震灾区中小学教育提升计划、职业教育攻坚计划、高等教育质量提升计划、家庭经济困难学生资助计划和教育国际交流推进计划。四川在2010—2012年已全部启动实施八项教育提升计划。

（一）教师素质提升计划

高素质专业化教师队伍建设是实施素质教育、提高教育质量的有力保障。《规划纲要》中教师素质提升计划以提升教师教育教学能力、科研创新能力和专业素质为核心，加强骨干教师队伍建设，重点培养一批教育教学专家，推动教师队伍素质整体提升。《规划纲要》中明确提出："完善中小学、中职学校、幼儿园校（园）长教师培养培训制度，改革培养培训模式，实施每五年一周期的校长、教师全员培训。结合高素质教育人才培养，实施教育名家培养计划。依托行业企业和高校，加强职业院校教师培训基地建设，完善定期培训和社会实践制度。依托重点学科、重点实验室、重大创新项目和教学科研团队，加强高层次人才培养和引进，建立激励机制，培养高校教学名师和学科领军人才。"

根据纲要的要求，四川各相关部门对提升计划中涉及的目标做了具体的测算，包括通过高级研修、名师指导、海外进修、课题资助等方式，培养100名教育管理专家（享受特级教师待遇）和1 500名特级教师；依托行业企业和高校，加强职业院校教师培训基地建设，建立完善教师定期培训制度和社会实践制度，培养1 000名"双师型"职教名师；依托重点学科、重点实验室、重大创新项目和教学科研团队，加强高校高层次人才的培养和引进，建立激励机制，引导教师潜心教学、科研，培养500名教学名师和300名学科领军人才。

2011年6月，四川出台《四川"十二五"中小学教师培训规划》，其主要目标是在"十二五"的五年内，通过实施百千万人才培养计划、农村教师素质提升计划、民族地区教师培训计划、地震灾区教师培训计划、幼儿园教师培训计划和教师培训体系建设计划，完成全省64万多名普通中小学和幼儿园教师分类、分层、分岗培训，造就一支师德高尚、业务精湛、结构合理、充满活力的专业化教师队伍。

2011年，根据百千万人才培养计划，在全省遴选了1 009名优秀教师作为教学名师培养对象，启动实施了第一轮培训工作；通过遴选评审，确定了全省“十二五”期间6 055名省级骨干教师人选，启动实施了第一批3 382名省级骨干教师培训工作。同时，积极开展各类省级培训，利用教学名师和省级骨干教师优质资源，组织名师讲学团送教下县，开展农村中小学教师短期培训，培训教师4 800人；按照第二个《十年行动计划》，培训民族地区中小学校长、骨干教师1 620人；组织专家开展普通高中新课程送教活动，培训教师7 500人，并完成高中阶段教师和校长远程培训6万人。利用“国培计划”这一契机，组织开展中西部项目培训中小学教师45 707人，幼儿教师培训项目培训幼儿园园长及教师5 400人。

2012年，按照规划继续组织实施百千万人才培养等六大计划，并结合教育部关于加强教师队伍建设的工作意见，以提高教师师德素养和业务水平为核心，以提升培训质量为主线，以农村教师为重点，组织开展教学名师、省级骨干、农村送教、民族地区等各类省级培训，共培训教师13 159人，教育技术远程教师培训20 000人，高中课程改革教师和校长远程培训8万人，高中送教培训3 000人；同时，以实施“国培计划”为抓手，充分发挥其示范引领、雪中送炭和促进改革的作用，组织开展中西部项目培训中小学教师72 000人，幼儿教师培训项目培训幼儿园园长及教师6 880人。

（二）民族地区教育发展十年行动计划

四川是一个多民族的大省，民族地区教育的快速发展是促进民族地区经济发展和社会稳定的重要基础。《规划纲要》要求：“结合国家藏区教育支持政策，继续实施民族地区教育发展十年行动计划，加大对民族地区教育扶持力度。重点支持幼儿园到高中阶段学校的基础设施建设、乡镇教师工作周转宿舍建设、寄宿制学生生活补助、条件装备、现代远程教育、师资培训、双语教学教材建设，推进民族地区教育跨越式发展。”

为推进民族地区教育跨越式发展，夯实民族地区社会稳定的基础，四川在2001年实施第一个《十年行动计划》的基础上，2010年11月下发第二个《十年行动计划》。新一轮行动计划全面贯彻全国、全省教育工作会议精神和国家、省中长期教育改革发展规划纲要，按照全省民族地区工作总体思路，以促进各级各类教育全面协调发展、办人民满意教育为目标，以提高质量为核心，以服务经济社会跨越式发展和长治久安为出发点和落脚点，紧紧围绕“巩固、提高、发展”三大主题，确定了“到2020年整体实现跨越式发展，教育事业主要指标与国民受教育水平力争基本达到同期全省平均水平，建成富有活力、与民族地区经济社会发展水平相协调的现代教育体系”的战略目标；同时，从“组织管理、经费投入、建设工程、监督检查”等方面确定了六项保障措施。为保证对民族地区教育的投入，四川省委、省政府决定由省里每年安排专项资金7亿元以上，用于“民族团结教育、学校办学条件改善、教师队伍保障体系建设、学生保障体系建设、双语教育”五大工程的实施和民族地区职业教育发展，从而为四川民族地区教育事业持续健康发展打下了坚实的基础。

截至2012年6月，四川民族地区教育发展十年行动计划，累计投入民族地区资金80多亿元，有力地改善了民族地区学校办学条件，提高了教育质量。为民族地区新建和改扩建学校项目4 023个，建筑面积达498万平方米，新配置4.7亿元实验仪器和远程教育设施，新增图书资料1 265万册；新建和改扩建民族寄宿制学校1 849所，为605所寄宿制学校修建了小农牧场和种植养殖基地，四川民族地区义务教育阶段共有寄宿制学生44.42万名，占义务教育阶段学生总数的41.46%。为提高教师素质，各地严格执行教师资格制度，积极探索吸引和鼓励优秀人才到民族地区任教的优惠政策，大力开展教师岗前培训和形式多样的在岗培训，四川民族地区义务教育阶段学校共有教师 54 164 人，教师学历达标率保持在 99% 以上。在民族地区坚持大力推进双语教学，切实尊重和保障少数民族使用本民族语文接受教育的权利，加大了双语学校基础设施、双语师资队伍建设力度，积极探索双语教学改革并建立双语教育质量监测的长效机制，完善双语教材体系，四川民族地区开展双语教育的学校达 1 664 所，在校生 44.72 万人。另外，为确保民族地区学生“进得来、留得住、学得好”，切实保障和改善民族地区教育民生，从 2001 年起四川就大幅提高对民族地区贫困家庭子女入学的资助水平，2007 年起在义务教育阶段全面落实了“两免一补”政策，“十一五”期间全省共投入 7 亿多元资金为 200 多万名寄宿制学生发放生活费，同时，根据学校运转经费紧张的实际，从 2010 年起进一步提高民族地区中小学校生均预算内公用经费标准。这些政策措施的实施，真正实现了“人民教育国家办”，有效减轻了民族地区农牧民群众负担，保障了农牧民子女受教育的权益，改善了民族地区教育民生。

（三）民族地区“9+3”免费教育计划

为进一步深化和巩固民族地区“两基”成果，加快民族地区跨越式发展，四川把加强民族地区教育特别是职业教育摆在特殊重要的位置。2009 年，四川在全国率先实施了藏区“9+3”免费教育计划，让藏区完成九年义务教育的学生在内地国家级、省级重点中职学校免费接受三年中等职业教育，并帮助指导就业。经过五年多的实践，“9+3”免费教育取得了显著成效，初步探索出一套适应藏区学生特点的教育、管理和培养方法。该计划加快了藏区人才培养和社会民生的改善，获得了很高的社会认同，中央高度肯定，并纳入国家教育体制改革重大项目，在全国其他地区进行推广。《规划纲要》以藏区经验和成就为依托，提出：抓好“民族地区中等职业教育‘9+3’免费”国家改革试点项目，对民族地区中等职业学校学生全部免学费并提供助学金，办好民族地区职业学校，促进民族地区职业教育整体提升；深入推进藏区“9+3”免费教育计划，每年组织1万名藏区学生到内地免费接受职业教育；重点办好“9+3”免费教育计划实施学校，提高办学水平，探索藏区人才培养新模式；启动彝区中职免费教育计划。

2010年四川启动实施了彝区免费中职教育计划，2011年推行到秦巴革命老区等28个连片扶贫开发县，2012年还覆盖到新扶贫标准以下的全省所有农村贫困家庭学生。目前，已有近5万名藏区“9+3”学生接受到良好的职业教育，近5万名彝区学生就地接受“9+3”免费中职教育。“9+3”免费职业教育的实施，得到民族地区广大群众的热烈拥护，极大地提高了农牧民送子女接受义务教育的积极性和主动性，有效提高了民族地区初中学生的巩固率。

（四）地震灾区中小学教育提升计划

四川以灾后重建为契机，在办学条件极大改善的同时，着力提升教育质量和管理水平，增强地震灾区学校可持续发展能力。《规划纲要》明确提出地震灾区中小学教育提升以教育质量和管理水平的提高为核心，增强教育的可持续发展能力。对地震重灾县所有中小学校长（近5 000名）进行办学理念、学校制度建设、校园文化建设、队伍建设、安全及常规管理、心理危机干预与抚慰等专题培训，建立优秀校长到灾区中小学任职交流和帮教支教制度，全面提升灾区中小学管理水平。对重灾县全体中小学教师开展一轮以师德修养、心理健康、教育教学能力和现代教学手段为重点的全员培训，整体提高教师队伍专业素质。加强灾区学生思想品德教育、感恩教育、心理健康教育、生命安全教育，激发广大学生勤奋学习，报效祖国，建设美好家园。充分利用灾区历史文化特色资源，加强校园文化建设。继续加大投入支持，保障灾区学校正常运转和持续发展。进一步巩固和完善行之有效的对口支援长效机制。发挥灾区优质教育资源辐射作用，率先实现县域教育整体均衡。

2010年5月，四川省教育厅根据全省灾后重建现场工作会议精神，提出逐步将灾区教育恢复重建工作重点转移为增强灾区学校内涵发展，制定了《四川省教育厅关于进一步加强地震灾区中小学教师（校长）队伍建设、提高办学水平的意见》（川教〔2010〕87号）。该意见提出了地震灾区中小学教师（校长）队伍建设的目标任务，包括进一步提高教师队伍师德水平，教师数量基本满足地震灾区教育事业发展需要，教师的整体素质进一步提高，校长的综合素质与科学管理学校的能力与水平得到大幅提升，地震灾区中小学的教育教学质量与办学水平显著提高，教师队伍结构进一步改善，中小学人事制度改革进一步深化，灾区教师的经济和社会地位进一步提高和教师队伍管理制度进一步完善。意见中提出一系列的政策和措施来保障地震灾区教育质量的提高：建立灾区中小学教师补充机制、灾区教师对口支援机制、地震灾区县（市、区）城区中小学教师到农村学校服务期制度和教师（校长）交流轮换制度、地震灾区中小学教师培养培训机制和地震灾区中小学校长培训工程，为灾区教育内涵发展提供动力；切实提高灾区教师待遇，以解决教师的生活质量问题；进一步深化地震灾区中小学人事制度改革，从教师的任职资格、教师发展、学科岗位科学设置、绩效考核和规范聘用等方面改革教师人事管理。

四川省教育厅根据地震灾区校点布局规划和班额设置情况，科学测算教师的缺额，制定了教师队伍建设近期及中长期规划。及时为地震灾区补充7 780余名教师，确保了灾区复学复课和正常教育教学活动的需要。2008—2011年，采取集中培训、送教下乡、远程指导等方式，组织实施“援助地震灾区中小学教师培训计划”，顺利完成灾区中小学15 000余人次的教师培训。2010年启动“四川地震灾区中小学校长管理能力提升培训项目”，开展覆盖51个地震重灾县共4 100余人次中小学校长管理能力提升培训活动。

（五）职业教育攻坚计划

2008年5月，四川省人民政府制定了《2008—2010年职教攻坚计划实施方案》(川府发〔2008〕14号),在2008—2010年筹措攻坚经费100亿,大力发展中等职业教育,提高高等职业教育质量,发展职业技术培训,加强基础能力建设,以实现四川由职教大省向职教强省的跨越。同年,四川省与教育部共建“国家职业教育综合改革实验区”。三年的攻坚计划目标在2010年全部完成,中职和普高在校生比由43∶57上升到48∶52,实现中职和普高规模大体相当的目标;四川省级职教专项经费每年都在3亿元以上,同时,四川还要求各地城市教育费附加用于职业教育的比例不得低于30%,职业院校收入的学费用于职教攻坚比例不得低于30%,三年四川中等职业教育基础能力建设总投入129.8亿元;300多所中职学校办学条件得到显著改善,并建成一大批国家级、省级示范职业院校;中职毕业生就业率连续三年达到96%以上。

在上一个攻坚计划实施成效的基础上,《规划纲要》结合社会经济发展水平和当前社会对人力资源的需求,提出2010—2020年职业教育攻坚计划。纲要提出要科学确定中职学校招生规模,推进中等职业教育与普通高中可持续协调发展。加强中高职学校基础能力建设,努力改善中高职学校办学条件,提高职业教育教师数量和质量,建设一批国家级、省级示范性中高职学校和实训基地。深化办学体制改革,建立校企合作制度,促进职业教育集约发展,建设30个行业性和区域性职业教育集团,并充分发挥职业教育集团的作用。深化教育教学改革,全面推行工学结合、校企合作、顶岗实习的人才培养模式。加快发展农村职业教育,加强涉农专业建设,提高农村职业教育和培训水平,增强职业教育为“三农”服务能力,全面提高质量,增强职业教育为经济社会发展培养高素质劳动者和技能型人才的能力。

2012年,四川全省中职招生54.35万人,职普招生比达到1.04∶1,在校生139.86万人,在校生职普比为0.92∶1。与2002年相比,中职年招生规模增加33.35万人。四川职业教育加速发展,基本实现了高中阶段招生职普比大体相当的战略性目标。与此同时,高等职业教育的办学规模也成倍增长，2012 年，全省高职高专学校达到 52 所，招生 19.32 万人，占普通本专科招生数 50.64%，成为高等教育的半壁江山。

（六）高等教育质量提升计划

高等教育肩负着培养人才、创新科技、服务社会和文化传承的重要使命，是强省富民的支撑力量。四川认真贯彻落实国家关于高等教育改革发展的战略部署，在规模增长的同时，坚持以提高质量为核心，以内涵建设为重点，努力推动高等学校解放思想、转变观念、深化改革、加强建设、强化保障，大力促进高等教育质量、结构、规模、效益的协调发展，全面提高人才培养、科技创新和社会服务水平。

《规划纲要》要求四川需结合实施国家中西部高等教育振兴计划，深入实施“质量工程”，积极推进高等教育改革创新，显著提升高等教育整体综合实力和内涵发展水平。设立支持高等教育内涵发展专项资金。省委、省政府要支持“985 工程”和“211 工程”高校建设国内一流和世界知名大学，成为高层次拔尖创新人才培养基地和知识创新服务基地；支持 10 所左右地方本科院校，集中力量建设一批四川经济社会发展迫切需要的优势学科和特色专业，参与各项国家级人才培养改革实验计划，成为人才培养质量高、科技创新服务能力强、特色鲜明的高水平大学；支持新建本科院校加强教学基本建设，提高教学质量和学校声誉，增强可持续发展能力，在 2015 年前全面达到国家评估验收标准；支持示范性高职院校建设，2015 年建成 6 所国家示范高职院校，4—5 所国家骨干高职院校，10 所左右省级示范高职院校，成为高素质高级技能型专门人才培养的重要基地，带动四川高等职业教育整体协调发展；支持各研究生培养单位实施“研究生教育创新计划”，改革研究生培养模式，全面提高研究生教育质量；支持高校科技创新平台、哲学社科研究基地建设，全面提升省属高校科研能力。

2011 年 10 月，四川省教育厅、财政厅决定，为全面推进四川省

“高等教育质量工程”（包括“高等教育质量提升计划”、“优势学科与特色专业建设工程”及中央财政支持地方高校建设项目等），制定了《四川省教育厅四川省财政厅关于实施“高等教育质量工程”的意见》（川教〔2011〕149号）。该意见提出学科分类定位和发展，在立足省情基础上建设一批条件优良、水平较高、质量较好的“质量工程”项目，通过高水平项目、公共服务平台和示范共享项目促进优质教育资源共享，并建立“质量工程”管理体系等目标。

（七）家庭经济困难学生资助计划

《规划纲要》提出在2010—2020年期间，不断完善家庭经济困难学生资助政策和工作机构，在全省建立涵盖各级各类学校的学生资助体系，确保不让一名孩子因家庭经济困难而失学。为更好地实施家庭经济困难学生资助计划，四川对计划的实施进行了全面的部署。进一步提高农村义务教育家庭经济困难寄宿生生活补助标准，启动民族地区、贫困地区农村小学生营养改善计划，2015年前对民族地区、贫困地区农村小学生免费提供营养午餐。对汶川地震灾区贫困农户子女免费提供义务教育阶段作业本并减免高中期间学杂费，到2015年农村义务教育阶段学生全部使用免费作业本。免除中等职业教育家庭经济困难学生和涉农专业学生学费，实行免费中等职业教育。把普通高中学生和研究生纳入国家助学体系。建立完善乡村“留守学生”教育管理制度，确保留守学生的身心健康。建立健全对口支援乡村教育发展的制度。

2010—2011年，四川省共投入资金18.47亿元，将农村义务教育学校生均预算内公用经费标准在2010年的基础上再次提高100元，使小学达到每生每年500元、初中达到每生每年700元标准，并对全省不足100人的农村小学薄弱教学点，以每个教学点实际人数和100人的差额弥补了公用经费。并继续按照小学30元、初中40元的标准免除了170万名地震灾区贫困农户子女九年制义务教育作业本费。四川省政府将“两免一补”执行情况纳入了2012年的“民生工程”目标任务。从

2012 年开始，四川省将藏区和老凉山 10 个县的寄宿制学生生活补助标准统一提高到每生每年 1 700 元，全省享受生活补助的农村寄宿贫困学生比例平均达到 55%。

（八）教育国际交流推进计划

教育国际化是教育现代化的组成部分，教育国际交流的推进是培养高素质国际化人才，提升四川教育国际影响力、竞争力和吸引力，提高四川教育国际化水平的重要途径。《规划纲要》鼓励中外学校、教育机构合作，增加国际交流与学习的机会，如鼓励办好中外合作学校和一批中外合作办学项目，推动高水平学校在海外设立分校，办好孔子学院和孔子课堂，实施校长和骨干教师海外培训工程，实施留学四川计划等。为促进四川职业教育与国际职业教育接轨，在纲要实施期间引进国际通行职业资格证书体系。

2010—2020 年，四川要办好 5 所示范性中外合作学校和一批中外合作办学项目，推动四川高水平学校在海外设立分校；在国外新建孔子学院和孔子课堂各 5 所；实施“大中小学校长、骨干教师和优秀学生海外交流学习工程”，每年选派 1 000 名各级各类学校校长、骨干教师和优秀学生到发达国家交流学习；实施“留学四川”计划并设立“四川省政府外国学生来川留学奖学金”，每年资助 100 名来川留学生，留学生规模突破 10 000 人；鼓励中小学校加强国际理解教育，充分发挥汉语国际推广中小学基地的作用，积极开展跨文化交流活动；办好 5 所外籍人员子女学校。

二、九项重点建设工程

四川省启动建设九项对学生终身发展和增强教育服务经济社会发展能力具有重要支撑作用的重点建设工程，包括学前教育建设工程、义务教育学校标准化建设工程、农村留守儿童寄宿制学校建设工程、特殊教育学校建设工程、中职学校基础能力建设工程、中小学教育信息化工程、农村教师周转宿舍建设工程、高等学校优势学科与特色专业建设工程和高等学校科技成果转化工程。

（一）学前教育建设工程

《规划纲要》指出，学前教育建设工程的重点在乡镇幼儿园的建设及师资水平的提升。《规划纲要》提出：“新建、改扩建一批乡镇中心幼儿园，加强乡镇标准化中心幼儿园建设。支持农村地区利用中小学区域布局调整富余校舍举办幼儿园或幼教点。加强幼儿教师队伍建设，建立农村幼儿园园长和骨干教师定期培训制度。加强省、市示范性幼儿园建设。”针对纲要目标，四川省制定了详细的实施计划。实施计划将幼儿园建设纳入城镇和新农村建设规划，以政府投入为主，整合现有资源，新建、改扩建3 000所乡镇中心幼儿园，到2020年每个乡镇至少建成一所标准化中心幼儿园。加强幼儿教师配备，鼓励、引导幼儿教师到农村幼儿园任教，建立农村幼儿园园长和骨干教师定期培训制度。充分发挥优质幼儿园的示范辐射作用，以乡镇中心幼儿园为示范，提升农村幼儿园办园水平。

2011年5月，《四川省人民政府关于当前发展学前教育的实施意见》（川府发〔2011〕12号）出台。该实施意见提出以多种形式扩大学前教育资源，通过大力发展公立幼儿园、鼓励社会力量以多种形式举办幼儿园、建设好城镇小区配套园来增加幼儿园数量，解决上学难的问题；关注农村和民族地区学前教育资源的发展。针对幼儿园师资缺乏，质量参差不齐的现状，要通过提高教师素质、健全幼儿教师资格准入制度和登记制度、依法落实幼儿园教师地位和待遇、完善学前教育师资培训体系等方面加强幼儿园教师队伍建设。增加学前教育投入，财政性学前教育经费在同级财政性教育经费中比例在2011—2013年要有明显提高，创新投入机制，发展残疾儿童学前康复教育，尤其要加大边远贫困地区和少数民族地区学前教育经费的投入。另外，要不断强化幼儿园日常规范、收费及安全的管理，提高保教质量。

《四川省学前教育三年行动计划（2011—2013年）》按照《规划纲要》，确定其三年的发展目标为：新建、改扩建1 200所公办幼儿园（其中新建700所，改扩建500所），发展1 500所民办幼儿园。通过扩大全省在园幼儿规模，到2012年，全省在园幼儿达到219万人，学前三年毛入园率达到69.7%，有效缓解幼儿“入园难”问题。为确保行动计划目标的达成，四川省增加投入与创新投入机制并举，加强师资队伍建设与落实幼儿园教师地位并举，并通过明确部门责任、规范幼儿园管理、实施督导考核、加强学前教育宣传和提高保教质量等方式加强学前教育的组织管理。

（二）义务教育学校标准化建设工程

义务教育学校标准化建设工程的重点是校舍安全工程和提高学校综合防灾能力。《规划纲要》提出：“以标准化学校建设为统领，将义务教育学校标准化建设与校舍安全工程、农村义务教育校舍维修改造、农村初中工程、薄弱学校改造和学校布局调整等相结合，切实缩小区域差距、城乡差距和校际差距。”校园安全的保障需要建立校舍安全“有危即排”长效机制，全面消除安全隐患，使学校校舍达到重点设防类抗震设防标准，并严格达到防灾避险安全要求。根据纲要的要求及实施部署，2013年四川将全面完成中小学校舍安全工程任务，加固重建校舍4 337万平方米。另外，《规划纲要》在校园资源均衡配置上也提出要求，即“在校舍、师资、设备、图书等方面均衡配置，逐步达到国家基本标准水平”。

2012年10月四川省政府下发实施《四川省义务教育学校办学条件基本标准（试行）》，该标准明确提出，边远山区、交通不便地区可保留教学点，新建教学点要确保地带的安全；小学和初中每班不超过45人和50人；经费方面，公用经费中拿出15%用于维护装备的添置、更新和维护；配足配齐教师，按学校公用经费预算的5%安排教师培训，教师学历要达标。这些标准使义务教育学校办学条件的保障有法可依，能够有效解决中小学校功能用房不足，班额过大、教室拥挤，学生食宿条件较差，教学设施设备陈旧、配备数量不足等问题。同时，通过标准化建设这个抓手，促进了全省义务教育学校办学条件的改善，引导各级政府及有关部门合理分配教育资源，提高教育资金的使用效益，推进区域内学校办学资源的均衡配置，促进了区域内学校的均衡发展。

（三）农村留守儿童寄宿制学校建设工程

随着四川经济体制改革步伐的加快，进城务工农民工数量逐年增加，农村留守儿童人数随之大幅度增加，农村寄宿学校及其附属设施严重短缺的问题越发突显，县乡寄宿制学校“大班额”、“大通铺”问题日益突出。2007 年，中共四川省委办公厅、四川省人民政府办公厅印发了《关于切实推进城乡义务教育均衡发展的意见》（川委办〔2007〕30 号），把促进教育公平作为统筹城乡发展的重要内容，要求各地各部门重视农村教育发展，关爱农村留守儿童，实施留守儿童寄宿制建设工程。2008 年，四川开始实施“留守儿童寄宿制学校建设工程”，省级专项资金安排 3 亿元，用于建设、改造 400 所农村留守儿童寄宿制学校的教学用房和学生宿舍。

《规划纲要》提出，继续实施农村留守儿童寄宿制学校建设工程，四川工程计划测算省级每年安排 3 亿元专项资金，新建、改扩建 300 所农村义务教育阶段寄宿制学校的学生生活用房、教学用房及附属设施，也要求各级地方政府设立专项资金，加强农村留守儿童寄宿制学校建设。预计到 2015 年，全省农村留守儿童寄宿制学校将彻底消除“大通铺”、“大班额”现象。

据统计，2008—2012 年，四川省共投入资金 6.33 亿元，建设 741 所农村留守儿童寄宿制学校，消除大班额班级 3 000 多个，解决了 23 万多名留守儿童的住宿问题。通过实施农村寄宿制学校及其附属设施建设，有效解决或缓解了学校“大班额”和“大通铺”等问题，为农村留守儿童提供了良好的学习和生活的成长环境，受益师生满意度较高，社会评价高，反响良好，有力促进了四川城乡义务教育均衡发展和教育公平。

（四）特殊教育学校建设工程

《规划纲要》提出："实施国家特殊教育学校建设项目，新建、改扩建一批特殊教育学校，确保各市（州）和人口30万以上、残疾儿童少年较多县（市）都建成一所特殊教育学校。"预计到2015年新建27所、改扩建40所特殊教育学校。特殊教育师资队伍的建设与学校的配置保持一致，即"配齐特殊教育师资，强化专业准入和培训，提高教师专业化水平"。

（五）中职学校基础能力建设工程

《规划纲要》对中职学校基础能力建设工程的要求主要包括学校与实训基地建设、师资队伍建设和职业教育课程建设。根据四川2010年职业教育现状和中职基础能力建设工程的目标，四川制定了建设工程的具体实施项目：以政府为主，行业企业及民间投入为辅，支持200所改革示范校建设，带动全省中职学校办学水平提高；支持100所示范性职业教育集团学校建设，推进校企深度合作；支持建设100个实训基地，提升职业教育实践教学水平；完成10 000名"双师型"教师培训，聘任（聘用）12 000名技能型的专兼职教师。加强专业和课程建设，支持建设100个示范性朝阳专业和劳动密集型专业，引导职业学校面向经济社会发展优化专业结构，提高课程质量，构建教育教学网络学习平台，提高学校发展能力和办学水平。

（六）中小学教育信息化工程

教育信息技术的应用对提高教与学的质量、丰富教育环境和支持终身学习都发挥着重要的作用。《规划纲要》以"中小学教育信息化工程"为抓手，提升四川中小学教育信息化的发展水平。四川按两个阶段实施该工程，第一个阶段为2010—2015年，计划经费80.7亿；第二个阶段为2016—2020年，计划经费为70.1亿。经费使用的项目包括：提高百名学生拥有计算机台数，提高班级多媒体拥有率，推进数字化校园建设，建立全省教育资源公共服务平台，推进数字化图书馆建设，建设国家教育考试标准化考点、考务指挥平台，建设省级教育基础信息库及教育质量、学生流动、资源配置和毕业生就业状况等监测分析系统等。

按两阶段计划，2015年，每百名中、小学学生拥有计算机台数分别达到8.4台和5台，小学、初中、高中班级多媒体设备拥有率分别达到20%、30%和60%，所有高（完）中、40%的初中和20%的小学建成校园网，2020年所有中小学班级均能开展多媒体教学。加快构建完善教育资源管理体系，建设开放灵活的公共服务平台，用2—3年时间建成覆盖全省中小学的省级数字化教育资源库和教育网络电视台，并提供资源优质的远程服务和信息交流。推进数字化校园建设，2015年中小学数字图书馆资源覆盖率达到50%，2020年实现全覆盖。加强信息技术课程建设，建立完善信息技术课程评价体系。从2011年起，用3年时间建成国家教育考试标准化考点和考务指挥平台。基本建成较完备的省级教育基础信息库以及教育质量、学生流动、资源配置和毕业生就业状况等监测分析系统，推进教育管理信息化。

（七）农村教师周转宿舍建设工程

大力实施农村教师周转宿舍建设项目，将其作为稳定农村教师队伍、提高农村教育质量和促进义务教育均衡发展的重要举措。《规划纲要》指出要统筹规划农村教师周转宿舍的建设，其重点为支持农村艰苦边远山区和民族地区的教师，另外，需要制定农村教师周转宿舍分配、使用、维修等具体实施办法，规范管理农村教师周转宿舍。根据建设工程实施的具体计划，每年投入4亿元（省财政每年专项投入2亿元），新建、改扩建1万套40万平方米的农村教师周转宿舍，配备必要的附属设施，到2020年，为农村中小学教师提供必要的住所。据统计，

2011—2012 年中央和省财政投入边远农村地区教师周转宿舍建设资金达 5.4 亿元。

（八）高等学校优势学科与特色专业建设工程

学科和专业的水平反映高等学校核心竞争力的高低。《规划纲要》中现阶段高等学校优势学科与特色专业建设工程的内容主要包括：培育一批适应需求、优势突出、特色鲜明、质量优异、水平领先的学科专业；建设一批博士学位授权点和重点学科；加强高层次创新人才培养基地和应用型技能型人才培养基地建设。建设一批特色专业、精品课程和双语示范课程；加强优秀教学团队、实验教学示范中心、示范实习基地和高职专业教学资源库建设，培育造就一批学科带头人和教学名师，资助建设一批优秀教材。预计到 2015 年，重点建设 268 个学位授权点，183 个重点学科，20 个高层次创新人才培养基地，50 个应用型、技能型人才培养基地，800 个特色专业，2 400 门精品课程，100 门双语示范课程，400 个优秀教学团队，50 个科研创新团队，200 个左右重点实验室，200 个实验教学示范中心和 300 个示范实习基地，19 个高职教育专业教学资源库，培育造就一批学科带头人和教学名师，资助建设一批优秀教材。

（九）高等学校科技成果转化工程

积极推进大学科技园、高校重点实验室和高校工程技术研究中心建设；引导高校围绕四川经济社会及产业发展的关键性技术问题，开展科研工作，健全高校科技成果转化平台；选择和支持确有产业化前景和推广应用价值的项目。推进高校、科研院所和企业共建产学研联盟，不断提高科技成果转化率。

三、十大方面改革试点

针对制约四川教育发展的重大问题，根据统筹规划、分步实施、试点先行、动态调整的原则，选择部分地区和学校开展改革试点。专门成立教育体制改革小组，研究部署、指导实施教育体制改革工作。十大改革试点包括推进素质教育改革试点、义务教育均衡发展改革试点、职业教育改革试点、终身教育体系建设改革试点、拔尖创新人才培养改革试点、考试招生制度改革试点、现代大学制度改革试点、深化办学体制改革试点、地方教育投入保障机制改革试点、市级政府教育综合改革和省际教育协作改革试点。

（一）推进素质教育改革试点

素质教育是国家提高公民素质的重要抓手，通过推进素质教育，培养学生的社会责任感、创新精神和实践能力，造就具有国际视野、德智体美全面发展的社会主义合格公民。素质教育的推进是一项系统工程，需要基于国情综合研究教育教学体制、考试制度等教育的重要方面，联合政府、学校、家庭和社会的力量。

《规划纲要》提出在全省范围内探索建设政府主导、学校和全社会共同推进素质教育的制度环境，着力解决素质教育实施中的难点、热点问题，切实转变“应试教育”倾向。要求每个市州选择一个县开展建立中小学课业负担监测、举报、公告和问责制度试点，以形成减轻中小学学生课业负担的有效机制。全面推进基础教育课程改革，加强义务教育地方课程、校本课程建设和教材管理，支持普通高中开好选修课、技术课、综合实践活动课程，构建具有四川特色的课程教材体系。开展高中办学模式多样化试验，选择部分高中实施创新人才培养实验项目，开发特色课程，探索弹性学制培养方式。探索建立教育质量监测网络体系和评估制度，选择部分地区和学校试行，定期发布测评结果等。

（二）义务教育均衡发展改革试点

义务教育均衡发展拟通过均衡合理配置教师、设备、图书、校舍等资源，提高办学水平和教育质量，缩小城乡差距和地区差距。《国务院关于深入推进义务教育均衡发展的意见》（国发〔2012〕48号）提出，到2015年，全国义务教育巩固率达到93%，实现基本均衡的县（市、区）比例达到65%；到2020年，全国义务教育巩固率达到95%，实现基本均衡的县（市、区）比例达到95%。

四川省委、省政府高度重视义务教育均衡发展，先后出台了《关于切实推进城乡义务教育均衡发展的意见》、《推进县域内义务教育均衡发展督导评估办法（试行）》、《四川省义务教育学校办学条件基本标准》和《关于进一步加大财政教育投入的意见》等一系列文件，保障义务教育均衡发展工作的推进；在抓好“推进县域内义务教育均衡发展”国家改革试点项目的基础上，启动实施省级改革试点项目，在8个国家级、12个省级及若干市（州）级试点县先行先试，以点带面，切实抓好推进县域内义务教育均衡发展国家改革试验项目；为推进全省县域内义务教育均衡发展，省政府与各市（州）签订《推进县域内义务教育基本均衡发展目标责任书》，明确各级政府推动义务教育均衡发展的责任。

制定实现县域内义务教育基本均衡的时间表和路线图，到2013年底全省累计38个县要实现县域内义务教育均衡，到2015年累计94个县要实现县域内义务教育基本均衡；到2020年全省183个县（市、区）全部实现县域内义务教育基本均衡，义务教育巩固率达到95%。截至2013年9月，成都市全部19个县（市、区）已通过了县域内义务教育基本均衡发展教育部督导评估，成为中西部城市和副省级城市中首个接受国家督导认定并全域通过的城市。

（三）职业教育办学模式改革试点

四川省和教育部共同建设“国家职业教育综合改革实验区”，组织实施“职业教育综合改革”和德阳市“探索高等职业教育综合改革试验区建设”国家改革试点项目，引领四川职业教育的改革和发展。《规划纲要》提出改革职业教育办学机制，推进以政府统筹、校企合作、集团化办学为重点的办学模式，探索部门、行业、企业参与办学的机制。根据《规划纲要》要求，四川职业教育发展与社会人才需求紧密联系，支持行业制定人才需求规划和培养规格，与职业院校按照行业企业技术标准制定教育方案、开发专业课程，推进委托培养、定向培养、订单培养、工学交替等多样化人才培养模式；为建立稳定的校企合作关系和有效的合作办学机制，遴选100所中职学校和20所高职院校重点进行校企深度合作改革试点。建立企业技能人才到职业院校兼职从教制度、教师企业实践制度、学生企业顶岗实习制度。面向行业企业开展技术服务和参与技术研发，推进职业院校为"三农"服务。开展中等职业教育与高等职业教育衔接试点，积极探索促进中高职衔接培养技能人才的政策制度和办学模式，先在15—20所高职院校试验，面向全省中职学校招生。2014年全面推开到所有职业院校。

《规划纲要》的实施有力推动了四川职业教育的改革发展。2012年，中职招生数达54.3万人，全省职普招生比例达到52∶48，教育规模已大体相当。强化职业教育的内涵发展，建立了部门联席会议制度和以行业为纽带或地区为龙头的职教集团21个，指导开展区域性特色职业教育改革试验7个，采取在国家示范、骨干高职院校单独招生及在23所中、高职院校开展中高职衔接改革试点的方式探索中高职衔接的有效途径。着力发展农村职业教育，投入农村职业教育资金占总投入的60%以上，200多所农村中职学校办学条件得到改善；大力开展农村劳动力转移培训和农村实用技术培训，三年农村劳动力职业培训约600万人，农村实用技术培训约500多万人，农民工培训率提高到84.6%。职业教育经费以财政拨款为主、多渠道筹措并举，省级财政大幅增加职业教育投入，2012年省职教专项经费达到10亿元，职教攻坚期间共有300多所中职学校办学条件得到显著改善，建成140多个县级职教中心，160多个实训基地。

（四）终身教育体系建设改革试点

《国家中长期教育改革和发展规划纲要（2010—2020年）》把终身教育理念作为重要指导思想，把学习型社会建设放在更加突出的位置，提出了“到2020年，基本实现教育现代化，基本形成学习型社会，进入人力资源强国行列”的战略目标。四川以《国家中长期教育改革和发展规划纲要（2010—2020年）》和《规划纲要》目标为指导，积极探索建立区域内普通教育、职业教育、继续教育之间的沟通机制，促进全日制与非全日制教育之间的衔接和融合。建立终身学习网络和服务平台，构建多种层次、条块结合、相互开放、相互协调、相互促进的终身教育网络。大力发展现代远程教育，以广播电视大学为基础建立现代开放大学，构建开放式继续教育培训体系。大力推进自学考试综合改革和学习服务中心建设，积极推进自学考试与职业教育的衔接及非学历证书考试。统筹开发社会教育资源，加快建设社区教育体系，营造“人人皆学、处处能学、时时可学”的良好氛围。到2020年，全省初步建成终身教育体系，基本形成具有四川特色学习型社会框架，每个市州建设一个示范性学习型县，每个县建设一批示范性社区；城市居民参与社区教育活动达60%以上，农村居民达40%以上。探索建立学习成果认证体系，建立“学分银行”制度，实施“学分互认”，搭建终身学习“立交桥”。加快建设覆盖城乡全体劳动者的职业培训体系。健全管理协调体制，完善全社会支持和参与发展终身教育的新机制。

四川职业技术学院、四川广播电视大学和成都市分别承担部分试点项目。四川职业技术学院以提升职业院校社会服务能力为研究方向，创新体制机制，开展合作办学、合作育人、合作就业、合作发展，提升社会服务能力。成都市进行“推进社区教育数字化学习改革试点”，通过整合市广播电视大学、各参加区县网络资源，逐渐形成数字化学习梯级平台，目前已与教育部教育管理信息中心、中国成人教育协会三方共同签署《关于共同推动“全国城乡社区数字化学习实验基地”建设合作框架协议》，筹建了“1库+N网”的市民终身学习公共服务平台，开展《成都市城乡社区数字化学习实践研究》。四川广播大学通过建立国家数字化学习资源中心四川中心，搭建了数字化学习资源共建共享平台，并在该基础上，建立了四川电大社区教育网，在启动的社区教育试点市、县开展系列活动，取得了良好的效果。

（五）拔尖创新人才培养改革试点

拔尖创新人才培养改革试点是贯彻落实《国家中长期教育改革和发展规划纲要（2010—2020年）》，构建创新人才培养机制，提高拔尖创新人才培养质量的重要举措。已在成都七中等6所学校开展了“探索建立拔尖创新人才培养基地”改革试点。

四川以培养学生创新意识、创新思维和创新能力为目标，推进各级各类学校有机衔接，探索贯穿各级各类教育的创新人才培养途径，探索高中阶段、高等学校拔尖学生培养模式。更新教育观念，深化课程教材和人才培养模式改革，促进文理融合，科学人文并重。优化教学过程，改进教学方法。鼓励支持高中与大学合作联动，开展创新人才系统培养研究和试验。在省级以上示范性高中和重点中职学校实施与高校深度合作的创新人才培养实验项目，积极推进高校部分课程及图书馆、实验室、实训基地等教学科研资源向中等学校师生开放。促进高校科研与教学紧密结合，充分发挥科研在创新人才培养中的作用，支持高校学生多形式、多途径参与科学研究，实施“四川大学生创新性实验计划”。支持高校之间、校企之间、学校与科研机构之间合作建设创新人才培养基地。

2011年，四川省参加国家教育体制改革试点项目“探索建立拔尖创新人才培养基地”，通过改革高中招生录取办法、完善课程体系、创新教育教学方式、改革拔尖创新人才培养方式、改革考试评价制度等途径探索拔尖创新人才培养机制。成都七中创建“拔尖创新人才训练营”，探索学生成长方式，创造更适宜学生发展的教育。成都树德中学率先试点高中拔尖创新人才选拔与培养，对首批选拔出的学生实施“特殊的个性化教育”，在坚持实施国家课程与地方课程基础上，对拔尖创新人才实行创新课程，包含国际课程、大学先修课程、专项选修课程，同时实行双导师制，灵活采取学生自主探究学习和免修优势学科的制度，为学生的创新发展提供自由的空间。

（六）考试招生制度改革试点

为全面推进考试招生制度改革，《规划纲要》明确提出各阶段入学和考试制度。义务教育阶段要全面落实就近入学政策。强化中考政策导向，完善初中、高中学业水平考试和综合素质评价相结合的高中招生制度。从2013年起实施与高中新课程改革衔接的高考改革方案，探索以高考成绩为主要依据，结合学业水平考试成绩和综合素质评价等过程性评价结果，择优录取、自主录取、推荐录取、定向录取、破格录取的具体方式。探索高水平大学招生联考、高等职业院校自主考试或根据学业水平考试成绩注册入学、成人高等教育注册入学试点等招生方式。

四川建筑职业技术学院、四川工程职业技术学院、成都航空职业技术学院和四川交通职业技术学院开展“示范高职单独招生试点”，通过单列招生计划，投放对口高职招生计划和投放文体特长生计划的方式实施单独招生，并详细制定实行招考分离、纪委全程监督等措施，以确保单招工作的公开、公平和公正。

（七）现代大学制度改革试点

现代大学制度改革是提高高等教育质量的重要保证。四川现代大学制度改革试点以建设依法办学、自主管理、民主监督、社会参与的现代大学制度为目标，完善法人治理结构，落实学校办学自主权。坚持和完善公办高校党委领导下的校长负责制，建立党委领导、校长负责（或校长治校）、教授治学、民主管理的现代大学治理结构。制定和完善学校章程，探索学校理事会或董事会、学术委员会发挥作用的机制。探索建立符合高校特点的管理制度和配套政策，克服行政化倾向。全面实行聘任（用）、合同管理制度和岗位管理制度，推行二级专业技术岗位核定到校、自主聘任和新进人员自主公开招聘改革。深化收入分配制度改革，探索协议工资制等灵活多样的分配办法。建立高校信息公开制度和年度报告发布制度，接受社会和专业机构的评价和监督。

四川大学探索建立高校办学质量监控和内部自律机制，初步建立了管办评分离的校内办学和管理评估机制，由学校发展研究中心作为独立的评价机构，以按年度发布学院发展报告为引导，结合“大学教育满意度调查”，对学校各部处的管理和各学院的工作效率、办学水平、办学质量和办学效益进行评估，形成校内各单位相互激励、相互促进的长效机制。学校也重视青年教师培养，通过“1+1+1”（1位名师指导、融入1个教学科研团队、1个专项项目支持）的培养模式，实现“1+1+1”（至少能独立主持1项省部级以上科研项目、主讲1门本学科核心课程、有1次海外访学经历）的目标。

（八）深化办学体制改革试点

办学体制改革是教育体制改革的重要组成部分。在当前社会发展水平下，四川积极创新公办学校办学体制机制，鼓励行业、企业等社会力量参与公办学校办学。《规划纲要》要求深化办学体制改革的主要方面有：探索公办学校联合办学、中外合作办学、委托管理等改革试验，推进公办学校办学形式多样化；建立民办学校资产过户等税费减免政策，建立和完善民办学校教师社会保险制度，开展民办学校教师享受事业单位养老保险试点；研究建立公共财政资助民办教育制度，设立政府支持民办教育发展专项资金；落实对民办学校的人才激励政策，建立公办与民办学校之间教师合理流动的渠道；选择不同层次和类型的民办学校开展营利性和非营利性分类管理试点；建立民办学校财务、会计和资产管理制度，探索建立民办学校办学风险防范机制和退出机制；探索独立学院多途径发展、分类管理的有效方式。

（九）地方教育投入保障机制改革试点

当前，四川社会经济发展水平不高，教育经费成为影响教育发展的重要因素。为了实现教育事业跨越式发展的目标，四川立足省情，探索教育投入的保障机制，切实解决好教育经费投入机制与教育发展协调的问题。

《规划纲要》对地方教育投入保障机制改革试点的重要方面做了阐

述。首先要建立地方各级政府依法增加投入和社会多渠道筹措教育经费长效机制，制定各级学校生均经费基本标准和生均财政拨款基本标准，并建立教育投入分项分担机制。义务教育阶段，巩固和完善义务教育经费保障机制，切实落实地方各级政府教育投入分项分担责任，分类核定小学、初中、特教、寄宿制等学校的生均公用经费财政拨款基准定额，逐步提高生均公用经费财政拨款水平。非义务教育阶段，建立完善多渠道筹措经费的长效机制，制定、落实并逐步提高生均经费基本标准，逐步加大生均公用经费财政拨款比例，逐步化解高中阶段学校和高校负债。积极探索地方政府收入统筹用于支持教育的办法，积极调整财政支出结构，新增财力重点支持教育发展。依法制定鼓励教育投入的优惠政策，切实落实教育各项建设工程的收费减免政策。对长期在农村基层、艰苦边远地区和民族地区工作的教师实行工资福利倾斜政策。

（十）市级政府教育综合改革和省际教育协作改革试点

抓好“深入推进城乡教育一体化、促进‘全域成都’教育优质均衡发展”国家改革试验项目，以绵阳科技城建设、德阳省级职教改革示范区等为依托，在有条件地区开展四川城乡教育统筹发展试点和教育现代化先行试验区建设，积极探索市域、县域范围教育综合改革新模式。

充分发挥四川教育优势，开展省际教育合作试验。推动成渝经济区跨行政区域教育资源优势互补，建立加强同周边省、自治区、直辖市和泛珠三角、长江流域、环渤海等区域教育协作交流机制，促进与港澳台地区教育交流和合作，形成相互开放、共同发展格局。

第三节　推进教育现代化主要举措

推进教育现代化，是一项系统工程，任重道远。特别是四川人口多、底子薄，“穷省办大教育”的现状依然会在一定时期存在，因此，需要四川一步一个脚印，做实做好每一件事，突出优势、突破瓶颈，努力实现“到2020年，基本实现教育现代化，基本形成学习型社会，建成教育强省和西部人才高地”的教育现代化目标。

一、坚持立德树人的基本导向

立德树人是教育的根本任务，是教育系统坚持和发展中国特色社会主义的核心所在，也是实现中华民族伟大复兴中国梦的基础保障。2013年5月，习近平总书记在芦山地震灾区视察时再次强调，抓教育首先要抓立德树人，德的问题解决不好，教育再发展也很难说是成功的。在推进四川教育现代化征程中，坚持教育为社会主义现代化建设服务、为人民服务，培养德智体美劳全面发展的社会主义建设者和接班人。切实加强学生的理想信念教育，把社会主义核心价值体系融入国民教育全过程，合理确定目标，科学设置课程，完善培育体系，加强爱国主义和理想信念教育，加强传统美德、公共道德教育，引导广大青少年树立正确的世界观、人生观、价值观，增强热爱祖国、服务人民、报效社会的使命感。充分发挥学校主渠道、主阵地作用，加强教材建设，加快教学改革，深入挖掘各门课程蕴含的德育资源，积极探索思想品德教育的方式方法，充分体现时代性，准确把握规律性，大力增强实效性。进一步优化育人环境，不断完善学校、家庭、社会协调一致、相互配合的德育机制。进一步强化实践育人环节，加强学生实习实验、参与公益活动和志愿服务，在实践中增强动手能力，了解国情民情，学会做人做事。把中华民族伟大复兴中国梦作为德育教育的重要内容，创新形式，更新方法，探索途径，教育广大师生深刻理解中国梦的丰富内涵，自觉把个人的奋斗梦想融入实现国家富强、民族振兴、人民幸福的中国梦，把个人价值与社会价值紧密结合在一起，把个人命运与国家命运紧密联系在一起，与祖国共命运，与时代同进步，凝聚起为之共同奋斗的强大力量。

二、强化人人成才的素质教育

坚持以人为本、全面实施素质教育是教育改革发展的战略主题，是贯彻党的教育方针的必然要求，也是为四川“两个跨越”培养大量适用人才和急需人才的现实需要。四川要紧扣这一主题，统筹各级各类教育协调发展，办好学前教育，均衡发展九年义务教育，基本普及高中阶段教育，加快发展现代职业教育，推动高等教育内涵式发展，积极发展继续教育，完善终身教育体系，确保到2020年与全国同步基本实现教育现代化，基本形成学习型社会，建成教育强省和西部人才高地。将人人可以成才的观念贯穿教育全过程，以学生为主体，遵循教育规律和学生身心发展规律，优化知识结构，加强学校体育、艺术、劳动教育及学生心理健康教育，丰富社会实践，着力提高学习能力、实践能力、创新能力，增强综合素质。把促进人的全面发展和适应社会需求作为衡量教育质量的根本标准，通过完善基础教育课程体系和考试评价制度，减轻义务教育阶段学生过重课业负担等方式，提升教育质量，真正把学生、教师从“应试教育”中解放出来。立足人口和劳动力资源大省实际，顺应推进工业化、信息化、城镇化和农业现代化的新形势，大力发展职业教育，建立与发展需求有效对接的现代职业教育体系，加强城乡青少年的就业创业能力培养，造就更多有知识有技能的劳动者。

三、完善促进公平的教育服务

教育公平是社会公平的重要基础，是最大的教育民生。坚持教育的公益性和普惠性，保障公民依法享有平等的受教育权利，是中国特色社会主义教育的本质要求。要在教育机会公平、公共教育资源配置公平、教育制度规则公平上花力气、下功夫，统筹城乡，整体推进。加快基本公共教育服务均等化、均衡化建设，优化教育资源配置，扩大优质教育资源覆盖面，缩小城乡、区域差距，促进教育基本公共服务向农村和民族地区、革命老区、贫困地区、薄弱学校及困难群体倾斜。大力推进义务教育均衡发展，到2020年在全省183个县（市、区）全面实现县域内义务教育基本均衡。加大投入倾斜，重点支持民族地区、革命老区、贫困地区教育发展，确保与全省同步实现教育现代化。民族地区以巩固提高义务教育和深入实施藏区“9+3”免费教育计划为重点，持续开展教育对口支援，全面提升教育发展水平。完善助学金制度，以健全完善各级各类教育贫困学生资助政策、体系为重点，扩大和保障机会公平，让每个孩子都有学上、上好学，成为有用之才。全面落实教育惠民政策，切实解决进城务工人员子女以及留守、残疾儿童少年等的就学问题。同时，构建教育公平保障机制，推进依法治教和依法治校，加强行风建设，推进政务公开和校务公开，规范学校办学，实施招生“阳光工程”，坚决治理乱收费，努力办人民满意的教育，努力让人民群众共享教育改革发展成果，推进社会和谐进步。

四、构建制度创新的教育体制

改革创新是教育发展的内在要求和核心动力，基本实现教育现代化，促进教育与经济社会相适应，必须不断深化改革。坚持以人才培养体制改革为核心，系统推进管理体制、办学体制、投入保障机制改革，着力完善考试招生制度、现代学校制度、民办教育制度、教育督导制度和绩效评价制度，解决好制约教育发展的瓶颈问题。通过改革创新，完善知识创新和服务体系，发挥教育在科技进步和科技创新中的基础作用，增强教育服务经济社会发展能力，提升教育对经济发展的贡献率。积极推进现代大学制度建设，以提高质量为核心，引导高校走科学发展、内涵发展、特色发展之路，大力培养高素质专门人才和拔尖创新人才。积极推进高水平大学建设，开展教学质量与教学改革工程、优势学科与特色专业建设工程、科技成果转化工程，深化产学研合作，充分发挥高校在成果转化中的技术支撑作用，提高科技成果转化率。同时，推动人文社会科学深入研究回答重大理论和现实问题，增强教育服务决策的能力，促进文化大发展大繁荣。

五、打造素质精良的教师队伍

推进四川教育现代化，关键在人。教师是立教之基、兴教之本，是四川教育现代化的最根本因素。认真贯彻落实国务院和四川省加强教师队伍建设的意见，把加快教师队伍建设作为教育事业的基础工程，作为推动四川教育改革发展的战略重点，多措并举、真抓实干，努力造就一支师德高尚、业务精湛、结构合理、充满活力的高素质专业化教师队伍，推进四川教育科学快速发展。

一是把师德建设放在首位。学高为师，身正为范。良好的师德是党和人民对广大教师的基本要求，是体现教师素质的重要方面。加强中国特色社会主义理论体系教育，通过形式多样的学习教育活动，不断提高教师的理论修养和思想政治素质，确保教师坚持正确的政治方向，践行社会主义核心价值体系。深入开展师德师风养成教育活动，把教师职业理想、职业道德、学术规范以及心理健康教育融入职前培养和准入体系、职后培训和管理体系的全过程，促进形成重德养德的良好风气，严格规范从教行为。健全师德考核评价机制，把师德建设作为学校工作考核和办学质量评估的重要指标，把师德表现作为教师绩效考核和职称评审的首要内容；建立健全责任制和责任追究制，着力解决社会和群众反映强烈的各种问题。同时，大力宣传师德先进典型，扬师风、立师德、树师表，引导教师加强师德修养，时时以自己的渊博学识、优良品行和人格魅力，影响和塑造学生，切实做好学生健康成长的引路人。

二是增强教师队伍专业能力。“学贵得师”，教师素质高、专业能力强，学生成才的机会就会大大增加。严把教师资格准入关，根据各级各类教育的特点，完善教师专业发展标准体系，严格执行国家各级各类学校教师、校长的专业标准和任职资格标准，全面实施教师资格考试和定期注册制度，提高教师任职学历标准、品行和教育教学能力要求。积极构建现代教师教育体系，完善教师学习培训制度，满足教师终身学习愿望，切实保障教师培养培训经费投入，大力实施以“中小学百千万人才培养计划”为重点的各级各类教师培养培训项目，推动教师专业化、专家化成长，为教师成长为教育家提供良好的制度环境。加大对农村和民族地区中小学、幼儿园教师及音、体、美、双语等紧缺学科教师培训力度，完善职业学校“双师型”教师培养培训体系，加大高层次人才项目对高校青年教师的支持力度，完善优秀教师传帮带团队协作机制，培育跨学科、跨地域的科研与教学相结合的创新团队。

三是建立健全教师管理制度。以制度建设破解教师工作发展难题，推动教师队伍建设科学发展是教育现代化在师资队伍建设上的重要表现。从实际出发，加强和改进教师管理，建立责权明确、充满活力、有利于教师工作的管理体制。严格教师编制管理，逐步实行城乡统一的中小学教职工编制标准，严禁挤占、挪用、截留教师编制。对民族地区、边远山区、革命老区和贫困地区的教师编制，要强化保障，适应当地教育发展需要。完善教师补充机制，健全新进教师公开招聘制度，探索符合实际需要、适应不同岗位需求的招聘办法，落实高校用人自主权，形成有利于人才引进、人尽其才的师资补充机制和激励机制。积极探索建立中小学教师“县管校用”机制，均衡配置师资，大力促进城乡教师交流。进一步加强农村和民族地区教师队伍建设，继续大力实施中央特岗教师计划和师范生免费培养计划，把省免费定向培养师范生作为重要的民生工程，招聘和培养更多的“特岗教师”、免费师范生，发挥出“两个计划”更大的作用。深化中小学教师职务职称制度改革，健全教师分类考核评价标准，激励和选用更多更好的人才从事教育、献身教育。

四是进一步提升教师地位。切实保障、提升教师的政治地位、社会地位、职业地位，维护好教师的合法权益，使教师在岗位上有幸福感、在事业上有成就感、在社会上有荣誉感，吸引最优秀人才进入教师队伍。依法保障教师的经济待遇，确保教师平均工资水平不低于当地国家公务员的平均工资水平。完善教师医疗保险、养老、住房等社会保障体系建设，在经济发展的同时不断提高教师的福利待遇。关心关爱教师，千方百计帮助教师排忧解难，努力改善教师的工作和生活条件，为教师教书育人创造良好环境，充分保护教师的积极性、激发教师的创造力。特别关注广大农村地区、边远山区、贫困地区的教师群体，增加津补贴，建立对长期在艰苦地区任教、贡献突出的教师给予奖励和表彰的机制体制，进一步营造尊师重教的浓厚氛围。以解决教师困难为切入点，建立健全长效机制，解决更多的教育民生问题，为教育现代化铺平道路。

六、营造优先发展的教育环境

教育振兴，全民有责。努力实现教育现代化、办好人民满意的教育，是全川人民义不容辞的神圣职责和共同责任。全省上下唯有进一步牢固树立抓教育就是抓发展、抓未来的理念，加强领导，落实责任，凝心聚力，教育强省和西部人才高地才可能早日建成，四川篇章才可能为中国梦添上最浓墨重彩的一笔。

一是进一步落实教育优先发展战略。社会进步、经济发展，教育先行。充分发挥各级教育行政主管部门统筹管理、决策咨询和组织协调作用，配合地方党委政府切实把教育优先发展落到实处，确保规划优先，把促进教育发展作为首要工作，把全面落实《规划纲要》各项目标任务作为工作重点；落实教育投入优先，保障教育事业发展的资金需求，健全教育优先发展的投入保障机制；做到资源配置优先，公共资源优先满足教育和人力资源开发需要，加快建设覆盖城乡的基本公共教育服务体系。特别是在全面建设小康社会和四川加快推进城镇化的背景下，全力改善办学条件，合理规划学校布局，加强学校保护和建设，使学校成为各地宜业宜居的重要标志、文脉文气的鲜明符号。同时，积极配合有关部门，在落实教育优先发展战略、推进教育现代化进程中，优先建设教师队伍，促进教育事业全面健康可持续发展。

二是动员社会各界支持教育事业发展。众人拾柴火焰高。教育的社会公益事业属性，决定了其发展、壮大离不开全社会的支持。建立健全相关政策，构建起通畅的社会力量兴教办学、捐资助学的渠道路径；动员更多的有识之士和爱心人士支持教育、投入教育、兴办教育；引导各级各类团体组织、企事业单位和街道社区，主动承担支持教育的社会责任，积极参与校园建设和校园周边环境综合治理，努力形成推动教育现代化和促进人的全面发展的良好社会氛围。搭建宣传平台，加大宣传力度，树立榜样典型，激发全社会关心、参与教育事业发展的巨大热情。建立健全监督机制，积极利用社会力量监督和评价教育、参与教育管理，推动、提升教育现代化水平。

第七章　小康社会和教育现代化评估监测

第一节　小康社会评价指标及标准评述

一、小康目标以人均国民生产总值为标准

1978—1979年，邓小平实地考察东南亚、日本、美国等新兴工业化国家和发达工业化国家的现代化建设后，以实事求是的态度重新认识中国国情，提出“中国式的现代化”的概念。1979年12月，邓小平第一次提出“小康”的思想，指出小康社会就是中国特色社会主义现代化。他学习和吸取了日本在60年代的国民收入倍增计划的经验，第一次以人均国民生产总值（GNP）指标量化统计的方式提出中国现代化的阶段性战略目标，即当人均国民生产总值达到800至1 000美元时，中国社会进入“小康社会”。这种小康社会是解决了温饱的社会，是低水平的现代化，但它合乎中国国情。之后，邓小平又明确阐述了小康社会是中国在20世纪末要达到的政治、经济和社会发展的战略目标。中国共产党第十二次和第十三次代表大会，把邓小平提出的这个战略设想确定为全党和全国人民的长期奋斗目标：第一步，到1990年实现国民生产总值比1980年翻一番，解决人民的温饱问题；第二步，使国民生产总值比1980年翻两番，人民生活达到小康水平；第三步，到21世纪中叶，实现人均国民生产总值4 000美元，达到中等发达国家水平，人民生活比较富裕，基本实现现代化。

将人均国民生产总值作为衡量社会经济发展程度和国民生活水平的量化指标，能反映物质生产部门和服务部门的整体情况。在当时社会

发展水平的条件下，这一指标具有先进性，对社会经济发展水平的量化使社会发展目标明确，也突出在贫穷落后的状况下以经济建设为主要目标。但该指标仅计算最终产品的价值，忽略了发展过程中对环境的破坏；以支出金额评价政府投入，而不考核投入的效益。另外，使用单一的指标容易导致社会发展只注重经济效益，忽略环境发展、精神文明等方面。

二、小康目标衡量尺度丰富化

1990年，党的十三届七中全会对小康目标做了更加详尽的描绘："人民生活从温饱达到小康，生活资料更加丰裕，消费结构趋于合理，居住条件明显改善，文化生活进一步丰富，健康水平继续提高，社会服务设施不断完善。""所谓小康水平，是指温饱的基础上，生活质量进一步提高，达到丰衣足食。这个要求既包括物质生活的改善，也包括精神生活的充实；既包括居民个人消费水平的提高，也包括社会福利和劳动环境的改善。"

表7-1　全国农村小康生活水平的基本标准

指标类型	指标名称	单位	指标临界值		
			1980年	小康值	权数
一、经济水平	1. 人均国内生产总值	元	778	2 500	14
二、物质生活					48
收入	2. 人均收入水平				16
	(1)城镇人均可支配收入	元	974	2 400	6
	(2)农民人均纯收入	元	315	1 200	10
居住	3. 人均居住水平				12
	(1)城镇人均使用面积	平方米	5.5	12	5
	(2)农村人均砖木结构住房面积	平方米	4.5	15	7
营养	4. 人均蛋白质摄入量	克	50	75	6

续表

指标类型	指标名称	单位	指标临界值		
			1980年	小康值	权数
交通	5. 城乡交通状况				8
	⑴城市每人拥有铺路面积	平方米	2.8	8	3
	⑵农村通公路行政村比重	%	50	85	5
结构	6. 恩格尔系数	%	60	50	6
三、人口素质					14
文化	7. 成人识字率	%	68	85	6
健康	8. 人均预期寿命	岁	68	70	4
	9. 婴儿死亡率	‰	34.7	31	4
四、精神生活					10
	10. 教育娱乐支出比重	%	3	11	5
	11. 电视机普及率	%	11.9	100	5
五、生活环境					14
	12. 森林覆盖率	%	12	15	7
	13. 农村初级卫生保健基本合格以上县百分比	%		100	7
总计	共16项分指标				100

注：表中价值量指标均按1990年价格计算。此标准为原国家计划委员会与国家统计局联合提出并征求12个部委意见后，于1995年1月修改完成的。(国家统计局小康研究课题组提供)

从20世纪90年代起，中国社会科学院、国家计划委员会、国家统计局和农业部等单位开展了中国小康问题的“细化”研究。1992年，国家统计局综合各方面的研究成果，提出了“中国小康标准”、“中国农村小康标准”和“中国城市小康标准”，并于1993年向国务院递交了关于试行小康统计标准的报告。随后，国家计划委员会与国家统计局于1995年1月修改完成《全国小康生活水平的基本标准》。该标准作为全国人民小康生活的统一标准来设计，是测量全国人民小康生活水平的一个基本标准，包括经济水平、物质生活、人口素质、精神生活和生活环境五个方面，共包括16项指标。根据这16项指标评价2000年国家小康实现度，全国小康实现程度为96%，东部地区基本实现，中部地区实现78%，西部地区实现56%，人民生活总体上达到小康水平，但区域发展不平衡。[1]

1995年，党的十四届五中全会在《中共中央关于制定国民经济和社会发展“九五”计划和2010年远景目标的建议》中指出，“九五”国民经济和社会发展的主要奋斗目标是，全面完成现代化建设的第二步战略部署，到2000年，基本消除贫困现象，使人民生活达到小康水平。1996年，国家统计局和农业部又联合研究制定了《全国农村小康生活水平的基本标准》。农村标准由收入水平、物质生活、人口素质、精神生活、生活环境和社会保障与社会安全六个部分组成，共包括16项指标。

表7-2　全国农村小康生活水平的基本标准

指标名称	单位	指标临界值		
		1980年	小康值	权数
一、收入分配				35
1. 人均纯收入	元	300	1 200	30
2. 基尼系数	%	0.2	0.3—0.4	5
二、物质生活				25
3. 恩格尔系数	%	60	≤50	6
4. 蛋白质摄入量	克	47	75	9
5. 衣着消费支出	元	27	70	3
6. 钢木结构住房比重	%	43	80	7
三、精神生活				12
7. 电视机普及率	台/百户	1	70	6
8. 文化服务支出比重	%	2	10	6

[1] 张真. 关于“全面小康社会”的统计评析 [J]. 统计与决策，2004（2）：116-117.

续表

指标名称	单位	指标临界值		
		1980 年	小康值	权数
四、人口素质				9
9. 人口平均预期寿命	岁	68	70	4
10. 劳动力平均受教育程度	年	6	8	5
五、生活环境				11
11. 已通公路的行政村比重	%	50	85	3
12. 安全卫生水普及率	%	50	90	3
13. 用电户比重	%	50	95	3
14. 已通电话的行政村比重	%	50	70	2
六、社会保障与社会安全				8
15. 享受社会五保人口比重	%	50	90	4
16. 万人刑事案件立案件数	件	5	≤ 20	4

注：纯收入和衣着支出额价值量均已折算为 1990 年可比价。此标准为国家统计局和农业部于 1996 年 3 月共同制定下发。（国家统计局小康研究课题组提供）

《全国小康生活水平的基本标准》和《全国农村小康生活水平的基本标准》的研制以党的十三届七中全会的小康目标为出发点，选择符合当时社会经济发展水平的指标。从指标内容看，指标在考虑经济与社会发展状况基础上，兼顾了小康社会居民物质文化生活水平和质量，区分了处于温饱阶段和富裕阶段的小康社会；从指标的可行性看，指标采用目标值和权重的方式将原始数据转化为相对量来衡量目标实现程度，使指标具有可比性和连续性；从指标的普适性看，选择的指标参考了国际标准，又考虑了我国人口结构差异、城乡差异和资源相对不足等国情特点，使指标具有普适性，并能进行横向与纵向的研究分析。这两个标准使我国小康水平衡量的尺度进一步丰富，但用于当前我国社会经济发展条件下的评价，这两套指标仍然偏重物质文明和经济发展的内容，指标数据多来源于抽样调查，样本覆盖面小，这些缺陷限制了指标的准确性。

三、全面小康社会标准的建立

(一)“全面小康”的标准依据

1997年，党的“十五大”实事求是地分析和评估了社会发展的实际水平和面临的困难，客观地指出，我国目前在总体上达到的小康，是一种低水平的、不全面的、发展不平衡的小康。一方面，虽然中国的人均国内生产总值超过850美元，但这还是一个比较低的标准，大约相当于世界低收入国家中的较高水平；另一方面，许多人目前仅解决了温饱问题，处于从温饱到小康的中间路上，仍有一部分人的生活水平在温饱以下；在许多结构性指标方面和社会发展领域，都存在较大的差距。在这种情况下，“全面建设小康社会”被确定为新的发展目标，并被逐步明确地纳入了中国共产党和中国政府新的发展战略框架。

2000年10月，党的十五届五中全会提出了全面建设小康社会的新目标。全会决议指出：“我们已经实现了现代化建设的前两步战略目标，经济和社会全面发展，人民生活总体上达到了小康水平。这些都是带有阶段性、根本性的变化。从新世纪开始，中国将进入全面建设小康社会，加快推进现代化的新的发展阶段……这是中华民族发展史上一个新的里程碑。”

2002年11月，党的“十六大”报告中进一步明确了今后20年全面建设小康社会的任务，提出四个主要目标：经济增长与工业化目标、政治民主与法制目标、社会发展与人的发展目标和可持续发展目标。基于中国总体经济水平过于落后的现实，以往的小康建设战略以经济发展为首要目标（如上世纪90年代中期制定的全国标准和农村标准），强调了国内生产总值及其人均水平增长的重要性，没有考虑到社会发展方面的重要性和必要性，导致地方普遍采用国民生产总值单一标准来评价地方政绩。全面建设小康社会的目标全面反映了人民物质生活水平、精神文明发展和政治发展目标需求，是对总体小康战略的重大调整和提升。党的“十六大”系统阐述的全面建设小康社会的发展战略把握了时代发展的需求和方向，迅速地转化为推动中国的经济、社会、政治全面发展的行动纲领。

党的“十七大”提出全面建设小康社会标准的新要求，包括增强发展协调性，努力实现经济又好又快发展；扩大社会主义民主，更好地保障人民权益和社会公平正义；加强文化建设，明显提高全民族文明素质；加快发展社会事业，全面改善人民生活；建设生态文明，基本形成节约能源资源和保护生态环境的产业结构、增长方式、消费模式。

党的“十八大”根据我国经济社会发展实际情况和新阶段的特征，在党的十六大、十七大确立的全面建设小康社会目标基础上，提出一些更具明确政策导向、更加针对发展难题、更好顺应人民意愿的新要求，以确保到2020年全面建成的小康社会，是发展改革成果真正惠及十几亿人口的小康社会，是经济、政治、文化、社会、生态文明全面发展的小康社会，是为实现社会主义现代化建设宏伟目标和中华民族伟大复兴奠定了坚实基础的小康社会。

（二）“全面小康”统计监测指标体系

总体小康将我国不同地区、不同群体、不同方面的经济和社会发展水平作为一个整体进行评价，主要通过物质消费水平来衡量。全面小康在注重物质生活的基础上，还特别关注社会居民的精神生活、生活环境的改善、享受的民主权利等方面，适应了我国经济、社会和人的发展需求，顺应了国际发展趋势。

2003—2008年，国家统计局根据党的十六大和十七大对全面建设小康社会提出的目标和要求，研制了《全面建设小康社会统计监测指标体系》，全面反映我国各地全面建设小康社会的进展情况，为研究制定相关方针政策提供依据。全面建设小康社会进展情况，其内容包括经济发展、社会和谐、生活质量、民主法制、文化教育、资源环境等六大方面23项指标。

表7–3 全面建设小康社会统计监测指标体系

监测指标	单位	权重（%）	标准值（2020年）
一、经济发展		29	
1. 人均GDP	元	12	≥31 400
2. R&D经费支出占GDP比重	%	4	≥2.5
3. 第三产业增加值占GDP比重	%	4	≥50
4. 城镇人口比重	%	5	≥60
5. 失业率（城镇）	%	4	≤6
二、社会和谐		15	
6. 基尼系数	—	2	≤0.4
7. 城乡居民收入比	以农为1	2	≤2.80
8. 地区经济发展差异系数	%	2	≤60
9. 基本社会保险覆盖率	%	6	≥90
10. 高中阶段毕业生性别差异系数	%	3	=100
三、生活质量		19	
11. 居民人均可支配收入	元	6	≥15 000
12. 恩格尔系数	%	3	≤40
13. 人均住房使用面积	平方米	5	≥27
14. 5岁以下儿童死亡率	‰	2	≤12
15. 平均预期寿命	岁	3	≥75
四、民主法治		11	
16. 公民自身民主权利满意度	%	5	≥90
17. 社会安全指数	%	6	≥100
五、文化教育		14	
18. 文化产业增加值占GDP比重	%	6	≥5
19. 居民文教娱乐服务支出占家庭消费支出比重	%	2	≥16
20. 平均受教育年限	年	6	≥10.5

续表

监测指标	单位	权重（%）	标准值（2020 年）
六、资源环境		12	
21. 单位 GDP 能耗	吨标准煤／万元	4	≤ 0.84
22. 耕地面积指数	%	2	≥ 94
23. 环境质量指数	%	6	= 100

资料来源：《中国全面建设小康社会监测报告（2011）》，社会科学文献出版社。

科学地测量全面小康水平必须建立一套综合的指标体系，这个体系具备测量、考核和分析的功能，并能进行不同时期、不同国家、不同地区、不同群体的对比。与 1995 年研制的《全国小康生活水平的基本标准》相比，全面建设小康社会的指标体系有如下特点：(1) 反映经济发展水平与注重社会发展水平相结合；(2) 从总量水平、平均水平、城乡和地区均衡发展水平进行全方位的评价；(3) 关注民主法治和文化教育的发展状况，适应了社会发展的需求。指标应用的必要条件是能采集到有效的数据，由于我国各地区经济发展、资源、地理位置差异大，国家公共数据采集机制的不健全，各地区数据的统计口径、来源、计算方式不同，导致指标的应用有困难。可见，小康社会的评价在不断完善指标体系的同时，需要建立标准的数据采集机制，两者并重才能使评价具有科学性、可比性。

第二节 国家教育现代化指标

一、国家教育现代化评价指标产生背景

（一）《国家中长期教育改革和发展规划纲要（2010—2020 年）》确定的战略目标

专栏 1 教育事业发展主要目标

指标	单位	2009 年	2015 年	2020 后
学前教育				
幼儿在园人数	万人	2 658	3 400	4 000
学前一年毛入园率	%	74.0	85.0	95.0
学前两年毛入园率	%	65.0	70.0	80.0
学前三年毛入园率	%	50.9	60.0	70.0
九年义务教育				
在校生	万人	15 772	16 100	16 500
巩固率	%	90.8	93.0	95.0
高中阶段教育*				
在校生	万人	4 624	4 500	4 700
毛入学率	%	79.2	87.0	90.0
职业教育				
中等职业教育在校生	万人	2 179	2 250	2 350
高等职业教育在校生	万人	1 280	1 390	1 480
高等教育**				
在学总规模	万人	2 979	3 350	3 550
在校生	万人	2 826	3 080	3 300
其中：研究生	万人	140	170	200
毛入学率	%	24.2	36.0	40.0
继续教育				
从业人员继续教育	万人次	16 600	29 000	35 000

注：* 含中等职业教育学生数；** 含高等职业教育学生数。

专栏 2　人力资源开发主要目标

指标	单位	2009 年	2015 年	2020 年
具有高等教育文化程度的人数	万人	9 830	14 500	19 500
主要劳动年龄人口平均受教育年限	年	9.5	10.5	11.2
其中：受过高等教育的比例	%	9.9	15.0	20.0
新增劳动力平均受教育年限	年	12.4	13.3	13.5
其中：受过高中阶段及以上教育的比例	%	67.0	87.0	90.0

《国家中长期教育改革和发展规划纲要（2010—2020 年）》确定的战略目标是：到 2020 年，基本实现教育现代化，基本形成学习型社会，进入人力资源强国行列。并提出了教育现代化的五个发展方面：实现更高水平的普及教育、形成惠及全民的公平教育、提供更加丰富的优质教育、构建体系完备的终身教育、健全充满活力的教育体制。目标确定了，那么届时如何检验目标是否实现，在教育改革发展过程中距离目标还有多远？回答这一系列问题，就必须有一套衡量、评判教育现代化的指标体系。

纲要用两个专栏表达了 2015 年、2020 年教育事业发展和人力资源开发的主要目标。这些目标描述了 2020 年全国基本实现教育现代化的相关水平标志，成为了研究制订国家教育现代化评价指标的基础。

（二）教育部确定的 2013 年工作

教育部在 2013 年工作要点中强调“加快教育领域综合改革，加快转变教育发展方式，加快推进教育现代化”。教育部袁贵仁部长要求加快研究制定出教育现代化监测评价指标，推进教育现代化的总体方案、路线图和时间表。

为了更好地推动实现教育现代化，教育部组织专题研究工作组，开展集中研究、协同创新，力图设计一套中国特色、国际可比的教育现代化监测评价指标体系，形成相应的推进机制，作为推动今后八年我国教育改革发展的战略抓手。

二、国家教育现代化监测评价指标体系的构建

从2013年1月20日起，按照教育部的要求，专题组开展了研究。专题组由教育部发展规划司牵头组织，由有关教育科研机构和大学的教育专家组成。专题组主要研究人员有上海市教育科学研究院陈国良（首席科学家）、张珏、董秀华、王秀军等，中国教育科学研究院曾天山，清华大学胡鞍钢，中国科学院中国现代化研究中心何传启。专题组参与研究人员有教育部国家教育发展研究中心杨银付、江苏省教育科学研究院杨九俊、广东省教育研究院谢绍禧、成都市教育科学研究院秦建平、重庆市教育评估院龚春燕、北京师范大学褚洪启、华东师范大学范国睿、东北师范大学邬志辉、华中师范大学雷万鹏、华南师范大学卢晓中、兰州大学罗云等。专题组围绕国家教育现代化核心指标建设，开展联合攻关。到2013年10月基本完成研究任务。

在研究过程中，教育部发展规划司申报了国家社科基金重点招标课题“教育现代化评价指标体系及其推进路径研究”，上海教育科学研究院、江苏省教育厅和江苏省教育科学研究院、广东省教育厅、浙江省教育厅、云南省教育厅、成都市教育局和成都市教育科学研究院分别承担了子课题研究任务。

国家教育现代化监测评价指标体系，由普及与公平、结构与质量、条件与保障、服务与贡献4个一级指标，学前教育毛入园率等40个二级指标构成。指标分别用作省级评价、全国评价和国际比较三个方面（见表7-4）。

表7-4 国家教育现代化监测评价指标体系

方面	序号	指标
一、普及与公平	1	学前教育毛入园率
	2	九年义务教育巩固率
	3	高中阶段教育毛入学率

续表

方　面	序号	指　标
一、普及与公平	4	高等教育毛入学率
	5	继续教育参与率
	6	随迁子女公办学校就读比例
	7	残疾青少年受教育水平
	8	家庭经济困难学生资助比例
	9	家庭经济困难学生资助水平
	10	义务教育发展基本均衡县比例
	11	省域内义务教育县际差异程度
二、结构与质量	12	德育艺术实践课程开设水平
	13	学生学业成就水平
	14	学生体质健康水平
	15	班额达标率
	16	普通高中选修课比例
	17	高校特色学科专业集中度
	18	高水平学科比例
	19	民办教育发展水平
	20	学历教育开放水平
	21	来华留学生数
	22	高校学生出国留学人数
	23	高校聘请外籍教师和研究人员数
	24	高校具有海外工作学习经历教师比例
三、条件与保障	25	生师比
	26	专任教师学历水平
	27	接受培训教师比例
	28	职业教育双师型教师比例
	29	教育总经费占 GDP 比例
	30	公共财政预算教育经费占公共财政支出比例
	31	基本办学条件达标学校比例
	32	信息化配备水平
	33	信息技术应用水平

续表

方 面	序号	指 标
四、服务与贡献	34	高校毕业生初次就业率
	35	职业教育对口就业率
	36	高校社会服务能力
	37	紧缺人才可获得程度
	38	劳动力受教育水平
	39	人均受教育年限
	40	文盲率

国家教育现代化监测评价指标体系对每个二级指标分别从指标描述、计算公式、指标功能、适用范围、选择理由、数据来源、测算说明等几个方面进行了说明。

国家教育现代化监测评价指标体系明确了每个二级指标初步现代化、基本现代化、全面现代化的标准参考值。以高等教育毛入学率指标为例，如表 7–5 所示。

表 7–5 国家教育现代化高等教育毛入学率指标分阶段发展目标（参考值）

发展阶段	现状[1]	初步现代化[2]	基本现代化[3]	全面现代化[4]
高等教育毛入学率	26.9%	36%	40%	60~70%

---

[1] 2011 年数据。

[2] 初步现代化指标值为《国家中长期教育改革和发展规划纲要（2010—2020 年）》2015 年目标。

[3] 基本现代化指标值为《国家中长期教育改革和发展规划纲要（2010—2020 年）》2020 年目标。

[4] 全面现代化指标参考值为高收入国家平均水平。

三、国家教育现代化监测评价指标体系的特性

（一）导向明确，引领发展

国家教育现代化监测评价指标体系，围绕贯彻落实党的十八大精神和《国家中长期教育改革和发展规划纲要（2010—2020年）》的目标要求，对未来八年推进我国教育现代化，进行了科学谋划。教育现代化评价指标的选取，充分考虑了指标既能够衡量教育发展水平，又能够充分体现对改进工作的有效指导。把握发展目标，聚焦矛盾问题，加强对全国和各地区教育发展中困难和问题的分析，致力于解决各阶段教育改革发展的热点难点和老百姓广泛关注的问题。通过对一系列紧扣现代化主题又与各地教育改革实践紧密联系的指标进行评价，推进各级政府不断深化教育改革发展，扎实推进全国教育现代化。

（二）系统精简，突出重点

教育现代化内涵丰富，几乎涉及教育的方方面面，覆盖教育教学和管理的全部领域，也与社会经济发展存在广泛的联系和相互影响。国家教育现代化监测评价指标体系充分考虑了教育现代化评价的系统性、完整性，并突出主要指标、关键指标、核心指标。坚守了教育普及水平、教育结构、教育条件与保障等基本问题，突出了公平与均衡、质量与效率等重点问题，关注了服务与贡献、信息化和国际化等薄弱环节，整个指标体系结构清晰、指向明确、指标精干。

（三）定量为主，准确客观

国家教育现代化监测评价指标体系，体现了以客观的定量指标为主，辅之以必须的定性判断。减小了评价的主观随意性，极大地增强了监测评价结果的客观性、可信性。其指标选取充分考虑了定性指标评价的局限，以侧重条件现代化的客观统计指标为主，从定量可测的方面尝试用发展水平、保障水平等体现物质技术层面的教育现代化，并设计了

一些能够反映和体现观念现代化、管理现代化、制度现代化、体系现代化的定量指标。

（四）国际参照，科学比较

我国作为教育现代化后发型和追赶型国家，对照发达国家的指标标准和方向构建参照系、找出差距、确定发展方向，有利于全国及各地明确教育发展的方向和工作着力点。国家教育现代化监测评价指标体系，参照了联合国教科文组织（UNESCO）、经济合作与发展组织（OECD）、世界银行（WB）、联合国计划开发署（UNDP）和发达国家的教育发展评价指标体系及其标准值区间，增强了我国教育现代化指标体系与国际机构以及一些发达国家教育指标的可比性，也使评价结果更容易赢得国际社会的认可。

第三节　四川教育现代化监测评价指标

一、四川教育现代化监测评价指标的依据

（一）依据国家教育现代化监测评价指标

国家教育现代化监测评价指标体系是建立四川教育现代化监测评价指标最根本的依据。四川省在接受国家教育现代化监测评价的同时，一方面要运用国家教育现代化指标对全省进行自评，另一方面要依据国家教育现代化指标制定出可以针对市、州教育实际的教育现代化监测评价指标，对全省各个市、州进行监测评价。

（二）依据四川省教育改革发展战略目标

《四川省中长期教育改革和发展规划纲要（2010—2020年）》确定的战略目标是：到2020年，基本实现教育现代化，基本形成学习型社会，建成教育强省和西部人才高地。《四川省中长期教育改革和发展规

划纲要（2010—2020年）》文本中专栏1、专栏2、专栏3确定的2020年教育事业发展主要目标、人力资源开发主要目标，就是四川教育现代化监测评价的重要标准。

专栏1 教育事业发展主要目标

指标	单位	2009年	2015年	2020年
学前教育				
幼儿在园人数	万人	154.8	215.7	223.3
学前三年毛入园率	%	61.8	70.0	75.0
九年义务教育				
在校生	万人	974.3	818.4	902.0
巩固率	%	90.3	93.7	95.0
高中阶段教育*				
在校生	万人	279.1	275.0	220.0
毛入学率	%	75.9	85.0	90.0
职业教育				
中等职业教育在校生	万人	135.6	140.0	110.0
高等职业教育在校生	万人	73.5	83.0	89.0
高等教育**				
在学总规模	万人	171.9	196.0	210.0
在校生	万人	150.9	175.0	192.0
其中：研究生	万人	7.1	10.0	13.0
毛入学率	%	24.0	32.7	40.0
继续教育				
从业人员继续教育	万人次	990	1 780	2 150

注：* 含中等职业教育学生数；** 含高等职业教育学生数。

专栏2 人力资源开发主要目标

指标	单位	2009年	2015年	2020年
具有高等教育文化程度的人数	万人	400	690	960
主要劳动年龄人口平均受教育年限	年	8.9	10.0	11.2
其中：受过高等教育的比例	%	7.8	13.0	20.0
新增劳动力平均受教育年限	年	11.0	12.5	13.5
其中：受过高中阶段及以上教育的比例	%	65.0	86.0	90.0

专栏3 区域教育事业发展主要目标

经济社会发达地区

指标	单位	2009年	2015年	2020年
学前教育 学前三年毛入园率	%	90.0	92.0	95.0
九年义务教育 巩固率	%	93.4	95.0	99.0
高中阶段教育* 毛入学率	%	93.3	94.0	95.0

经济社会中等发达地区

指标	单位	2009年	2015年	2020年
学前教育 学前三年毛入园率	%	61.0	70.0	75.0
九年义务教育 巩固率	%	90.6	93.7	95.0
高中阶段教育* 毛入学率	%	74.9	85.0	90.0

经济社会欠发达地区

指标	单位	2009年	2015年	2020年
学前教育 学前三年毛入园率	%	20.51	50.0	70.0
九年义务教育 巩固率	%	67.8	90.0	95.0
高中阶段教育* 毛入学率	%	36.2	70.0	90.0

注：*含中等职业教育。

（三）参考国际国内教育现代化评价指标

将国际国内教育现代化评价指标体系进行比较分析，挖掘其共性部分，作为建立四川教育现代化监测评价指标体系的重要参考。

1．国际教育发展指标共性分析

世界银行教育发展指标。世界银行从1978年以来每年发表《世界发展指标（报告）》，是以一国的经济与社会发展为依据形成的综合性指标体系，并据此提出世界发展趋势和建议。2010年该指标由教育投入、受教育机会、教育效率、毕业率及教育成果、收入和性别引起的教育差距五部分组成，共有20项。世界银行指标体系的概念框架和内容并非一成不变，也在不断完善。

经济合作与发展组织（OECD）教育发展指标。OECD教育指标体系是以人力资本理论作为理论基础，将市场经济中的供需模型运用于教育中，又以教育评估中CIPP模式中的“背景（context）—输入（input）—过程（process）—输出（product）”为框架，建立起一个包括教育背景（context）、成本、资源与学校过程（input）、教育结果（outcome）的系统，并用一系列指标动态地显示出来，进行从微观到宏观、从简单到复杂的投入产出式分析。2010年OECD教育指标体系由4个一级指标、26个二级指标、94个三级指标组成。

联合国教科文组织（UNESCO）教育发展指标体系。UNESCO确定了5个部分、22个指标的教育指标评价体系。该指标体系分为教育供给、教育需求、入学和参与、教育内部绩效、教育产出五个部分（见表7-6）。

表7-6　UNESCO的世界教育指标

一级指标	具体指标
教育供给（资源）	经费：公共教育开支占GDP的百分比、公共教育开支占政府公共总开支的百分比、各级教育公共日常开支分配的百分比、生均公共日常经费开支
	人力资源指标：生师比、女教师所占的百分比
教育需求	成人文育数、教育成就
入学和参与	毛入学率、净入学率、升学率、预期受教育年限、中等教育入学率、净入学率、分年龄的入学率
教育内部绩效	留级生所占的百分比、留级率、各年级的保留率、效率系数（每年教育经费培养的学生数、每位毕业生的年均投入）

续表

一级指标	具体指标
教育产出	识字率、教育成就（注：识字率是15岁以上人口会读写的比率；教育成就指25岁以上人口受教育程度，它既是教育需求指标，又是教育产出指标）

世界银行、OECD和UNESCO的教育指标体系具有较好的发展性和动态性，因此本研究特别分析了这三个指标体系中相同或相近的三级指标，如表7-7所示。

表7-7 世界银行、OECD、UNESCO教育发展指标体系共性比较

名称 分类	世界银行		OECD		UNESCO	
	指标	上中等收入国家平均值	指标	OECD均值	指标	较发达地区
教育投入/成本	公共教育支出占GDP比例	4.6%	公共教育开支占GDP比例（2007年）	5.2%	公共教育经费占GDP比例	5.1%
	公共教育支出占政府总支出比例	14.0%	教育公共支出占公共支出总额比例（2007年）	13.3%	公共教育经费	1.098 4万亿美元
	学生人均公共支出比例	小学13.5% 中学18.1% 大学18.4%	不同教育机构支出占GDP的比重	小学和初等教育2.4% 高中教育1.2% 高等教育1.5%	生均公共教育日常经费及占人均GDP比例	各级合计 5 360美元，21.0% 学前、初等、中等教育 4 992美元，19.5% 高等教育 6 437美元，25.2%
	小学生师比	22	各级教育中的生师比	学前14.4 小学16.4 中学13.5 中学后13.8 高等15.8	各级教育中女教师的百分比	学前92.9% 初等79.0% 中等52.7%

续表

名称 分类	世界银行		OECD		UNESCO	
	指标	上中等收入国家平均值	指标	OECD 均值	指标	较发达地区
受教育机会	各级教育入学率	学前教育 64% 小学教育 110% 中学教育 90% 大学教育 43%	不同年龄段入学率（2008 年）	4 岁及以下 71.5% 5—14 岁 98.8% 15—19 岁 81.5% 20—29 岁 24.9% 30—39 岁 5.9% 40 岁及以上 1.6%	毛入学率	学前教育 男女 71.8% 男 71.9% 女 71.7% 初等教育 男女 103.5% 男 103.6% 女 103.4% 中等教育 男女 108.0% 男 107.0% 女 109.2% 高等教育 男女 61.1% 男 56.8% 女 65.6%
毕业率及教育成果／教育产出	小学毕业率	100%	高中毕业率	80%		
	青年（15—24 岁人口）识字率	男性 98% 女性 98%	完成高中教育的人口数	70.4%	成人非文盲率	男女 99.0% 男 99.3% 女 98.7%
	成人（15 岁及其以上人口）识字率	男性 95% 女性 92.5%	成年人受教育程度	29% 高中以下水平 44% 高中水平 28% 有高等教育水平	15 岁以上文盲率估计数	男女 10.2% 男 6.8% 女 13.6%

从上表可见，世界银行、OECD 和 UNESCO 共同关注的教育发展指标涵盖教育投入、受教育机会、教育产出和成果，具体指标包括：公共教育支出占 GDP 比例（4.6%—5.1%）、公共教育支出占政府总支出比例（14% 左右），学生人均公共支出占 GDP 比例、生师比（14—

22)、各级教育入学率（学前教育70%左右、小学教育98.8%—110%、中学教育81.5%—103.5%、高等教育43%—61.1%）和毕业率（小学100%、高中80%）、成人识字率／非文盲率（95%—99%）等。

2．国内东部沿海省市教育现代化评估指标体系共性分析

国内关于教育现代化评估的实践，较为先行和成熟的指标体系有上海市教育委员会印发的上海市2010年教育现代化指标体系，江苏省县（市、区）域教育现代化建设主要指标，广东省县域教育现代化指标体系等。三家相同或者相近的指标如表7-8。

表7-8　上海、江苏、广东区县级教育现代化指标共性比较

<table>
<tr><th colspan="2">相同或相近指标</th><th>上海目标</th><th>江苏目标</th><th>广东目标</th></tr>
<tr><td colspan="2">教育规划布局合理程度</td><td>中小学校合理布局程度</td><td>义务教育阶段学校布局合理</td><td>战略规划</td></tr>
<tr><td colspan="2">政府对教育的投入水平</td><td>教育投入达到法定“三个增长”要求。财政性教育经费占政府财政支出比例的16%</td><td>教育经费纳入财政保障范围。教育投入达到法定“三个增长”的要求</td><td>依法保障教育经费“三个增长”。教师工资水平与区域经济发展同步提高</td></tr>
<tr><td colspan="2">教育资源均衡配置</td><td>校舍建设达标学校比例为80%；县内教师合理流动机制基本形成</td><td></td><td>学校布局合理；教育均衡发展机制、对口帮扶制度比较完善</td></tr>
<tr><td rowspan="6">教师学历水平</td><td>幼儿园</td><td>本科及以上达30%，专科及以上达90%</td><td></td><td></td></tr>
<tr><td>小学</td><td>本科及以上达40%，专科及以上达90%</td><td>专科及以上比例达70%</td><td>大专及以上学历的比例达到90%</td></tr>
<tr><td>初中</td><td>研究生学历达3%，本科及以上达95%</td><td>本科及以上学历达60%</td><td>大专及以上学历的比例达到100%，初中本科率达60%</td></tr>
<tr><td>高中阶段</td><td>研究生学历比例达6%</td><td>研究生学历比例达5%</td><td rowspan="2">本科及以上学历的比例达到95%</td></tr>
<tr><td>职业学校</td><td>“双师”型教师的比例达到30%</td><td>“双师”型教师的比例达50%</td></tr>
<tr><td>中小学教师年培训进修时间</td><td>每年平均培训进修时间应达到60课时</td><td></td><td></td></tr>
</table>

续表

相同或相近指标		上海目标	江苏目标	广东目标
教育信息化	中小学生机比	5：1	10：1	普通高中、中职学校不低于6：1；初中不低于8：1；小学不低于10：1
	中小学校园网连通率	达到97%		学校100%实现与省基础教育网络互联
学习型城区建设		社区教育网络基本形成；学校和社会公共文化、体育设施资源的共享水平；公共图书馆藏书量4.8册／人	每个乡镇（街道）具有适应需要的社区教育资源并得到充分利用，基本满足群众多样化学习需求。从业人员年培训率达50%	终身教育体系
教育发展水平	学前教育毛入园率	98%以上	（在园人数与4—6岁年龄组人口数之比）达90%	98%以上
	义务教育完成率	保持在99%以上	九年义务教育巩固率达99%	100%
	高中阶段入学率	稳定在99%左右	初中毕业生升学率达95%	初中毕业生升学率达到95%
	残障儿童入学率	超过98%	达95%	
教育国际化		国际学校和中外合作办学水平		教育国际交流与合作；跨文化教育和国际理解教育
学生综合素质水平		学生思想道德水平；学生学业水平；学生身心健康水平	素质教育全面实施	培养模式和素质教育

二、四川教育现代化监测评价指标体系

依据国家教育现代化监测评价指标体系、四川省教育改革发展战略

目标，参考国际国内教育现代化评价指标，结合市、州教育实际，建立了四川教育现代化监测评价指标体系。由于市、州教育体系中是以基础教育学校为主，加上中等职业教育学校、成人教育学校和社区教育网络等。因此，评价指标暂未考虑高等教育。

表 7-9　四川教育现代化监测评价指标体系

方面	序号	指标	参考值（见注 3）
A1 普及与公平	B1	学前教育毛入园率	75%
	B2	九年义务教育巩固率	95%
	B3	高中阶段教育毛入学率	90%
	B4	高等教育毛入学率	40%
	B5	继续教育参与率	40%
	B6	随迁子女公办学校就读比例	85% 以上
	B7	残疾青少年受教育水平	全国平均水平
	B8	家庭经济困难学生资助比例	100%
	B9	家庭经济困难学生资助水平	全国平均水平
	B10	义务教育发展基本均衡县比例	95%
	B11	省域内义务教育县际差异程度	全国平均水平
A2 结构与质量	B12	德育艺术实践课程开设水平	全国平均水平
	B13	学生学业成就水平	全国平均水平
	B14	学生体质健康水平	合格率 98%
	B15	班额达标率	100%
	B16	普通高中选修课比例	全国平均水平
	B17	民办教育发展水平	见注 2
A3 条件与保障	B18	生师比	达到国标
	B19	专任教师学历水平	见注 1
	B20	接受培训教师比例	全国平均水平
	B21	职业教育双师型教师比例	60%
	B22	公共财政预算教育经费占公共财政支出比例	18% 以上
	B23	基本办学条件达标学校比例	100%
	B24	信息化配备水平	全国平均水平
	B25	信息技术应用水平	全国平均水平

续表

A4 服务与贡献	B26	职业教育对口就业率	80% 以上
	B27	劳动力受教育水平	13.5 年
	B28	人均受教育年限	11.2 年
	B29	文盲率	2% 以下

注：1．幼儿教师专科及以上学历达到 65%；小学教师专科及以上学历达到 85%；初中教师本科及以上学历达到 75%；高中阶段教师研究生学历（学位）达到 3%。

2．以非义务教育阶段为重点大力发展民办教育，中等职业教育和高等教育民办学校在校生比重分别达到 45% 和 26% 左右。

3．基本实现教育现代化的指标参考值，来源于《四川省中长期教育改革和发展规划纲要（2010—2020 年）》、《四川省"十二五"教育事业发展规划》以及国家和省相关教育政策文件。

四川教育现代化监测评价指标体系用作省对市、州教育发展水平的监测评价，也可供市、州、县用于对本地教育发展水平的自评。

第四节　四川教育现代化监测之成都案例

一、成都教育现代化监测的由来

2010 年 7 月，中共中央、国务院颁布了《国家中长期教育改革和发展规划纲要（2010—2020 年）》，确定了"到 2020 年，基本实现教育现代化，基本形成学习型社会，进入人力资源强国行列"的战略目标。这是国家第一次对全国教育现代化建设提出要求。《四川省中长期教育改革和发展规划纲要（2010—2020 年）》提出，到 2020 年，基本实现教育现代化，基本形成学习型社会，建成教育强省和西部人才高地。2011 年实施的《四川省教育体制改革试点方案》要求，成都市开展教育现代化先行试验区建设。成都市贯彻国家和四川省《纲要》精神，2011 年 4 月《成都市中长期教育改革和发展规划纲要（2010—2020年）》正式颁布，提出了“到2015年，率先在中西部基本实现教育现代化；到2020年，率先在中西部全面实现教育现代化，建成高水平学习型城市和教育强市，使成都教育发展水平和人力资源开发水平达到中西部第一、全国一流”的战略目标。

2009—2010年，原成都市教育科学研究所教育发展研究中心教育现代化课题组研制了《成都市区（市）县教育现代化水平评估标准》、《成都市小学、初中、普通高中教育现代化水平评估标准》。2010年，部分区（市）县据此尝试开展对学校教育现代化水平的评估，成都市人民政府教育督导团办公室据此组织尝试开展对部分区（市）县教育现代化水平的评估。每个专家小组负责评估一个区（市）县，由于不同的专家小组在评估中的自由裁量，对评估给分标准的把握不一致，导致评价结果信度不高，失去了采信意义。四川在反思、总结和研究的基础上，决定将对区（市）县教育现代化的评估，改革为对区（市）县教育现代化发展水平的定量监测。2011年3月至2012年2月，研究出了一套教育现代化监测的指标体系及其相应的量化标准。通过年度监测，科学判断区（市）县教育现代化水平，推进长久、持续的发展。

二、成都教育现代化监测指标的确立

（一）监测指标建立原则

1．公认性原则

成都教育现代化监测指标体系要充分体现教育现代化的本质。教育现代化是落后国家和地区追赶发达国家和地区先进教育水平的过程，结合邓小平在设计中国分“三步走”基本实现社会主义现代化宏伟蓝图时，提出到21世纪中叶中国要达到中等发达国家水平，基本实现现代化。中国社会科学院2011年12月发布的《中国产业蓝皮书》指出，中国已成功地从低中等收入国家迈入中上等收入国家行列。因此，“中上等发达国家教育水平”是成都基本实现教育现代化的参照标准之一。选择国际国内关于教育现代化指标的学术研究成果、实践评估成果中具有共性的指标，并参照国家2020年教育发展指标和成都市2015年教育发展指标，作为成都教育现代化监测指标。

2．针对性与可比性原则

针对成都经济社会和教育发展实际，具体指标尽量从名称、统计口径和方法上与国家一致，使之具备可比性。

3．可操作性原则

指标体系的结构尽可能简单，数据采集和指标量化方法尽可能简便，具体指标尽可能利用现有的统计资料及有关规范标准。

4．指导性原则

“指标”具有“指”的导向功能和“标”的校正功能。指标体系不仅要能够合理、客观地描述和评价教育现代化发展的实际水平，而且要能够对教育发展方向和政策制定发挥指导作用。

5．特色性原则

在普适性的指标体系基础上，增加反映成都教育改革创新和体现成都教育特色的相关指标，如义务教育均衡指数等。

（二）监测指标体系构成

依据上述五条原则，运用国际教育指标研究常用的“投入—产出”模式，将国家基本实现教育现代化战略目标“实现更高水平的普及教育，形成惠及全民的公平教育，提供更加丰富的优质教育，构建体系完备的终身教育，健全充满活力的教育体制”五个方面的要求，贯彻在成都教育现代化监测指标体系中。

本监测指标体系共分为8个一级指标，33个二级指标。其中，3~5岁幼儿入园率、义务教育巩固率、高中阶段毛入学率、义务教育校际均衡指数、学生体质健康达标合格率、财政性教育经费占政府财政支出比例、班额达标比例、教师学历提高比例等8个二级指标为核心指标（见表7–10）。

表 7-10 成都市区（市）县教育现代化发展水平监测指标体系及标准[1]

一级指标	权重（%）	二级指标	2015 年基本现代化参照标准
A1 教育事业发展水平（权重 18%）	5	B1 3—5 岁幼儿毛入园率	98%
	5	B2 义务教育巩固率	99%
	5	B3 高中阶段毛入学率	96%
	3	B4 新增劳动力平均受教育年限	≥ 14.0 年
A2 教育公平和质量（权重 18%）	4	B5 义务教育校际均衡指数	≤ 0.35
	2	B6 残障儿童少年义务教育入学率	99%
	3	B7 区（市）县内交流干部、教师流动比例	年流动比例 ≥ 20%
	4	B8 学生体质健康达标合格率	98%
	3	B9 学生学业水平	≥ 60%
	2	B10 中职毕业生对口就业率	≥ 85%
A3 教育经费投入（权重 12%）	5	B11 依法实现教育经费“三个增长”及财政性教育经费占政府财政支出比例	实现“三个增长”，比例 ≥ 18%
	3.5	B12 生均公共财政预算教育事业费	小学 ≥ 10 000 元，初中 ≥ 11 000 元，普通高中 ≥ 10 000 元，中职 ≥ 11 000 元
	3.5	B13 生均公共财政预算公用经费	小学 ≥ 1 800 元，初中 ≥ 2 600 元，普通高中 ≥ 1 800 元，中职 ≥ 2 600 元
A4 办学条件及教育信息化水平（权重 12%）	1.5	B14 体育运动场（馆）面积	小学生均 ≥ 8.76 m^2，中学生均 ≥ 11.95 m^2
	2	B15 生均教学及辅助用房面积	小学 ≥ 7.5 m^2，初中 ≥ 9.2 m^2，高中 ≥ 8.2 m^2
	2	B16 生均教学仪器设备值	小学 ≥ 3 600 元，初中 ≥ 3 900 元，高中 ≥ 5 800 元
	3	B17 班额达标比例	小学班额 45 人以下、中学班额 50 人以下班级数占总班数的比例达到 100%

[1] 秦建平，张惠. 教育现代化监测指标研究——以四川省成都市为例 [J]. 教育导刊，2012，(5).

续表

一级指标	权重(%)	二级指标	2015 年基本现代化参照标准
A4 办学条件及教育信息化水平（权重 12%）	1.5	B18 生机比	6：1
	1	B19 校园网连通率	100%
	1	B20 教师信息化水平	85% 的教师通过“全国教师教育技术能力达标考试”
A5 师资队伍建设（权重 16%）	6	B21 各级教育师生比	小学 1：19，初中 1：13.5，高中 1：12.5
	6	B22 教师学历提高比例	幼儿园专任教师达到专科及以上比例 ≥ 70%，小学专任教师达到专科及以上比例 ≥ 95%，初中专任教师达到本科及以上比例 ≥ 90%，普通高中专任教师达到研究生比例 ≥ 5%
	2	B23 中等职业学校专业课教师达到“双师型”教师比例	≥ 60%
	2	B24 中小学教师培训进修时间达到规范 72 学时 / 年的比例	100%
A6 教育国际化（权重 8%）	3	B25 各级教育专任教师到境外学习进修达到的比例	2011—2015 年五年累计达到 2.5%
	2	B26 拥有境外友好学校比例	2011—2015 年五年累计达到 11.5%
	3	B27 境外师生互访人次占师生总数的比例	2011—2015 年五年累计达到 2.0%
A7 学习型社会建设水平（权重 8%）	2	B28 社区教育三级网络覆盖率	100%
	3	B29 从业人员年继续教育率	≥ 65%
	3	B30 居民社区教育年参与率	≥ 50%
A8 教育管理水平和社会满意度（权重 8%）	2	B31 重大公共教育政策、措施的决策社会参与度	100%
	2	B32 学校依法治校、民主管理水平	100%
	4	B33 社会及家长对教育满意度	≥ 80%

（三）监测结果的计算处理

运用统计和观测、调查数据计算各项指标达成度。二级指标达成度为，统计或观测、调查数据与参照标准之比，乘以100%。一级指标达成度为所包含的各二级指标的达成度分别乘以其权重，求和之后再除以该一级指标权重，再乘以100%。总达成度为，各一级指标达成度分别乘以其权重再求和，乘以100%。达成度大于0，小于或者等于100%。从总达成度可以定量判断距离教育现代化参照标准的程度，从一级指标达成度、二级指标达成度可以准确判断教育现代化推进过程中的优势项目和薄弱环节。“达成度”既有评量作用，又有指导作用。

三、成都教育现代化监测制度

在建立起成都市教育现代化指标体系，实施教育现代化监测的过程中，逐步形成了较为健全的监测制度。

（一）年度监测制度

每年定期监测，掌握各个区（市）县及全市教育现代化动态发展水平，便于及时采取针对性措施。

（二）数据真实性核查制度

建立了“全面、随机”的数据真实性核查机制。“全面”是指全市19个区（市）县和高新区所有填报的数据都是核查的对象。“随机”是指核查的数据完全随机抽选，并在此基础上重点核查某些可疑数据。此机制有效地避免了监测数据失真。

（三）结果反馈机制和政府决策运用机制

以成都市人民政府教育督导团正式文件或者通知的形式，将教育现代化监测报告印发给各区（市）县政府、教育行政部门。为区（市）县改进管理、资源配置、做出重大决策等提供依据。督促区（市）县促进辖区内教育现代化水平提升。同时，将监测报告报送中共成都市委、成都市政府，作为市级层面教育决策的重要依据。

（四）监测报告社会公开制度

成都市教育现代化监测报告不仅仅在政府和教育部门内印发，同时还报送市人大、市政协。并以“蓝皮书”形式公开出版和在各类新闻媒体公开发布监测结果，向全社会广泛宣传，并接受社会监督。

（五）监测结果用作考核制度

由于成都市教育现代化监测结果能够准确、客观、较为全面、清楚明了地反映各区（市）县教育发展水平，因此，成都市委、市政府工作目标督察办公室于 2013 年开始，将成都教育现代化监测结果用于对区（市）县教育工作的年度考核。

四、成都教育现代化2012年监测结果及其启示

（一）成都市 A 级指标总体达成情况

成都市区（市）县教育现代化 A 级指标总达成度（简称 A 级指标全市总达成度）由各项 A 级指标内的 B 级指标达成度加权总和而成。2012 年监测到 2011 年：A 级指标全市总达成度在 85% 以上的指标有教育事业发展水平、教育公平和质量、师资队伍建设，占 A 级指标总个数的 37.5%，其中教育事业发展水平的目标达成度最高，为 98.61%。达成度最低的是教育国际化水平、办学条件和教育信息化水平，这是成都教育的短板和今后努力的方向。这一结果说明坚持教育优先发展战略，加大教育投入不能放松。经济基础始终是教育现代化的前提条件。

（二）成都市 B 级指标平均值达成度

成都市区（市）县 B 级指标平均值达成度，由各区（市）县 B 级指标的平均值计算而得。2012 年监测结果显示：2011 年，成都市区（市）县 B 级指标平均值达成度在 85% 以上的指标有 14 项，为 3~5 岁幼儿毛入园率、义务教育巩固率、高中阶段教育毛入学率、残障儿童少

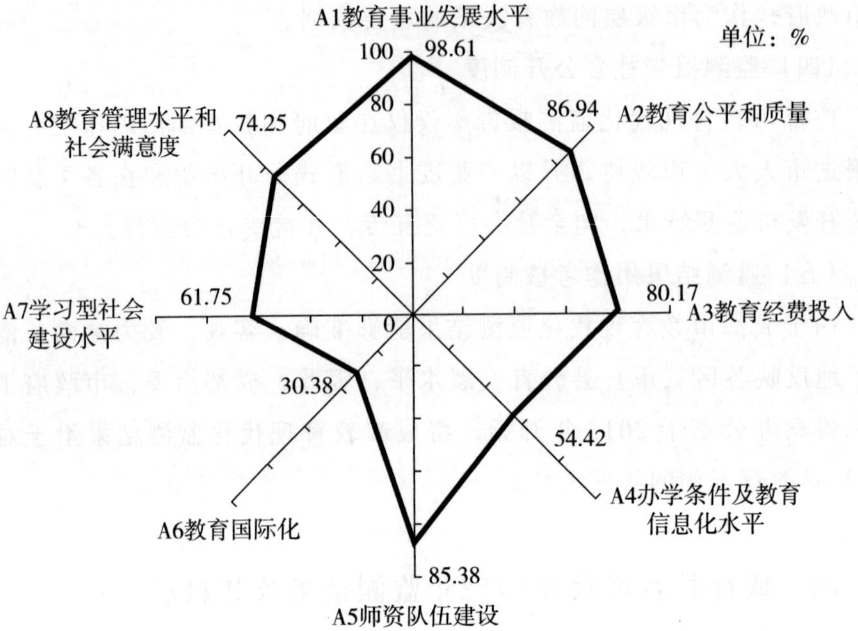

图 7-1 成都市区（市）县教育现代化发展水平 A 级指标总体达成度

年义务教育入学率、中职毕业生对口就业率、校园网连通率、“三个增长”和财政性教育支出占政府财政支出比例、学生体质健康达标合格率、社会及家长对教育满意度、义务教育校际均衡指数、各级教育生师比、教师学历提高比例、中小学教师培训进修时间等，占 B 级指标总数的 42.4%。

成都市区（市）县 B 级指标平均值达成度在 60% 以下的指标有 11 项，为区（市）县内教师和干部流动比例、体育运动场（馆）面积、生均教学及辅助用房面积、生均教学仪器设备值、生机比、教师信息化水平、各级教育专任教师到境外学习进修达到的比例、拥有境外友好学校比例、境外师生互访人次占师生总数的比例、居民社区教育年参与率、重大公共教育政策措施的决策社会参与度等，占 B 级指标总数的 33.3%。其中，最差的 4 项是生均教学仪器设备值、各级教育专任教师到境外学习进修达到的比例、境外师生互访人次占师生总数的比例和重大公共教育政策措施的决策社会参与度，达成度均在 28.5% 以下。到

2015年，成都要率先在中西部基本实现教育现代化，虽有基础但仍任重道远，需要加倍努力。同时还说明民主决策还有较长的路要走，预示了建立民主决策机制是当前教育管理体制改革的重要着力点。

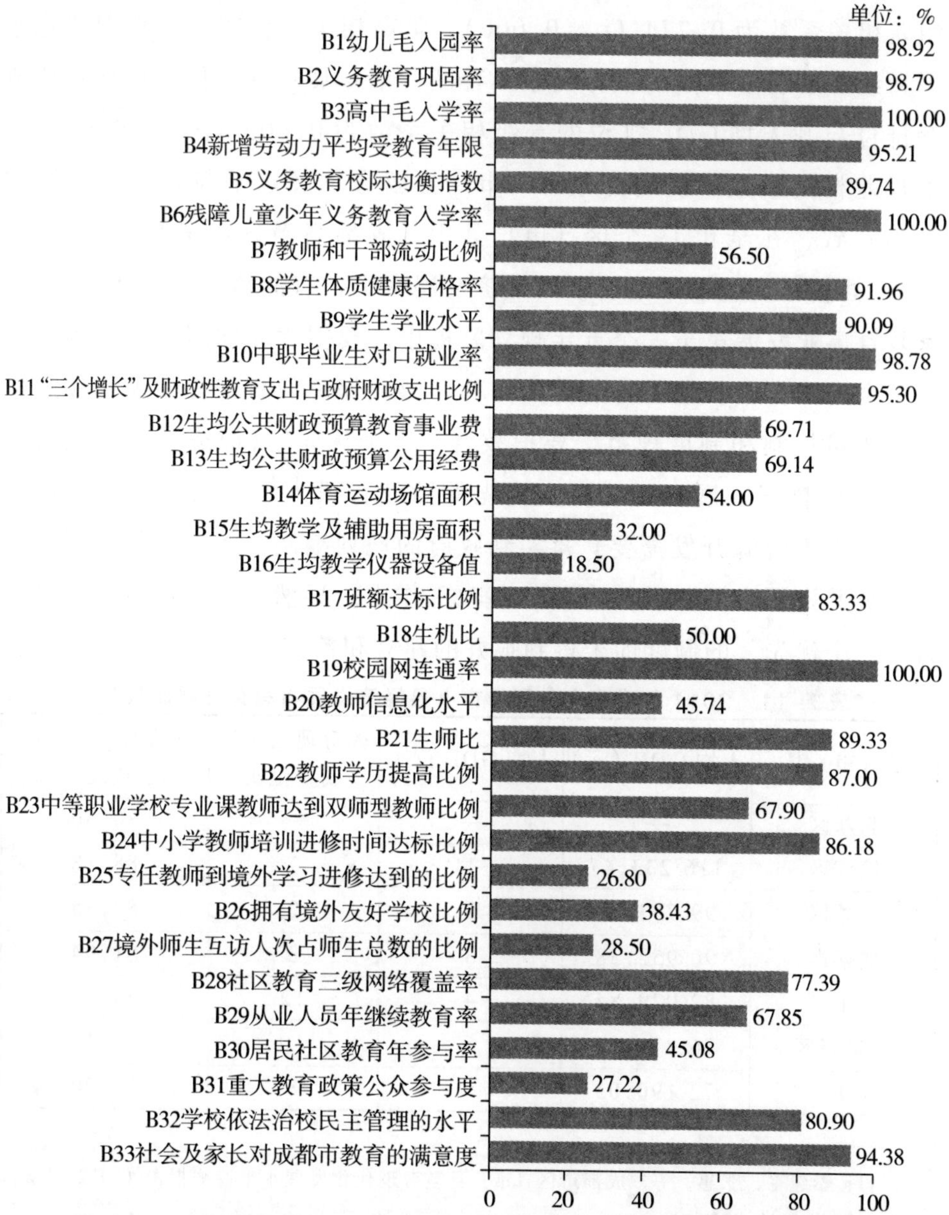

图7-2　成都市区（市）县教育现代化发展水平B级指标平均值达成度

（三）教育现代化与经济发展水平的关系

经济发展水平与教育发展水平是密切相关的。2012 年监测发现，2011 年成都市各区（市）县教育现代化目标总达成度与其人均 GDP 的积差相关系数为 0.774（p = 0.000），呈高相关，说明了教育现代化水平和经济发展水平间的依存关系。各区（市）县教育现代化目标总达成度排位与其人均 GDP 排位的等级相关系数为 0.605（p = 0.006），低于积差相关系数，说明部分区（市）县教育发展水平与其经济发展水平不一致。在全市 19 个区（市）县中（成都高新区除外），有 8 个区（市）县教育发展水平落后于其经济发展水平，有的落后非常明显。《国家教育事业发展第十二个五年规划》提出，要把优先发展教育作为党和国家全局工作中长期坚持的重大方针，形成保障教育优先发展的领导体制、决策机制和制度规范。要把教育"三个优先"（经济社会发展规划优先安排教育发展，财政资金优先保障教育投入，公共资源优先满足教育和人力资源开发需要）落实到政府的规划编制、年度计划、财政预算、公共资源配置、政绩考核等各项工作中。显然，部分区（市）县教育"三个优先"的制度尚未得到很好的建立和落实。

表 7-11　2011 年成都市各区（市）县经济发展与教育发展比较[1]

区（市）县	人均 GDP（元）	人均 GDP 位次	教育现代化达成度位次	教育现代化目标总达成度（%）
高新区	—	—	—	80.30
锦江区	116 233.47	1	1	88.18
青羊区	99 753.24	2	2	87.35
武侯区	90 952.38	3	3	81.94
金牛区	82 029.84	4	12	74.94
龙泉驿区	76 873.75	5	10	75.15
成华区	72 190.03	6	8	75.70

[1] 秦建平，张惠，等．成都市区（市）县教育现代化发展水平监测报告（2012）[M]．北京：科学出版社，2012．

续表

区（市）县	人均GDP（元）	人均GDP位次	教育现代化达成度位次	教育现代化目标总达成度（%）
双流县	61 927.61	7	15	73.21
青白江区	58 637.35	8	13	74.84
新都区	57 161.48	9	14	73.63
温江区	56 882.1	10	7	75.78
郫县	54 868.31	11	5	76.70
新津县	47 291.59	12	4	81.93
都江堰市	28 881.99	13	9	75.42
蒲江县	26 062.59	14	11	75.12
彭州市	22 957.9	15	17	69.87
大邑县	21 966.23	16	6	75.92
崇州市	20 938.93	17	18	69.84
邛崃市	19 529.14	18	16	70.68
金堂县	18 470.19	19	19	65.61

说明：1. 成都高新区不纳入此比较；

2. 人均GDP是依据各区（市）县2012年发布的经济社会发展统计公报中的地区生产总值和户籍人口数计算的。

第八章　全面深化四川教育改革

第一节　四川教育改革现状

党的十八届三中全会通过的《中共中央关于全面深化改革若干重大问题的决定》对全面深化改革的重要领域和关键环节做出重大部署，特别是明确要求“深化教育领域综合改革”，并指明了攻坚方向和重点举措。全面深化四川教育改革是贯彻落实党的十八届三中全会精神，推进教育现代化，实现四川与全国同步全面小康的内在要求，事关全省发展大局和群众根本利益。当前，四川教育正由“有学上”向“上好学”转变，由教育大省向教育强省跨越，由传统教育向现代教育迈进，迫切要求深化教育改革，破除体制机制难题，让人民群众享有更好更公平的教育。

改革开放以来，特别是党的十七大以来，四川加快推进教育重点领域和关键环节改革，加快形成与现代化建设和全面小康目标相适应的教育体制机制，建成全国第四大规模的国民教育体系。尤其是2010年《教育规划纲要》实施以来，四川加强顶层设计，实施重大项目，教育改革取得了显著成效。

一、加快构建促进公平的公共教育体系

学前教育快速发展机制初步建立，实施学前教育三年行动计划以来，四川累计开工建设公办幼儿园1 446所，新增学位约17.5万个，“入园

难，入园贵”有效缓解，学前三年毛入园率由59.0%提高到69.7%[1]，高于全国平均水平5.17个百分点；义务教育巩固提高机制日益完善，农村、民族地区教育持续快速发展，免费教育全面普及并迈向均衡发展，2010年四川完成“两基”任务，2011年底通过国家督导检查，并全面实现“两基”目标，初中阶段毛入学率达113.85%，高于全国平均水平11.75个百分点；高中阶段教育加快普及，毛入学率由74.1%提高到82.6%，2012年全省中职招生54.97万人，职普招生比达到5.1∶4.9；高等教育进入大众化，毛入学率分别由21%提高到28.4%；主要劳动年龄人口平均受教育年限由8.2年提高到9.3年；终身教育体系逐步形成，资助体系覆盖各级各类学生，特殊群体教育权利得到有效保障。

二、初步形成服务惠民的教育运行机制

逐步形成了基础教育“以县为主”，职业教育“分级管理、地方为主、政府统筹、社会参与”，高等教育“中央和省两级管理、以省为主”的管理体制。积极推进现代学校管理，形成了学校面向社会依法自主办学、自我发展、自我约束的机制。人事分配制度和后勤社会化改革取得突破性进展。人才培养体制改革持续深化，素质教育全面实施，创新人才培养不断加强。异地高考、新课程高考和中高职衔接培养等考试招生制度改革稳步推进。鼓励和引导社会力量兴办教育，民办教育快速发展，民办学校发展到1万余所，在校生234.9万人，占比分别达38.7%和15.2%。政府主导、主体多元的办学体制基本形成。适应现代产业发展、培养高素质技能人才的职业教育体系基本建立，高校内涵发展的育人机制和创新体系初步形成。

---

[1] 本段中“提高到”的数据均为2012年数据。

三、基本建立优先发展的教育保障机制

以“落实4%目标，用好管好教育经费”为核心任务，强化公共教育制度保障，“三个优先”（即经济社会发展规划优先安排教育发展，财政资金优先保障教育投入，公共资源优先满足教育和人力资源开发需要）确保教育科学发展。义务教育由政府负全责、非义务教育阶段以政府投入为主和多渠道筹措经费的机制基本形成。全省教育经费从2008年的738亿元增加到2012年的1 447亿元，翻了近一番；财政性教育经费由2008年的528亿元增加到2012年的1 154亿元，增长了119%，年均增长率高达21.59%；2012年，全省各级各类财政性教育支出为1 004.76亿元，占财政支出5 431.11亿元的18.5%（占全省GDP的4.53%），完成了《教育规划纲要》提出的“确保到2012年按可比口径计算的全省各级各类财政性教育支出占全省财政支出的比例达到18%”的目标任务。

四、重点推进“八九十”重大教育改革试点

按照“统筹规划、分步实施、试点先行、动态调整”原则，实施教师素质提升计划、第二个《十年行动计划》、民族地区“9+3”免费教育计划、地震灾区中小学教育提升计划、职业教育攻坚计划、高等教育质量提升计划、家庭经济困难学生资助计划、教育国际交流推进计划等“八大提升计划”，着力促进教育公平，全面提高教育质量；启动学前教育、义务教育学校标准化、农村留守儿童寄宿制学校、特殊教育学校、中职学校基础能力、中小学教育信息化、农村教师周转宿舍、高等学校优势学科与特色专业、高等学校科技成果转化等“九项重点建设工程”，着力搭建教育资源公共服务平台，支撑教育统筹发展；以6个国家级和25个省级教育改革试点项目为抓手，开展素质教育、义务教育均衡

发展、职业教育、终身教育体系建设、拔尖创新人才培养、考试招生制度、现代大学制度、办学体制、地方教育投入保障机制、市级政府教育综合改革和省际教育协作改革等“十项改革试点”，着力率先在重要领域和关键环节上取得突破，推动教育现代化水平稳步提高。其中，四川藏区“9+3”免费教育和成都市教育均衡发展等改革得到中央领导充分肯定，并在全国推广。

当前，四川教育改革已进入“深水区”，面临一些深层次矛盾和问题。

一是人才培养模式有待进一步改革创新。教育与人力资源开发脱节，人力资源总量较大，但素质总体偏低，劳动者人均受教育年限低于全国平均水平，高素质、高层次人才不足。“应试教育”的影响在一些地方、学校还相当普遍，学生课业负担偏重，创新精神和实践能力还不强。学校内部管理行政化倾向严重，教师的主体地位不落实，人事管理、分配制度改革有待深化。

二是教育投入保障机制还需要进一步完善。由于地方财力有限，按照以政府投入为主、多渠道筹集教育经费的体制，教育投入保障水平总体较低，且缺乏有效的经费监测机制。以2012年为例，全省财政教育支出中央口径13%指标完成程度达到118.54%，地方口径18%指标完成程度达到102.67%。但部分地方政府投入并未达到其中一项或两项指标。生均拨款机制有待进一步完善，高等职业教育、中等职业教育、普通高中教育、义务教育、学前教育生均拨款标准尚未建立。教育支出结构还需进一步调整，教育投入增长明显，但绝大部分投向学生资助、学费减免等，而办学条件投入缺口仍然较大。

三是公共教育资源配置机制亟待完善，区域、城乡教育发展不平衡，义务教育阶段学生“择校热”、边远山区学生“上学难”仍然存在。高等教育毛入学率、每百万人口中高等教育学历人数和高校数低于全国平均水平，高校校均规模偏大，高等教育还需要适度发展。

四是教育管理体制还不够完善。有利于各地各校办出特色、办出水平的教育管理体制尚需健全，各级各类教育衔接和沟通的机制尚需完善。民办教育发展不够，存在歧视性政策。民办学校教师身份、待遇问题，民办高校资产过户税费减免问题，民办学校规范管理问题等亟须制定政策措施予以解决。

五是教师管理制度亟须改革。依靠教育家按照教育规律办教育的道路依然漫长，在教师编制、教师调配、校长选拔任用等方面干扰的部门和因素过多，教育行政部门依法行政、依法管理的任务还很艰巨。

此外，教育内容、课程教学、人才培养模式等与社会转型不适应，农村学校教育模式的转型与城市化进程不适应，师德师风不正等问题，群众反映强烈，必须通过深化教育领域综合改革予以根本解决。

第二节 四川教育改革总体框架和着力方向

一、教育改革总体框架

1．总体思路。全面贯彻党的教育方针和教育规划纲要，以促进公平、让人民群众享有更好更公平的教育为出发点和落脚点，坚定不移深化教育综合改革，以改革推发展、提质量、促公平、强活力，坚决破除教育体制机制弊端，努力办好人民满意的教育。

2．基本原则。坚持育人为本，全面实施素质教育，促进学生德智体美全面发展；坚持教育公平，均衡配置教育资源，推进教育公共服务均等化；坚持改革创新，深化教育综合改革，突破重要领域的体制障碍；坚持优先发展，切实保证教育“三个优先”，增强公共教育的保障能力。

3．主要目标。着眼完善和发展覆盖城乡的现代教育制度，让人人享有更多更公平的教育服务，推进重要领域和关键环节改革取得重大突破。到 2020 年，形成与四川现代化建设和全面小康相适应且服务完善、体系健全、办学多元、管理科学、开放高效的教育制度体系，教育治理体系和治理能力更加现代化。

二、教育改革着力方向

紧紧围绕“培养什么人、怎样培养人”这一教育工作的中心任务，在“五个着力”上下功夫。

一是着力创新人才培养机制，构建开放互动、灵活多样的人才培养体系，培养全面发展的新型人才。培养德智体美全面发展的人才是教育的基本目的和意义所在。深化教育体制改革，核心是改革人才培养体制，提高国民素质。各项改革举措都要围绕多出人才、出好人才，培养顺应时代需求、引领时代潮流的新型人才这个中心，为个人的生存发展打下坚实基础，为中华民族的伟大复兴提供根本保证。创新人才培养机制，需要从观念、模式、制度不同层面整体推进，解决好人才培养过程的体制性矛盾和障碍，需要建构人人成才和多样化人才的观念，努力营造各类人才辈出、拔尖创新人才脱颖而出的制度环境。

二是着力完善教育公平机制，提高公共教育服务水平，让现代教育更多更公平惠及全民。教育公平是社会公平的基础。教育作为社会进步的重要推动力，对每个社会成员的未来发展正发挥着日益重要的影响，以人为本的教育的基本要义之一就是公平的教育、普惠的教育。深化教育体制改革，关键在于坚持把促进公平作为基本教育政策，完善教育公平发展机制，着力构建覆盖城乡的公共教育服务体系，推动基本公共教育服务均等化，实现公共教育共建共享。

三是着力推进考试招生改革，建立多样化公平选才机制，根除“一考定终身”弊端。考试招生制度事关教育全局，事关亿万家庭学子切身利益，既落脚于人才培养目标的实现，也指向于教育公平程度的落实，还关乎教育质量的提升，牵一发而动全身，社会关注度特别高，民众期望值非常大。深化教育体制改革，重点是要在考试招生制度改革上花心思、下功夫、出实招，切实建立既坚持公平、公开、公正的基本选拔原则，又为有特殊才能的优异学生提供多种选择机会的人才选拔体系，切实回应人民群众对接受高等教育、优质教育的热切期盼。

四是着力深化办学体制改革，形成政府主导、主体多元办学格局，满足多样化教育需求。办学体制关系着学校活力的增强、教学质量的提升、办学效益的提高。深化教育体制改革，就要着力于推进办学体制改革，坚持教育公益性原则，充分调动全社会参与的积极性，进一步全面激发教育活力，满足人民群众多层次、多样化的教育需求，形成以政府办学为主体、公办教育和民办教育共同发展的格局。特别要更加清醒地认识到，民办教育是教育事业发展的重要增长点和促进教育改革的重要力量，必须更加有力地支持和依法管理民办教育，完善促进民办教育发展的政策制度，营造民办教育健康发展的良好环境，努力开创民办教育改革和发展新局面。

五是着力改革教育管理体制，实现政府治理和学校自治、社会参与良性互动，加快形成科学有效的教育治理体系。“政府的归政府，学校的归学校”，深化教育体制改革，就是要在教育管理体制改革上发力，系统设计，整体推进，进一步理顺政府、学校和社会的关系，明确政府对学校该不该管、该管什么、如何去管的权责界限，推动职能转变、简政放权，解决好政府包和统的问题；进一步理顺学校的内部关系，按照学校的性质、特点和发展需要，依法建立科学高效的内部治理结构，提升学校主动适应和促进经济社会发展的能力。

第三节　四川教育改革主要对策

一、以立德树人统领人才培养机制创新

1．坚持立德树人基本导向。强化德育为先、能力为重、全面发展，增强学生社会责任感、创新精神、实践能力。实施立德树人工程，推动社会主义核心价值观入脑入心，教育和帮助学生打牢共同思想基础，端正政治立场和前进方向，树立正确的世界观、人生观、价值观；长效开展爱学习、爱劳动、爱祖国系列活动，完善中华优秀传统文化教育，帮助学生砥砺品德、陶冶情操、激发历史责任感、将个人成长成才与投身实现中国梦的实践紧密相连，让每个孩子都能成为有用之才。深入开展廉政教育进学校活动。加强师德师风建设，弘扬优良教风、学风和校风。

2．完善体育、美育工作机制。深入开展阳光体育运动，建立学生体质健康监测制度，落实“学生每天锻炼一小时”。结合建设校园文化，加强美育，重点加强农村学校艺术教育，增进学生身心健康和人文素养。

3．标本兼治减轻学生课业负担。建立政府统筹、学校实施、社会参与的减轻学生课业负担机制。各级政府不得以升学率对地区和学校进行排名，不得下达升学指标。严格执行课程方案，深化教学改革，改进教学方法，提高课堂教学效率；严格控制考试次数，严禁公布学生成绩与排名，实行“等级加评语”评价方式；规范和管理社会补习机构和教辅市场，严禁节假日学校集体补课。建立学生课业负担监测和公告制度。

4．完善职业教育人才培养模式。建设现代职业教育体系，推进技

术技能人才系统培养的体系机制建设。推行委托订单式培养和“双证书”制度，建立中高职衔接培养制度，深入推进藏区和连片贫困地区“9+3”免费教育，培养高素质技能型人才。

5．创新高校人才培养机制。建立健全产学研联合培养人才机制，提升毕业生创业就业能力。优化高校学科专业、类型、层次结构，扩大应用型、复合型、技能型人才培养规模，促进学校分类定位特色发展、争创一流。

二、以优化资源配置完善教育公平机制

1．统筹义务教育资源均衡配置。建立城乡一体化义务教育发展机制和经费保障制度，加快学校标准化建设，实现校舍、教师、设备、图书等资源均衡配置，逐步消除薄弱校、大班额。深入实施“民族地区教育发展十年行动计划”等教育重点工程，努力缩小区域教育差距。健全进城务工农民随迁子女和农村留守儿童等社会弱势群体受教育的统筹保障机制。完善校长、教师交流制度，实行教师“县管校用”，规定校长在同一学校连续任职期限和教师流动比例，促进优秀校长、教师向农村和薄弱学校流动。实行乡村教师岗位生活补助，提高贫困和民族地区农村教师待遇，吸引优秀人才长期从教。

2．坚持义务教育免试就近入学。科学规划学校布局，试行学区制，学区内小学毕业生直接进入初中，有条件的地区探索九年一贯对口招生。推行县域内网上报名招生，学校招生计划、范围、程序、时间和结果应向社会公开公示。不设重点学校和重点班，实行随机均衡编班。扩大优质高中阶段学校招生名额分配到区域内初中的比例，破解“择校”难题。

3．健全经济困难学生资助体系。完善经济困难学生资助政策，提高资助标准，扩大资助范围。在“两免一补”基础上，进一步免除义务

教育学生作业本费，实现全部免费。继续实施农村学生营养改善计划。完善中职学生免学费政策，推行高中阶段残疾学生全免费，2014年将普通高中困难学生免除学费比例提高到30%。拓宽本专科生困难资助渠道，完善研究生奖助学金制度。

4．完善学前教育等公共资源配置。总结学前教育三年行动计划成效，创新学前教育发展机制，统筹发展公办幼儿园，支持和规范民办普惠性幼儿园发展，更加重视加强农村学前教育发展，切实解决“入园难，入园贵”。实施《3—6岁儿童学习与发展指南》，着力克服幼儿园“小学化”倾向。健全特殊教育财政保障机制，切实保障残疾学生受教育权利。

5．依托教育信息化扩大优质教育覆盖面。坚持政府引导、多方参与、共建共享，加快实施教育信息化十年行动计划，建设“三通两平台”，加快构建覆盖城乡的教育信息化体系。推进“宽带网络校校通”、“优质资源班班通”、“网络学习空间人人通”，扩大优质教育辐射范围。加强远程交互式教学，实现优质学校和边远薄弱学校同步教学，促进优质教育向边远薄弱学校辐射。

三、以考试招生改革确保多元公平选才

1．探索建立分类考试、综合评价、多元录取的考试招生制度。根据国家统一部署，建立健全考试与招生相对分离、学生多次选择、学校依法自主招生、专业机构组织实施、政府宏观管理、社会参与监督的运行机制。

2．推行初高中学业水平考试和综合素质评价。学业水平考试原则上每门课程学完即考，为学生提供多次考试的机会。推行综合素质评价，建立学生成长记录制度，将思想道德操行、社会实践活动等纳入评价体系，促进学生全面发展。

3．完善职业院校考试入学办法。中职学校实行自主招生或注册入学，高职院校招生在考试内容、录取方式和时间安排上与普通高校分开，完善“知识＋技能”的高职单独招生政策，为学生提供自主选择机会。

4．完善普通高校考试招生方式。试行普通高校以统一高考和高中学业水平考试成绩为基础的综合评价多元录取机制，探索全国统考减少科目、不分文理科、外语等科目社会化考试一年多考，实行综合评价、择优录取，完善自主录取、推荐录取、定向录取、破格录取等办法。

5．拓宽终身学习通道。试行不同类型高校之间学分转换，完善高职学生“专升本”、中职学生对口升学制度；建立本科院校学分互认联盟，完善开放大学体系、自学考试制度、网络在线学习等方式，推行成人高校、继续教育机构学分累积办法，建立多种形式学习成果的转换认定制度，构建终身学习“立交桥”。

四、以办学体制改革促进学校多元办学

1．大力发展民办教育。健全政府补贴、政府购买服务、助学贷款、基金奖励、捐资激励等制度，继续完善财政、税收、金融和土地等优惠政策，鼓励和引导社会力量捐资、出资办学，鼓励行业企业等参与公办学校办学，巩固以政府办学为主体、全社会积极参与、公办教育和民办教育共同发展的格局。大力发展普惠性民办幼儿园，支持和鼓励民办中职学校、民办高校创新体制机制，努力办出特色，办好一批高水平学校。完善独立学院管理。

2．完善职业教育产教融合制度。建立健全政府统筹与部门、行业、企业参与办学机制，推进产教融合、校企合作、集团化办学。建立完善企业技能人才到职业院校兼职从教、教师企业实践、学生企业顶岗实习等制度，建立职业院校与行业企业联动开发课程机制。推进职业院校面

向行业企业开展技术服务、技术研发和为“三农”服务。

3．推进高校协同创新。发挥高校在国家创新体系中的作用，依托高校“2011计划”推进产学研协同创新机制建设，加强高校创新体系建设，促进高校主动融入区域技术创新体系，在国家实施创新驱动战略中以及促进科技成果资本化、产业化方面做出更大贡献。推进高校重大科研基础设施向社会开放，深化与外部科研院所合作，参与军民融合深度发展进程。

4．扩大教育对外开放。实施教育国际交流推进计划，建立中外合作办学质量保障体系，大力引进国外优质教育资源，支持办好一批高起点中外合作办学项目。落实留学四川计划，推动省内高水平教育机构海外办学，广泛开展国际合作和教育服务。

五、以管办评相分离提升教育治理能力

1．健全教育优先保障机制。坚持教育优先发展，切实保证经济社会发展规划优先安排教育发展、财政资金优先保障教育投入、公共资源优先满足教育和人力资源开发需要。落实各级政府教育投入分项分担责任及以政府投入为主、多渠道投入的机制。健全各级学校生均经费和生均财政拨款基本标准。加强经费监管，提高使用效益。

2．加快转变政府管理职能。简政放权，完善分级分类管理，健全政府统筹有力、责权明确的教育管理体制。加强立法、规划、投入、监管和政策支持，扩大地方管理和学校办学自主权。健全教育督导监测制度，形成决策、执行、监督既相互制约又相互协调的机制。发挥社会组织、中介机构的评价监测作用。

3．完善高校治理结构。坚持和完善党委领导下的校长负责制，以高校章程建设推动现代大学制度建设，加强学术组织和教职工代表大会建设，不断健全自主权有效行使的自律机制。强化社会对高校的监督，

通过深化校务公开、完善质量年度报告发布制度、成立理事会或董事会等手段，确保高校权力在阳光下运行。重点解决一些高校内部治理不够完善、自律机制建设薄弱甚至产生腐败的问题，充分运用党的群众路线教育实践活动成果，加强高校党风廉政建设和反腐败体系建设，推动建立高校巡查制度、内部审计制度和纪委书记派驻制度，开展高校总会计师和民办高校党委书记委派试点，从制度上、源头上预防和减少腐败问题的发生。

附录一　教育部推出义务教育均衡发展的成都模式

——国家教育督导检查组对四川省成都市19个县（市、区）义务教育均衡发展督导检查反馈意见（节选）

2013年9月7日至13日，国家教育督导检查组对四川省申报的19个义务教育发展基本均衡县（市、区）进行了督导检查。本次督导检查是依据《中华人民共和国义务教育法》、《教育督导条例》、《国务院关于进一步深入推进义务教育均衡发展的意见》要求，按照教育部《县域义务教育均衡发展督导评估暂行办法》规定和教育部与四川省政府签署的《义务教育均衡发展备忘录》要求进行的。

检查组分6个组对四川省成都市的19个县（市、区）进行了分路连片检查。检查组共随机抽查学校137所，其中小学69所，初中47所，九年一贯制学校21所。检查中，核查了相关文件资料、数据、资源配置情况及政府工作努力程度；召开了人大代表、政协委员、校长、教师、家长座谈会76个；发放满意度调查问卷11 159份，回收有效问卷11 133份；采取多种形式随机访谈了公众，并征求了意见。

检查组对19个县（市、区）的督导检查具体意见如下：

一、主要指标达标情况与检查结论

…………

综合以上结果，检查组认为，19个县（市、区）均达到了国家规定的义务教育发展基本均衡县（市、区）评估认定标准。检查组将把此次督导检查结果向教育部和国务院教育督导委员会报告，提请最后认定公布。

二、主要措施与经验

四川省始终坚持教育优先发展，将义务教育均衡发展作为地区经济社会发展的战略性任务，以民族地区和农村地区为重点，完善经费保障机制，切实推进义务教育学校标准化建设，大力改善中小学办学条件，均衡配置办学资源，推进优质教育资源共享，义务教育均衡发展取得了明显成效。成都市在全省率先推进义务教育均衡发展，把义务教育均衡发展作为统筹城乡综合配套改革的重中之重。各县（市、区）按照省委、省政府和市委、市政府的工作部署，强化落实义务教育均衡发展的基础性、先导性地位，积极深化教育改革，着力实现教育公平，扎实推进义务教育均衡发展。这次，成都市所辖19个县（市、区）全部接受“义务教育发展基本均衡县”国家督导评估认定，在中西部地区、副省级城市、省会城市均属首例。成都市在推进义务教育均衡发展过程中，改革创新，攻坚克难，积累了丰富经验，形成了“顶层设计、标准引领、政府托底、圈层融合、强化师资、督导监测”的成都模式，初步实现了从“学有所教”到“学有良教”的跨越。

（一）顶层设计，明确教育均衡发展路径

1．明确目标，制定规划。2003年起，成都市即开始了统筹城乡、促进义务教育均衡发展的探索。伴随近年来的实践，进一步明确了“为全体市民提供均等化、优质化教育公共服务”的发展目标，将义务教育均衡发展优先纳入经济社会发展规划，并制定中长期教育规划纲要和教育事业“十二五”规划，明确义务教育均衡发展的任务、措施、时间表和路线图。

2．加强领导，全面部署。市县两级党委、政府将义务教育均衡发

展列入重要议事日程，对义务教育均衡发展工作进行全面部署。近年来，成都市委、市政府先后下发义务教育均衡发展文件12个，切实履行政府教育责任。2011年，市长葛红林先后两次主持召开“义务教育均衡发展专题会议”，会议决定实施第二轮学校标准化建设。19个县（市、区）均成立了政府主要领导担任组长的义务教育均衡发展工作领导小组。

3．明确分工，落实责任。按照义务教育均衡发展标准体系，明确任务，分解责任，省、市、县层层签订目标责任书，纵向明确了省、市、县三级政府发展义务教育的责任，横向明确了教育、发改、财政、人社、编办等有关部门的职责。各级政府和部门各司其责，协同推进义务教育均衡发展。2012年，成都市编制部门专门新增教师编制2 000余个。

4．强化考核，奖惩并举。成都市将义务教育均衡发展核心指标完成情况纳入对县级政府年度目标考核，作为政府和教育部门评优评先的重要依据，并对未达要求的县级政府下发整改通知书或通报批评。

（二）标准引领，促进义务教育办学条件均衡

1．制定标准，定位优质。成都市充分发挥教育标准的导向、诊断和基准作用，在执行国家和四川省的各类教育标准基础上，成都市将2011年作为“教育标准年”，依据经济社会发展水平和教育现状，本着适度超前、西部领先、全国一流的原则，制定和完善了义务教育均衡发展标准、教育现代化监测标准、教育国际化监测标准、城乡教育一体化监测标准、学校建设和管理标准等一系列市级教育标准，创新了教育管理模式，提高了市域统筹的教育公共服务能力。

2．落实标准，提升品质。成都市落实国家、省、市办学标准，在第一轮农村中小学标准化建设基础上，新增投入40亿元，实施城乡中小学标准化建设提升工程，将小学和初中生均仪器设备值配备标准分别提升至3 600元/生和3 900元/生，对470所公办中小学运动场进行

标准化改造，继北京、上海后第三个全面实施教室光环境改造。各县也不断加大财政投入，推进学校标准化建设。其中成华区投入2亿元，实施学校建设、校园文化建设等工程。2012年，双流县投入1亿元，青白江区投入1.1亿元，龙泉驿区投入6 400万元，以提升教育技术装备和图书配置标准。

3. 对照标准，查漏补缺。对照省定标准，经过查漏补缺，2012年，成都市小学和初中百名学生拥有计算机台数已分别达到12台和14台；全市建成图书数字化管理平台，小学、初中生均图书已分别达到21册和28册，均超过省定标准；全市小学、初中生均教学仪器设备值分别达到1 950元和2 440元，较2011年分别增长61.3%和73.5%；各县8项指标综合差异系数，小学由2011年的0.49下降为0.36，初中由2011年的0.43下降为0.30，校际差异明显缩小，学校办学条件均等化基本实现。

（三）政府托底，保障公平接受教育权利

1. 持续加大投入，不断改善办学条件。2012年，成都市各级一般预算安排财政教育支出162.3亿元，是2003年的8倍，年均增长26%。2003年以来，先后投入148亿元实施了农村中小学标准化建设、城乡义务教育阶段薄弱学校改造、灾后教育重建和校舍安全等“四大工程”。

2. 完善教育资助体系，保障弱势群体入学公平。一是认真做好进城务工人员随迁子女就学工作。各县落实“两为主”政策，积极接收外来务工人员子女在公办学校入学。2012年，成都市义务教育学校共接收随迁子女34.1万人，占义务教育阶段学生总数的31.5%。金牛区随迁子女占本区域学生总数的62%。二是全面落实残疾学生免费义务教育和扶残助学相关政策。各县均设立了1所特殊教育学校，保障残疾儿童都能接受教育。都江堰市建成了西南地区面积最大、标准最高、设施最齐备的特殊教育学校。新津县大力实施融合教育，强化“三残”儿童少年随班就读支持保障体系建设。三是高度重视留守儿童教育。成华区开设“小学生430素质营”，引入校外教育资源，为留守儿童16:30放学后提供就近免费托管服务。双流县投入290万元，建成66个县级“留守儿童活动中心”。金堂县建成32个留守儿童之家和73个心理咨询室，全方位关注留守儿童健康成长。四是不断加大以“两免一补”为重点的教育资助力度。成都市全面落实教育资助政策，建立“不重不漏全覆盖”帮困助学体系。2010年至2012年，市级财政共安排资助资金27亿余元。青羊区通过家校共育、五进社区、阳光食堂、学管会等举措进一步加大了教育惠民利民力度。邛崃市等8个远郊县（市）试点农村义务教育学生营养改善计划，26万余名农村学生受益。

（四）圈层融合，缩小城乡教育发展差距

1．构建“三圈一体”教育发展机制。成都市按照地理位置远近和经济发展水平高低，将中心城区、近郊区县和远郊县（市）分别称为一、二、三圈层。2012年，成都市实施了教育圈层融合战略，全面推进城乡教育互动发展，促进教育圈层融合和“三圈一体”发展。成都市各县结成10对“一对一”教育联盟，480所义务教育段学校参与结对，覆盖面达42%，2 993名城市骨干教师与4 546名农村学校教师结成师徒。

2．完善优质教育资源满覆盖机制。积极推进名校集团发展。截至2012年，成都市共组建义务教育阶段名校集团52个，带动125所成员学校发展，涵盖城乡学生23万人。武侯区通过学区联盟、校际联盟、名校集团等方式，加大优质教育资源的辐射力度。锦江区建立优质教育链式发展模式，通过名校带动薄弱学校实现区域教育优质均衡发展。全市着力培育“新优质学校”，目前已达61所。大力实施现代远程教育，168所学校共享优质资源。

3．建立“名校进县城，托管到乡镇”管理机制。中心城区名校通过紧凑型方式领办各县县城薄弱学校、新建学校。采取“政府购买服务、契约式管理”方式，跨区域开展一对一学校委托管理，委托优质学校管理乡镇学校，26所农村学校由中心城区名校托管，其办学水平和教育质量快速提升。

（五）强化师资，促进学校内涵特色发展

1．加强队伍建设，提高教师整体素质。一是建立师德准则，强化师德建设。2013年，成都市建立了中小学教师职业道德行为准则和测评机制，将测评结果和信用评级作为教师业绩考核、职称评审、岗位聘用的重要内容。二是加大投入力度，加强教师培训。2012年，市级财政单列经费2 000余万元，用于教师培训。武侯区2012年投入1 462万元，组织教师通过到海外基地、到沿海名校、到国内高校"三到"举措开展研修培训。新津县教师培训经费占公用经费比例超过17%。2009年以来，全市先后开展"千名校长大练兵"、"十万教师大比武"活动。锦江区连续6年开展"校长亮剑"等活动，提升了教师队伍整体水平。2012年，青羊区选派400余名教师参加境外教育培训。目前，全市共引进外籍教师419名。三是深化"县管校用"，促进教师交流。2007年，温江、郫县等4个区县先行试点，积极探索"县管校用"管理体制改革，打破学校对教师的"一校所有制"，推进县域内教师无校籍管理。2012年，成都市印发了《关于推进教师"县管校用"工作的意见》，在全市范围推广。2008年起，成都市政府设立"农村支教校长专项奖"，单列资金100余万元，对到农村地区支教的校长进行奖励。蒲江县给予交流到农村学校支教的教师每月补贴1 000元，鼓励教师到农村学校支教，从"要我支教"变为"我要支教"。2012年，全市义务教育学校校级干部交流任职389人，教师交流4 759人。四是完善保障机制，提高教师待遇。各县全面实施义务教育学校绩效工资分配制度，不断提高边远农村学校教师津贴，评职、评优、评先向农村倾斜，并给予学历提升奖励。金牛区等区县加大对边远农村或薄弱学校的倾斜力度，给予在边远农村学校工作的教师每人每月400元的岗位津贴。崇州市划拨专款补助512户农村教师团购集中居住房，为200户住房困难教师安排经济适用房。

2. 促进内涵特色发展，提高教育教学质量。成都市每年举办中小学校“内涵特色发展、聚焦课程课堂”系列活动，形成了一批以生态课堂为代表的优秀典型。大邑县进行“以学定教”现代课堂教学改革，优化课堂教学模式。彭州市大力推进“环境有品位，校长有思想，师生有修养，办学有水平”的“四有”学校建设。各县充分发挥区域优势，广泛开发校本课程，培育学校特色，着力打造“一校一品”。蒲江县深化“现代田园教育”，形成了“自然教育”等系列模式。新都区以艺术教育为突破口，每年投入300万元专项经费，深化素质教育办学特色。青白江区建立爱国主义教育基地，积极开展系列社会实践活动。

（六）督导监测，推动教育资源均衡配置

1. 关注重点，科学监测。成都市创新教育督导机制，2008年在全国率先开展义务教育校际均衡监测，以资源配置和教育质量为重点，完善监测指标体系，涵盖15个常规监测指标和若干特别关注指标，采用基尼系数和差异系数等分析方法，多维度、多层面进行监测，确保监测的科学性，使义务教育均衡发展水平看得见、摸得着、测得准、信得过。

2. 加强反馈，引导决策。监测报告呈报市委、市政府，印发至县级政府、教育部门，并反馈到学校，指导地方政府调整资源配置，督促学校改进管理。依据监测报告，成都市政府决定实施城乡中小学标准化建设提升工程，改善办学条件，直接带来新增投入40亿元。

3. 聚焦问题，督导干预。通过监测，分析城乡之间、区域之间、学校之间差异及其变化趋势，发现弱势学校及存在的问题。同时，完善督导工作机制，每年组织市政府督学对县级政府和学校进行督查指导，组织区县督导人员和教育研究专业人员进行交叉检查，并依据督导监测结果对县级政府进行考核，督促其适时调整公共教育资源配置。通过监测和督导，三年来青羊区仪器设备配置累计投入达1.5亿元，其中三环路以外学校生均装备值平均增幅达到545.51%，生均图书平均增幅达到111.80%。温江区教育投入持续加大，生均教育经费从2007年的

3 900 元提升到 2012 年的 10 620 元。

4．结果公开，社会监督。2011 年，成都市公开发布全国首个义务教育校际均衡监测蓝皮书，受到各级党委、政府的高度重视和社会各界的广泛关注。通过发布监测报告，向社会公开义务教育校际均衡监测结果，向市民呈现客观、准确的监测数据，保障人民群众知情权，接受社会监督，提高了人民群众对学校均衡发展成果的认同度，义务教育“择校热”现象得到有效缓解。

附录二 城乡义务教育一体化监测评价指标

一、城乡教育的划分

我国的城市有直辖市、副省级城市（所有计划单列城市、部分省会城市）、省会城市、非省会的地级市、县级市。那么城乡教育一体化，是在什么层面上讨论“城乡一体”？“城市”是指哪一级的城市？这需要做出合理的划分。国务院于2008年7月12日，以国函〔2008〕60号文批复《关于统计上划分城乡的暂行规定》，明确了“城镇”和“乡村”的划分。但若直接据此划分城乡教育，那么客观存在的城乡义务教育差异难以被反映出来。我们认为，在县域内、省域内两个层面考查城乡教育差异，监测评价城乡教育一体化，具有现实意义、政策依据和改革导向价值。

县域内城乡差异是评价城乡义务教育一体化的基础。虽然2006年建立了由中央、省、市、县“各级政府共担”的农村义务教育保障机制，但是“管理以县为主”的体制没有改变。也就是说直接对义务教育学校进行资源配置，直接提供公共服务，是县级人民政府。因此，将县人民政府驻地的城镇学校（包括县级市）作为“城镇教育”，其他镇（乡）学校、村校作为“乡村教育”，考查二者之间的差异，是评价城乡教育一体化水平必须考量的基础性内容，是当前义务教育城乡差异的主要所在。

监测省域内城乡差异才能完整评价城乡义务教育一体化。在省域内，将直辖市、副省级城市、省会城市、地级市的城区视为“城”，将县（县级市）视为“乡”，考量城乡义务教育差异情况。依据是《国家中长期教育改革和发展规划纲要（2010—2020年）》，提出了加强省级政府教育统筹。要求“进一步加大省级政府对区域内各级各类教育的统筹。统筹管理义务教育，推进城乡义务教育均衡发展，依法落实发展义务教育的财政责任”。“义务教育全面纳入财政保障范围，实行国务院和地方各级人民政府根据职责共同负担，省、自治区、直辖市人民政府负责统筹落实的投入体制。”“完善省对省以下财政转移支付体制，加大对经济欠发达地区的支持力度。根据国家标准，结合本地实际，合理确定各级各类学校办学条件、教师编制等实施标准。”这样，“省级政府教育统筹”政策的落实情况被纳入监测，并且各级城市已经全部覆盖，还可以通过监测评价促进义务教育投入重心逐步上移，改变义务教育投入重心过低的现状。

二、指标体系建立的思路和基本要求

（一）同时满足两种评价要求

所设计的城乡教育一体化指标体系，既能够为国家教育现代化监测评价指标体系中的二级指标“城乡义务教育一体化发展水平”提供监测评价结果（量化值），又可以作为一套独立的城乡教育一体化监测评价指标，用于评价“基本实现义务教育城乡一体化省”、“基本实现义务教育城乡一体化县”。

（二）反映城镇化规律和现代化国家（地区）状态特征

城市化进程中，城乡发展存在先分化后趋同的过程。城乡收入差距随着经济增长而逐步缩小。例如，1994年，韩国的城乡工资差距消失；1995年，在斯里兰卡和中国台湾地区，城镇工资与农村工资的差距保持在1.4以下。[1] 中国整体上，近10年来，义务教育投入的城乡差距

[1] 林重庚，迈克尔·斯宾塞. 中国经济中长期发展和转型：国际视角的思考与建议[M]. 北京：中信出版社，2011：441-442.

也在逐步缩小，国家统筹城乡教育综合改革试验区的城乡差距缩小更为明显。有研究发现，美国2009年、2011年，中国台湾2012年，其教育投入、教育质量的城乡差距基本没有。城乡教育差距基本消失，对城市内不同人群间提供的公共教育服务无差别，就实现了“城乡教育一体化”。没有城乡一体化，就没有真正城镇化，就没有现代化。拉美一些国家城市化率虽然很高，有的甚至达到80%，但它们还称不上发达国家，只能叫发展中国家，主要是因为它们出现了城市内二元结构，出现了大量贫民窟，落入了“中等收入陷阱”。遵照上述规律，建立城乡教育一体化监测评价指标，并参考现代化国家和地区的现状、我国统筹城乡教育综合改革试验区的发展趋势特征，确定指标的标准值。

（三）体现城乡教育一体化的关键要素

十八大报告在阐述城乡一体化发展时，强调了城乡发展一体化体制机制、城乡规划一体化、基础设施城乡一体化、公共服务城乡一体化。国家教育事业“十二五”规划在阐述探索城乡教育一体化发展机制时，凸显了城乡教育规划一体化、建设标准城乡一体化、经费投入城乡一体化、师资配备和管理体制城乡一体化。分析这些重大政策共同关注的关键要素，再加上“教育质量”这个“教育结果公平”追求的目标，我们认为城乡教育一体化监测评价的一级指标，应当是“教育管理体制城乡一体化、学校规划城乡一体化、学校建设标准城乡一体化、教育经费投入城乡一体化、师资配置城乡一体化、教育质量城乡一体化”。

（四）在实际监测评价工作中具有可行性

围绕城乡教育一体化一级指标，所设计的二级指标或者监测点位，能够有统计数据支持，能够方便获取政策信息，能够最大限度地利用信息技术手段。指标能够量化，少数不能量化的指标有确定的事实支撑，也就是要能“事实化”，避免模棱两可，人为随意地做出评判。

三、指标体系要素和标准参考值

（一）省级评价和全国评价

附表 2-1 省域内城乡教育一体化监测评价指标体系

一级指标	二级指标	监测点位和数据、信息来源	标准值
A1 教育管理体制城乡一体化（权重 12%）	B1 建立义务教育省级统筹体制（权重 6%）	监测点位：是否完善省对省以下财政转移支付体制，加大对经济欠发达地区的支持力度。 信息来源：省（自治区、直辖市）政府部门文件；财政转移支付信息。	是
	B2 建立义务教育全省城乡统一的学校建设标准、装备配置标准、生均教育经费配置标准、师资配置标准（权重 6%）	监测点位：是否按照基本公共教育服务均等化原则，建立全省城乡统一的教育资源配置标准。 信息来源：省（自治区、直辖市）政府部门文件；4 个方面的标准，标准实施的有关信息。	是
A2 学校规划城乡一体化（权重 8%）	B3 按照常住人口规划和建设学位（权重 8%）	监测点位：考虑常住人口密度、生源和公共交通等具体情况，在满足服务半径的基础上，按照小学就近入学、初中相对集中的原则，进一步调整优化中小学布局，合理新建扩建义务教育学校，为随迁子女就读提供足够的学位。 信息来源：市级公安部门常住人口当年适龄入学儿童少年人数；市级教育部门当年小学、初中新生人数。（省内随机抽选一个地级市）	两个人数相匹配

续表

一级指标	二级指标	监测点位和数据、信息来源	标准值
A3　学校建设标准城乡一体化（权重16%）	B4　生均校舍建筑面积省域城乡倍率（权重5%）	监测点位：省（自治区、直辖市）内，城市城区教育与县（县级市）教育的差异。 信息来源：国家教育事业统计数据库；计算生均校舍建筑面积城乡倍率（小学、初中）。	1
	B5　生均校舍建筑面积县域城乡倍率（权重3%）	监测点位：县域内，县政府驻地的城镇教育与其他镇、乡、村教育的差异。 信息来源：国家教育事业统计数据库；计算生均校舍建筑面积城乡倍率（小学、初中）；在省（自治区、直辖市）内，分层随机抽选10个县做代表，按照人均GDP分上（2个县）、中（6个县）、下（2个县）。	1
	B6　生均教学仪器设备值省域城乡倍率（权重5%）	监测点位：省（自治区、直辖市）内，城市城区教育与县（县级市）教育的差异。 信息来源：国家教育事业统计数据库；计算生均教学仪器设备值城乡倍率（小学、初中）。	1
	B7　生均教学仪器设备值县域城乡倍率（权重3%）	监测点位：县域内，县政府驻地的城镇教育与其他镇、乡、村教育的差异。 信息来源：国家教育事业统计数据库；计算生均教学仪器设备值城乡倍率（小学、初中）；在省（自治区、直辖市）内，分层随机抽选10个县做代表，按照人均GDP分上（2个县）、中（6个县）、下（2个县）。	≤1

续表

一级指标	二级指标	监测点位和数据、信息来源	标准值
A4 教育经费投入城乡一体化（权重24%）	B8 生均预算内教育事业费支出省域城乡倍率（权重10%）	监测点位：省（自治区、直辖市）内，城市城区教育与县（县级市）教育的差异。 信息来源：国家教育经费统计数据库；计算生均预算内教育事业费支出城乡倍率（小学、初中）。	1
	B9 生均预算内教育事业费支出县域城乡倍率（权重6%）	监测点位：县域内，县政府驻地的城镇教育与其他镇、乡、村教育的差异。 信息来源：国家教育经费统计数据库；计算生均预算内教育事业费支出城乡倍率（小学、初中）；在省（自治区、直辖市）内，分层随机抽选10个县做代表，按照人均GDP分上（2个县）、中（6个县）、下（2个县）。	≤1
	B10 生均预算内公用经费支出省域城乡倍率（权重5%）	监测点位：省（自治区、直辖市）内，城市城区教育与县（县级市）教育的差异。 信息来源：国家教育经费统计数据库；计算生均预算内公用经费支出城乡倍率（小学、初中）。	1
	B11 生均预算内公用经费支出县域城乡倍率（权重3%）	监测点位：县域内，县政府驻地的城镇教育与其他镇、乡、村教育的差异。 信息来源：国家教育经费统计数据库；计算生均预算内公用经费支出城乡倍率（小学、初中）；在省（自治区、直辖市）内，分层随机抽选10个县做代表，按照人均GDP分上（2个县）、中（6个县）、下（2个县）。	≤1

续表

一级指标	二级指标	监测点位和数据、信息来源	标准值
A5　师资配置城乡一体化（权重16%）	B12　高一级学历教师比例省域城乡倍率（权重5%）	监测点位：省（自治区、直辖市）内，城市城区教育与县（县级市）教育的差异。 信息来源：国家教育事业统计数据库；计算高一级学历教师比例城乡倍率（小学、初中）。	1
	B13　高一级学历教师比例县域城乡倍率（权重3%）	监测点位：县域内，县政府驻地的城镇教育与其他镇、乡、村教育的差异。 信息来源：国家教育事业统计数据库；计算高一级学历教师比例城乡倍率（小学、初中）；在省（自治区、直辖市）内，分层随机抽选10个县做代表，按照人均GDP分上（2个县）、中（6个县）、下（2个县）。	1
	B14　中高级教师比例省域城乡倍率（权重5%）	监测点位：省（自治区、直辖市）内，城市城区教育与县（县级市）教育的差异。 信息来源：国家教育事业统计数据库；计算中高级教师比例城乡倍率（小学、初中）。	1
	B15　中高级教师比例县域城乡倍率（权重3%）	监测点位：县域内，县政府驻地的城镇教育与其他镇、乡、村教育的差异。 信息来源：国家教育事业统计数据库；计算中高级教师比例城乡倍率（小学、初中）；在省（自治区、直辖市）内，分层随机抽选10个县做代表，按照人均GDP分上（2个县）、中（6个县）、下（2个县）。	1

续表

一级指标	二级指标	监测点位和数据、信息来源	标准值
A6 教育质量城乡一体化（权重24%）	B16 学业监测结果省域城乡倍率（权重5%）	监测点位：省（自治区、直辖市）内，城市城区教育与县（县级市）教育的差异。 信息来源：国家教育质量监测数据库；计算小学、初中学业监测结果城乡倍率（语文阅读、数学运算、科学素养等）。	1
	B17 学业监测结果县域城乡倍率（权重5%）	监测点位：县域内，县政府驻地的城镇教育与其他镇、乡、村教育的差异。 信息来源：国家教育质量监测数据库（或者利用当地中考学生成绩数据库，计算总平均分或一次性全科及格率城乡倍率）；计算小学、初中学业监测结果城乡倍率（语文阅读、数学运算、科学素养等）；在省（自治区、直辖市）内，分层随机抽选10个县做代表，按照人均GDP分上（2个县）、中（6个县）、下（2个县）。	1
	B18 学生体质健康合格率省域城乡倍率（权重3%）	监测点位：省（自治区、直辖市）内，城市城区教育与县（县级市）教育的差异。 信息来源：全国中小学生体质健康监测数据网站；计算学生体质合格率城乡倍率（小学、初中）。	1

续表

一级指标	二级指标	监测点位和数据、信息来源	标准值
A6　教育质量城乡一体化（权重24%）	B19　学生体质健康合格率县域城乡倍率（权重3%）	监测点位：县域内，县政府驻地的城镇教育与其他镇、乡、村教育的差异。 信息来源：全国中小学生体质健康监测数据网站；计算学生体质合格率城乡倍率（小学、初中）；在省（自治区、直辖市）内，分层随机抽选10个县做代表，按照人均GDP分上（2个县）、中（6个县）、下（2个县）。	1
	B20　适龄儿童少年入学率省域城乡倍率（权重2%）	监测点位：省（自治区、直辖市）内，城市城区教育与县（县级市）教育的差异。 信息来源：国家教育事业统计数据库；计算小学、初中入学率城乡倍率。	1
	B21　适龄儿童少年入学率县域城乡倍率（权重2%）	监测点位：县域内，县政府驻地的城镇教育与其他镇、乡、村教育的差异。 信息来源：国家教育事业统计数据库；计算小学、初中入学率城乡倍率；在省（自治区、直辖市）内，分层随机抽选10个县做代表，按照人均GDP分上（2个县）、中（6个县）、下（2个县）。	1
	B22　义务教育巩固率省域城乡倍率（权重2%）	监测点位：省（自治区、直辖市）内，城市城区教育与县（县级市）教育的差异。 信息来源：国家教育事业统计数据库；计算小学、初中巩固率城乡倍率。	1

续表

一级指标	二级指标	监测点位和数据、信息来源	标准值
A6 教育质量城乡一体化（权重24%）	B23 义务教育巩固率县域城乡倍率（权重2%）	监测点位：县域内，县政府驻地的城镇教育与其他镇、乡、村教育的差异。 信息来源：国家教育事业统计数据库；计算小学、初中巩固率城乡倍率；在省（自治区、直辖市）内，分层随机抽选10个县做代表，按照人均GDP分上（2个县）、中（6个县）、下（2个县）。	1

省级评价标准：计算A1、A2、A3、A4、A5、A6按照各自权重合成后的城乡教育一体化“总达成度”。城乡教育初步一体化、初步现代化，“总达成度”需要达到75%；城乡教育基本一体化、基本现代化，“总达成度”需要达到85%；城乡教育全面一体化、全面现代化，“总达成度”需要达到95%。

全国评价，仅计算国家教育现代化监测评价指标体系中二级指标“城乡义务教育一体化发展水平”。以省级评价为基础，计算“基本实现义务教育城乡一体化省”所占的比例，来回答全国层面的监测评价结果。

（二）城乡教育基本一体化县评价

附表2-2 县域内城乡教育一体化监测评价指标体系

一级指标	二级指标	监测点位和数据、信息来源	标准值
A1 教育管理体制城乡一体化（权重12%）	B1 建立义务教育城乡统一的资源配置机制（权重12%）	监测点位：是否按照基本公共教育服务均等化原则，建立全县城乡统一的教育资源配置机制。 信息来源：县级政府部门文件；文件实施的有关信息。	是

续表

一级指标	二级指标	监测点位和数据、信息来源	标准值
A2　学校规划城乡一体化（权重10%）	B2　按照常住人口规划和建设学位（权重10%）	监测点位：考虑常住人口密度、生源和公共交通等具体情况，在满足服务半径的基础上，按照小学就近入学、初中相对集中的原则，进一步调整优化中小学布局，合理新建扩建义务教育学校，为随迁子女就读提供足够的学位。 信息来源：县级公安部门常住人口当年适龄入学儿童少年人数；县级教育部门当年小学、初中新生人数。	两个人数相匹配
A3　学校建设标准城乡一体化（权重16%）	B3　生均校舍建筑面积县域城乡倍率（权重6%）	监测点位：县域内，县政府驻地的城镇教育与其他镇、乡、村教育的差异。 信息来源：国家教育事业统计数据库；计算生均校舍建筑面积城乡倍率（小学、初中）。	1
	B4　生均教学仪器设备值县域城乡倍率（权重10%）	监测点位：县域内，县政府驻地的城镇教育与其他镇、乡、村教育的差异。 信息来源：国家教育事业统计数据库；计算生均教学仪器设备总值城乡倍率（小学、初中）。	≤1
A4　教育经费投入城乡一体化（权重24%）	B4　生均预算内教育事业费支出县域城乡倍率（权重10%）	监测点位：县域内，县政府驻地的城镇教育与其他镇、乡、村教育的差异。 信息来源：国家教育经费统计数据库；计算生均预算内教育事业费支出城乡倍率（小学、初中）。	≤1

续表

一级指标	二级指标	监测点位和数据、信息来源	标准值
A4 教育经费投入城乡一体化（权重24%）	B5 生均预算内公用经费支出县域城乡倍率（权重14%）	监测点位：县域内，县政府驻地的城镇教育与其他镇、乡、村教育的差异。 信息来源：国家教育经费统计数据库；计算生均预算内公用经费支出城乡倍率（小学、初中）。	≤1
A5 师资配置城乡一体化（权重16%）	B6 高一级学历教师比例县域城乡倍率（权重8%）	监测点位：县域内，县政府驻地的城镇教育与其他镇、乡、村教育的差异。 信息来源：国家教育事业统计数据库；计算高一级学历教师比例城乡倍率（小学、初中）。	1
	B7 中高级教师比例县域城乡倍率（权重8%）	监测点位：县域内，县政府驻地的城镇教育与其他镇、乡、村教育的差异。 信息来源：国家教育事业统计数据库；计算中高级教师比例城乡倍率（小学、初中）。	1
A6 教育质量城乡一体化（权重22%）	B8 学业监测结果县域城乡倍率（权重8%）	监测点位：县域内，县政府驻地的城镇教育与其他镇、乡、村教育的差异。 信息来源：国家教育质量监测数据库（或者利用当地初中毕业考试或中考学生成绩数据库，计算总平均分或一次性全科及格率城乡倍率）；计算小学、初中学业监测结果城乡倍率（语文阅读、数学运算、科学素养等）。	1

续表

一级指标	二级指标	监测点位和数据、信息来源	标准值
A6　教育质量城乡一体化（权重22%）	B9　学生体质健康合格率县域城乡倍率（权重6%）	监测点位：县域内，县政府驻地的城镇教育与其他镇、乡、村教育的差异。 信息来源：全国中小学生体质健康监测数据网站；计算学生体质合格率城乡倍率（小学、初中）。	1
	B10　适龄儿童少年入学率县域城乡倍率（权重4%）	监测点位：县域内，县政府驻地的城镇教育与其他镇、乡、村教育的差异。 信息来源：国家教育事业统计数据库；计算小学、初中入学率城乡倍率。	1
	B11　义务教育巩固率县域城乡倍率（权重4%）	监测点位：县域内，县政府驻地的城镇教育与其他镇、乡、村教育的差异。 信息来源：国家教育事业统计数据库；计算小学、初中巩固率城乡倍率。	1

县级评价标准：计算A1、A2、A3、A4、A5、A6按照各自权重合成后的城乡教育一体化“总达成度”。城乡教育初步一体化县，“总达成度”需要达到80%；城乡教育基本一体化县，“总达成度”需要达到90%；城乡教育全面一体化县，“总达成度”需要达到95%。

（三）城乡教育一体化达成度的计算

二级指标达成度＝100%－（实际值－标准值）×100%

运用上述公式计算二级指标达成度，当城乡倍率实际值小于标准值时，取实际值等于标准值进行计算；当城乡倍率实际值大于或者等于2时，其城乡教育一体化达成度一律视为0。

一级指标达成度，为所包含的各二级指标的达成度分别乘以其权重，求和之后再除以该一级指标权重，再乘以100%。

总达成度，为各一级指标达成度分别乘以其权重再求和，乘以100%。达成度大于或者等于0，小于或者等于100%。

达成度从定性、定量两个方面清晰地刻画了各级地方政府贯彻落实国家有关城乡教育一体化重大政策的程度和效果，定量描述了城乡教育一体化、教育现代化的发展水平。

后　　记

《四川省中长期教育改革和发展规划纲要（2010—2020年）》描绘了四川“教育强省梦”的宏伟蓝图：“到2020年，基本实现教育现代化，基本形成学习型社会，建成教育强省和西部人才高地。”为更好地将目标落实在行动中，为行动提供理论依据和实施支撑，加快四川教育现代化建设步伐，特组织力量编写此书。

本书由涂文涛、朱世宏同志策划并担任主编，何浩、傅明、吉文昌、李志刚、秦建平同志任副主编。成都市教育科学研究院承担了本书的主要编写任务。参与全书编写的主要人员是：贾贵洲、钟俊敏、陈进、张惠、王妍、侯中太、邓森碧、王振。在编写过程中，参阅并采用了大量文献，在此表示感谢！由于时间仓促，资料浩繁，编写时难免学力不济，书中存在不妥与疏漏之处，敬请批评指正，以臻完美。

编者

2014年1月

后　记

《国家中长期教育改革和发展规划纲要（2010—2020年）》[illegible]“[illegible]”[illegible]到2020年，[illegible]

[illegible]

编　者

2014年[illegible]月